M.W.

Brigitte Benkert

DAS RAVENSBURGER STILLBUCH

Brigitte Benkert

DAS RAVENSBURGER STILLBUCH

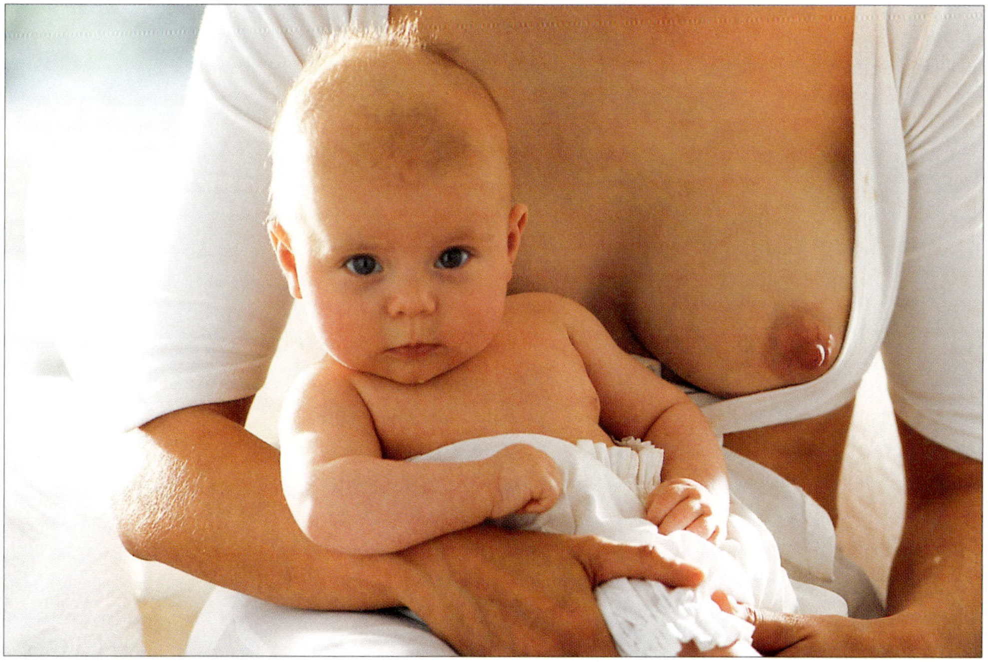

Ravensburger Buchverlag

Die Deutsche Bibliothek – CIP-Einheitsaufnahme

Benkert, Brigitte:
Das Ravensburger Stillbuch / Brigitte Benkert.
[Zeichn.: Barbara Gay].–
Ravensburg: Ravensburger Buchverl., 1997
(Ravensburger Ratgeber Familie)
ISBN 3-473-42389-0

Die Schreibweise entspricht den Regeln
der neuen Rechtschreibung.

Umschlagkonzeption: Dirk Lieb
Umschlagfotos vorne: Marina Raith (groß), Norbert Schäfer Archiv (oben und Mitte) und Sigrid Reinichs (unten)
Umschlagfotos hinten: Ulrich Niehoff (oben und Mitte), Martina Hengesbach (unten links) und Gerd Pfeiffer (unten rechts)
Zeichnungen: Barbara Gay
Redaktion: Lorelies Singerhoff
Satz: Quark XPress 3.31
Gesamtherstellung: Appl, Wemding
Printed in Germany

99 98 97 3 2 1

ISBN 3-473-42389-0

Bildnachweis

Arbeitsgemeinschaft Freier Stillgruppen (AFS): Seite 21, 24, 44, 52, 65, 66, 68, 69, 70, 71 u., 78, 86 l., 88 r., 89 l., 95, 98, 100, 113, 151, 152
Bruce Ayres/Tony Stone Bilderwelten: Seite 41
Children's Hospital Tallinn: Seite 124
Corpomed GmbH: Seite 45
DIDYMOS GmbH: Seite 13
Sammlung Roswitha Duffner: Seite 8
Ernst Fesseler: Seite 14, 178
Gisela Floto: Seite 47
Martina Hengesbach: Seite 121, 123, 128, 166, 185
Heinemann/Picture Press: Seite 6/7
Wolfgang Hopfgartner: Seite 9
Lauenstein/Picture Press: Seite 32/33
Medela Medizintechnik: Seite 88 l., 89 r., 96
Ulrich Niehoff: Seite 10, 46, 74, 86 r.
Gerd Pfeiffer: Seite 56, 84, 92, 133, 168, 176
Marina Raith: Seite 3, 108/109, 134/135, 189
Sigrid Reinichs: Seite 17, 71 o., 72, 97, 126
Martina und Michael Trostel: Seite 49
Helmut Rüffler/LOOK: Seite 61
Thomas Stephan: Seite 116, 119
Heidi Velten: Seite 162

INHALTS-VERZEICHNIS

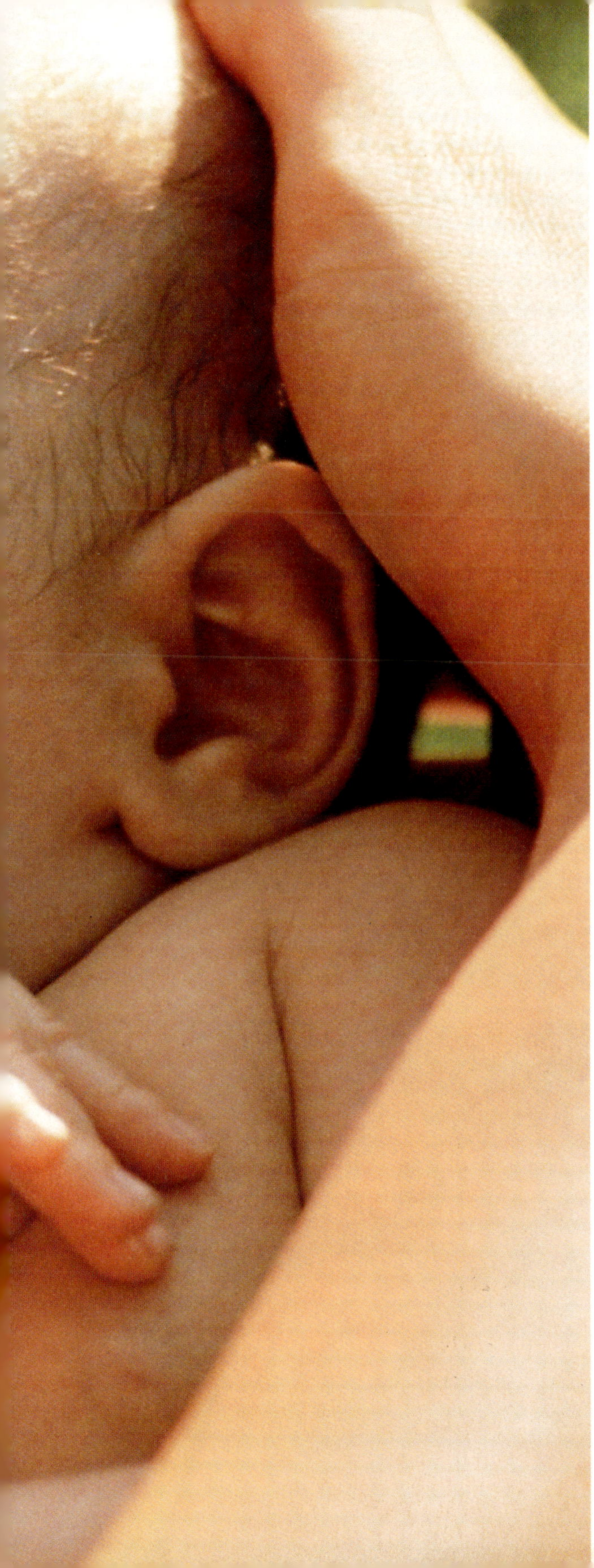

WISSENSWERTES ÜBER DAS STILLEN

Stillen ist natürlich das Beste für Mutter, Kind, Gesellschaft und Umwelt. Muttermilch ist ein einzigartiges Nahrungsmittel, durch nichts gleichwertig ersetzbar. Wussten Sie, dass Stillen in den Menschenrechten verankert ist? Wissenschaftliche Studien haben die Bedeutung der Muttermilch erkannt, und der Trend bewegt sich wieder hin zum Stillen, weg von der Muttermilchersatznahrung.

WELTRELIGIONEN, KUNST UND STILLEN

Die Religion hat schon immer Einfluss auf die Stillkultur genommen, je nachdem, wie stark die Gesellschaft sich an der jeweiligen Religion orientierte, manchmal mehr oder weniger. Durch sämtliche Zeitepochen hindurch sind Gemälde zum Thema »Mutter – Muttermilch – Kinder« entstanden. Muttermilch hatte eine besondere symbolische Bedeutung.

Buddhismus

Der Buddhismus gibt der Mutter Empfehlungen für die Schwangerschaft. Es wird beschrieben, dass eine Mutter nach der Geburt das Kind an die Brust nehmen soll. Sie gibt dem Baby Wärme und Geborgenheit und bietet ihm Milch an. Die Milch wird beschrieben als das »Blut« aus ihrer Brust, als eine ganz besondere Substanz, gefüllt mit dem Honig Gottes. Der buddhistische Vater ist verantwortlich dafür, dass seine Frau die beste Ernährung bekommt. Wenn eine Mutter nicht stillen kann, soll eine Amme das Baby stillen.

Christentum

Im Alten Testament finden wir den ersten Hinweis auf das Stillen bei der Geburt von Isaak, der von seiner Mutter Sarah gestillt wurde. Als der Zeitpunkt des Abstillens kam, gab Abraham ein großes Fest. Durch die Stillbeziehung lernte das Baby die Liebe und Verantwortung seiner Eltern kennen und die Mutter-Kind-Beziehung wurde intensiviert. Mit dem Abstillen begann der erste Ablösungsprozess und ein neuer Lebensabschnitt für das Kind.

Im Neuen Testament wurde die Milch der Gottesmutter Maria als bedeutend dargestellt. Es entstanden viele Gemälde dazu. Noch heute gibt es in Bethlehem eine Grotte »Marias Milch« mit einem Schrein. Mütter suchen diese Grotte auf und bitten darum, mehr Milch zu bekommen.

Die protestantische wie auch die katholische Kirche setzen sich für die Förderung der Familie und auch des Stillens ein. Die katholische Kirche verbindet die Förderung des Stillens mit dem natürlichen Empfängnisschutz. Immer mehr Veröffentlichungen seitens der Kirche versuchen, das Bewusstsein für die Bedeutung des Stillens neu zu wecken. Die Kirche nimmt Einfluss auf die bestehende Gesellschaft.

Jacopo Tintoretto (1518–1594): »Der Ursprung der Milchstraße«, National Gallery, London

Hinduismus
Auch der Hinduismus lehrt die Bedeutung der engen Verbindung von Mutter und Kind durch das Stillen. Babymassage und die Verwendung von Ölen für das Wohlbefinden des Babys sind Praktiken, die wir vom Hinduismus gelernt haben. Der sechste Monat oder der erste Zahn setzen das Zeichen für den Beginn der Beikost. Das wird mit einer Zeremonie begangen, da auch hier dem beginnenden neuen Lebensabschnitt große Bedeutung zugewiesen wird.

Islam
Der Koran lehrt, dass ein Baby mindestens zwei Jahre gestillt werden soll. Der Vater ist für das Wohlbefinden von Mutter und Kind verantwortlich bezüglich Kleidung, Nahrung etc. Die Mutter entscheidet darüber, was für das Kind gut ist.

Judentum
Jüdische Veröffentlichungen empfehlen, ein Baby mindestens zwei Jahre zu stillen und im Falle einer Krankheit sogar vier bis fünf Jahre. Das Alte Testament berichtet von Sarah, die Isaak im Alter von zwei Jahren abstillte. Hannah stillte den Propheten Samuel so lange, bis er alt genug war, sie zu verlassen und in den Dienst Gottes zu treten. Die jüdischen Frauen heute haben auch mit den gesellschaftlichen Veränderungen zu kämpfen. Aber auch hier wird das Stillen durch Bewusstmachen und dementsprechende Veröffentlichungen wieder belebt.

Muttermilch als Quelle der Unsterblichkeit und Ursprung des Universums
Die römische Sage erzählt, dass der Gott Jupiter mit Alkmene, einer Sterblichen, seinen Sohn Herkules zeugte. Um ihm die

Johannes Zick (1702–1762): »Madonna und der hl. Bernhard«, Deckenfresko in der Klosterkirche Raitenhaslach

göttliche Unsterblichkeit zu sichern, legte er ihn seiner schlummernden Gemahlin Juno an die Brust. Juno schreckte auf, Milchtropfen spritzten ans Firmament und verwandelten sich in Sterne. Die Bezeichnung »Milchstraße« oder »Galaxis« lassen sich auf diese Legende zurückführen.

Muttermilch und Weisheit
Zu den Legenden, die über den Abt Bernhard von Clairvaux erzählt werden, gehört auch die Geschichte der »wunderbaren Laktation«. Im übertragenen Sinne hat der Heilige aus seiner mystischen Liebe zu Jesus und Maria seine geistliche Nahrung bezogen. Ganz unbefangen und direkt wird das in der Barockzeit dargestellt: Maria spritzt einen Milchstrahl aus ihrer Brust und der Heilige wird davon erleuchtet.

MUTTERMILCH IST EINZIGARTIG

Die zunehmende Technisierung in den Untersuchungslabors eröffnete uns in den vergangenen Jahren viele neue Wege. Immer mehr verschiedene Inhaltsstoffe wurden in der Muttermilch entdeckt.

Die Natur hat es so eingerichtet, dass alle Neugeborenen von der ersten Stunde an die für sie am besten geeignete Nahrung zu sich nehmen können. Muttermilch ist genau auf die Bedürfnisse eines Neugeborenen abgestimmt, sie verändert sich in ihrer Zusammensetzung nach Bedarf des Kindes. Wir wissen, dass die Muttermilch für Frühgeborene ebenso den speziellen Bedürfnissen des Frühchens entspricht. Im Verlauf der ersten Tage und Wochen verändert sich die Muttermilch – ganz nach der Entwicklung des Babys. Die Anpassung des Babys an das Leben auf der Welt dauert gut ein halbes Jahr. Eigentlich ist das Menschenkind nach der Entbindung noch nicht reif genug, um überleben zu können. Das Neugeborene braucht Mutter und Muttermilch, um sich optimal entwickeln zu können. Wir wissen inzwischen von über dreihundert verschiedenen Stoffen, die Verbindungen untereinander eingehen und dazu beitragen, dass das Baby über die Muttermilch in den ersten Monaten alles erhält, was es für eine gute Entwicklung seines Körpers und seiner Funktionen benötigt.

Faszinierend ist zum Beispiel, dass die Muttermilch für ein Frühgeborenes mehr Schutzfaktoren enthält als für ein Reifgeborenes. Ebenso enthält sie in den ersten Tagen mehr Schutzfaktoren als später, wenn der Körper des Babys schon besser mit »Eindringlingen« umgehen kann.

Muttermilch verändert sich in ihrer Zusammensetzung:

Muttermilch passt sich den Bedürfnissen des Babys an
In den ersten Tagen erhält das Baby das Kolostrum, welches dann in die so genannte Übergangsmilch wechselt. Nach zehn bis vierzehn Tagen wird die so genannte reife Muttermilch gebildet.

Muttermilch verändert sich im Laufe einer Stillmahlzeit – das Baby erhält so Flüssigkeit und Nahrung in ausreichender Menge
Zu Beginn der Stillmahlzeit erhält das Baby die durstlöschende Vordermilch. Im Laufe der Mahlzeit steigt der Fettgehalt der Milch und die kalorienreiche Hintermilch sättigt das Baby.

Die Zusammensetzung der Muttermilch verändert sich im Laufe des Tages
Zum Beispiel ist der Fettgehalt der Muttermilch in der Tagesmitte am höchsten.

Muttermilch ist in ihrer Zusammensetzung von Frau zu Frau verschieden
Der Ernährungszustand der Frau sowie ihre tägliche Ernährung nehmen Einfluss auf die Zusammensetzung. Die Schutz- und Abwehrstoffe in der Muttermilch stehen in Relation zu der Immunisierung der Mutter und ihren durchgemachten Krankheiten.

Stillen ist mehr als Nahrung
Das Baby setzt die innige Verbindung vom Mutterleib zur Mutter fort und die Mutter-Kind-Bindung wird so intensiviert. Ein isoliertes Baby, das nur Nahrung, aber keine Emotionen erhalten würde, könnte sich nicht richtig entwickeln und würde sterben.

Muttermilchersatznahrung

Keine Muttermilchersatznahrung kann die einzigartige Muttermilch nachbilden, aber der Stand der Wissenschaft ermöglicht natürlich auch die Ernährung eines Babys mit künstlicher Säuglingsmilch, wenn wirklich keine Muttermilch zur Verfügung steht. Ein Baby braucht Nahrung zum Überleben und eine künstliche Säuglingsnahrung, bei der versucht wurde, die Muttermilch nachzubilden, ist mehr auf die Bedürfnisse des Babys abgestimmt als verdünnte Kuhmilch, Kondensmilch, Wasser, Reis oder was sonst noch in Notlagen gegeben wird.

Allerdings handelt es sich wirklich um eine Ausnahmesituation, wenn nicht gestillt werden kann. Über 95 % der Mütter können erfolgreich stillen, wenn sie die dementsprechenden Informationen, praktische Anleitung und Unterstützung erhalten.

In Ländern, in denen Krieg herrscht, in Flüchtlingsgebieten oder in Ländern, die von einer Naturkatastrophe heimgesucht worden sind, ist Stillen die beste und sicherste Ernährung für Babys. Für die Mütter ist es wichtig, dass sie in solchen Situationen Nahrungszulagen erhalten.

VORTEILE DES STILLENS

Wissenschaftliche Untersuchungen besagen, dass Mutter und Kind vom Stillen profitieren. Neben den allgemeinen Vorteilen, die das Stillen mit sich bringt, schützt es beide auch vor Krankheiten.

Stilldaten in Deutschland 1995

- 90 % der Mütter beginnen mit dem Stillen.
- 60 % der Kinder werden mit drei Monaten ausschließlich gestillt.
- 45 % der Kinder werden mit sechs Monaten ausschließlich gestillt.
- 10 % der Kinder werden mit einem Jahr teilgestillt.
- Kinder werden durchschnittlich zwei Monate ausschließlich gestillt.
- Bei fünfeinhalb Monaten liegt der Zeitpunkt, ab dem durchschnittlich Beikost eingeführt wird.

(Nationale Stillkommission, Prof. Tietze, November 1996)

Vorteile für die Mutter

Positive Auswirkungen

- Durch das Stillen wird die innige Verbundenheit zwischen Mutter und Kind fortgesetzt.
- Die Gebärmutter bildet sich schneller zurück.
- Stillen bewirkt eine natürliche Schwangerschaftsverhütung.
- Die freigesetzten Hormone während des Stillens erhöhen die Fähigkeit zu lieben und zu beruhigen. Die Mutter fühlt sich entspannt und glücklich.
- Die Hormone unterstützen eine optimale Auswertung der Fettreserven der Mutter. Es ist also kein Essen für zwei erforderlich.
- Uteruskontraktionen während des Stillens sorgen für ein schnelleres Abklingen des Wochenflusses.
- Die Mutter nimmt leichter ab, insbesondere an hartnäckigen Stellen.

Brustkrebs

Bei einer Stilldauer von mindestens drei Monaten wird das Risiko der Entstehung von Brustkrebs in der Postmenopause um 50 % vermindert.
(British Medical Journal, 307: 17–20, 1993)

Osteoporose

Das Risiko von Frakturen der Hüfte bei Frauen über 65 Jahre reduziert sich um die Hälfte, wenn sie gestillt haben. Pro Kind, das über neun Monate gestillt wurde, vermindert sich das Risiko, eine Osteoporose zu entwickeln, um je 25 %.
(International Journal of Epidemiology, 2(4): 684–691, 1993)

Eierstockkrebs

Wenn Sie jedes Kind mindestens zwei Monate stillen, vermindert sich das Risiko, epithelialen Eierstockkrebs zu bekommen, um 25 % pro gestilltes Kind.
(International Journal of Epidemiology, 22(2): 192–197, 1993)

Multiple Sklerose
Bei Erwachsenen, die an Multipler Sklerose erkrankt sind, wurde beobachtet, dass diese nicht gestillt wurden.
(British Medical Journal, 308: 1411–1412, 1994)

Vorteile für das Kind

Positive Auswirkungen

- Muttermilch ist optimal zusammengesetzt und enthält alles in der richtigen Dosierung, was ein Baby braucht: Fette, Eiweiße, Kohlehydrate, Mineralstoffe, Spurenelemente, Vitamine, Enzyme, Schutz- und Abwehrstoffe.
- Muttermilch unterstützt den Aufbau des körpereigenen Immunsystems des Babys.
- Stillen unterstützt den Aufbau einer guten Mutter-Kind-Beziehung.
- Stillen beeinflusst die Essgewohnheiten des Babys – gestillte Kinder werden seltener süchtig.
- Stillen vermindert den Ausbruch von allergischen Erkrankungen.
- Stillen vermindert den Ausbruch von Autoimmunerkrankungen.
- Stillen fördert die Gehirnentwicklung und hilft, Geburtstraumen zu überwinden.
- Gestillte Kinder haben später weniger soziale Probleme, Schlafstörungen etc.
- Wachstumsfaktoren in der Muttermilch unterstützen die Entwicklung des Babys.

Krebs
Das Risiko, vor dem Erreichen des fünfzehnten Lebensjahres an Krebs zu erkranken, vermindert sich um die Hälfte bei Kindern, die mindestens sechs Monate ausschließlich gestillt wurden.
(The Lancet, Aug. 13, 365–368, 1988)

Durchfall
Im südlichen Teil Brasiliens wurde festgestellt, dass Kinder, die nicht gestillt werden, 14,2-mal häufiger an Durchfallerkrankungen sterben.
(The Lancet, Aug. 7, 319–322, 1987)

Zuckerkrankheit (Diabetes mellitus)
Das Risiko, an Zuckerkrankheit zu erkranken, steigt um das zweifache bei Babys an, die vor Vollendung des zweiten Lebensmonats Säuglingsnahrung auf Kuhmilchbasis erhielten.
(Diabetes, 42: 1786–1790, 1993)

Wenn Sie stillen, sind Sie auf Reisen unabhängiger als bei Flaschenernährung.

Plötzlicher Säuglingstod
Nicht gestillte Kinder werden dreimal so häufig Opfer des »Plötzlichen Säuglingstods« als gestillte Kinder.
(New Zealand Medical Journal, 104: 71–76, 1991)

Zahnfehlstellungen
Je länger Kinder gestillt werden, desto seltener treten Zahnfehlstellungen auf.
(American Journal of Preventive Medicine, 3(4): 227–232, 1987)

Sehschwäche
In Malawi wurde beobachtet, dass Kinder, die vor dem 24. Lebensmonat abgestillt wurden, dreimal so oft eine Sehschwäche entwickelten wie Kinder, die darüber hinaus gestillt wurden.
(American Journal of Clinical Nutrition, 44: 690–697, 1986)

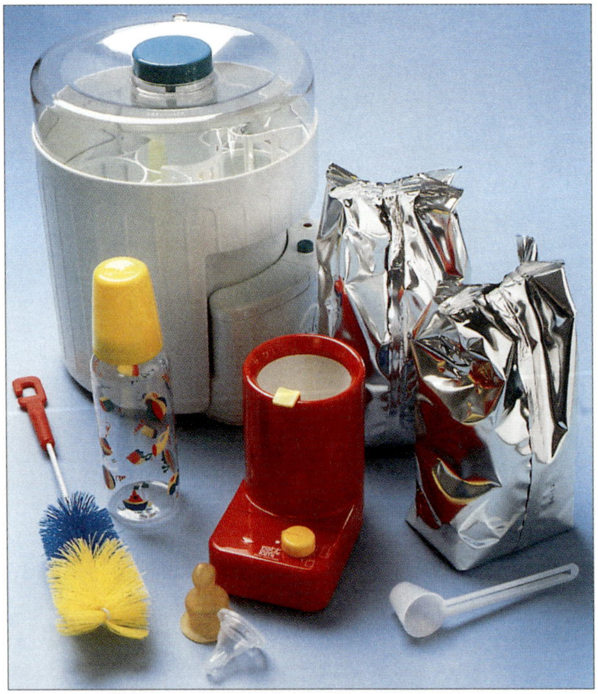

Die Anschaffung von vielerlei Zubehör zum Füttern mit dem Fläschchen ist nicht nötig, wenn Sie Ihr Baby stillen.

Parasitenbefall
In Gabun wurde bei gestillten Kindern zwischen dem ersten und zweiten Lebensjahr ein Parasitenbefall von 29 % beobachtet, im Vergleich dazu bei nicht gestillten Kindern 66 %.
(Archives Françaises de Pediatrie, 45: 399–401, 1988)

Visuelle Entwicklung
Frühgeborene und reifgeborene Kinder, die gestillt wurden, sehen besser als künstlich ernährte Säuglinge. Verglichen wurde nach vier und nach 36 Monaten.
(Journal of Ophthalmology and Strabismus, 30: 181–193, 1993)

Unterernährung
80 % der Kinder in Brasilien, die mindestens drei Monate lang ausschließlich gestillt wurden, wiesen einen normalen Ernährungsstatus auf. Von den mit künstlich hergestellten Milchprodukten ernährten Kindern waren dies nur 43 %.
(Bulletin of the Pan American Health Organization, 20(2): 138–146, 1986)

Akute Atemwegsinfektionen
Das Risiko, an einer akuten Atemwegsinfektion mit tödlichem Ausgang zu erkranken, ist 3,6-mal so hoch bei mit künstlicher Säuglingsnahrung ernährten Babys wie bei ausschließlich gestillten Babys.
(International Journal of Epidemiology, 18: 918–925, 1989)

Ohrinfektionen
Babys, die von Geburt an bis über das erste Lebensjahr hinaus ausschließlich gestillt werden, erkranken nur halb so oft an Ohrinfektionen wie nicht gestillte Kinder.
(Journal of Pediatrics, 91(5): 867–872, 1993)

Karies
Gestillte Kinder entwickeln seltener Karies als nicht gestillte Kinder.
(Deutsche Zahnärztliche Zeitschrift, 41: 1038–1042, 1986)

Harnwegsinfekte
Beobachtet wurde, dass Kinder, die das erste halbe Jahr mit künstlicher Säuglingsmilch ernährt wurden, fünfmal so oft an Harnwegsinfekten erkrankten wie von Anfang an gestillte Kinder.
(Journal of Pediatrics, 120(1): 87–89, 1992)

Intelligenz
Kinder, die über einen längeren Zeitraum ausschließlich gestillt wurden, erreichten bei Intelligenztests eine höhere Punktezahl.
(The Lancet, 339: 261–264, 1993)

Allergien
Stillen verhindert zwar nicht den Ausbruch einer Allergie, aber es verzögert ihn und schwächt den Verlauf ab. Wenn in Ihrer Familie Allergien bekannt sind, ist es wichtig, mindestens sechs Monate ausschließlich zu stillen. Bei der Arbeitsgemeinschaft »Allergiekrankes Kind e. V.« (Adresse siehe Seite 186) können Sie eine Ernährungsbroschüre bestellen.

Allgemeine Vorteile

Positive Auswirkungen
- Stillen beugt Erkrankungen von Mutter und Kind vor, das wiederum senkt die Kosten im Gesundheitswesen.
- Stillen ist ein aktiver Beitrag zum Umweltschutz.
- Stillen nimmt Einfluss auf die psychische und soziale Entwicklung des Kindes, dadurch entstehen stabilere Persönlichkeiten, das wiederum senkt die Kosten für die Suchtbekämpfung.
- Stillen unterstützt die psychomotorische Entwicklung, das senkt die Behandlungskosten für Zahnfehlstellungen und Haltungsschäden.
- Stillen unterstützt die Fähigkeit, soziale Kontakte aufzubauen, das wiederum wirkt sich positiv auf das Zusammenleben in der Gesellschaft aus.

Stillen spart Geld
Muttermilch ist immer verfügbar, richtig temperiert, hygienisch einwandfrei verpackt und richtig dosiert. Dadurch lassen sich die Anschaffungskosten für Flaschennahrung und Zubehör vermeiden. Das macht gut tausend DMark aus.

Stillen macht unabhängig
Das Kind kann überallhin mitgenommen werden. Reisen wird dadurch einfacher und auch das Stillen nachts geht ohne größeren Aufwand.

ENTSCHEIDUNG FÜR ODER GEGEN DAS STILLEN

Die Gesellschaft nimmt großen Einfluss auf das Stillverhalten. In Kulturen, in denen Stillen die Norm ist, zweifeln Mütter selten an der Milchqualität oder der Milchmenge. Die Großmütter verfügen über eigene Stillerfahrungen und unterstützen so das Stillen. Falsche und unzureichende Informationen über die Vorteile und die Handhabung des Stillens, keine Unterstützung durch gut geschultes Personal, Stillprobleme und keine Ahnung, wie diese gelöst werden können, verhindern einen guten Stillbeginn und führen zum frühzeitigen Abstillen.

In Deutschland haben wir keine Stillkultur mehr, denn in den letzten hundert Jahren ist eine »flaschengefütterte Gesellschaft« herangewachsen. Nach dem Motto: »Die Flaschennahrung ist so gut.« Die Babynahrungsindustrie verfügt über große Marktanteile und die meisten so genannten Stillinformationen kommen von der Industrie mit dem Ziel, ihre Produkte an die Frau zu bringen. Deshalb können diese Informationen nicht unbedingt als stillfördernd eingestuft werden. Außerdem werden die jungen Familien mit kleinen Geschenken bedacht, die die Entscheidung für die künstliche Babynahrung beeinflussen sollen. So versucht jeder Hersteller, den anderen zu übertrumpfen.

Kein künstlich hergestelltes Nahrungsmittel kann mit der Muttermilch gleichgesetzt werden.

Ich bin keine Milchkuh

Es gibt Frauen, die Probleme haben, ihren Körper zu akzeptieren. Für sie ist das Berühren der eigenen Brust ein Tabu oder nur dem Partner in Verbindung mit Sex erlaubt. Es gibt aber Erfahrungsberichte von Frauen, die sich für das Stillen entschieden haben, um dem Baby den besten Start zu geben. Diese Frauen sagen aus, dass sie gelernt haben damit umzugehen und dass sie das Stillen als angenehm empfunden haben.

Stillen oder Flasche

Die Werbestrategien der Babynahrungsindustrie enthalten in ihren Aussagen die Botschaft, dass es egal sei, ob ein Baby gestillt wird oder nicht. Flaschenernährung sei mindestens genauso gut wie Muttermilch, behaupten sie.
Wissenschaftliche Untersuchungen belegen aber (wie schon vorangehend erwähnt), dass keine künstliche Nahrung mit Muttermilch gleichzusetzen ist und dass die Ernährung mit der Flasche regelrecht die Gesundheit der Kinder gefährdet.

Internationaler Kodex zur Vermarktung von Muttermilchersatzprodukten

Der Internationale Kodex zur Vermarktung von Muttermilchersatzprodukten wurde am

21.01.1981 von der Word-Health-Assembly (WHA), der Vollversammlung der Weltgesundheitsorganisation (WHO), verabschiedet. Er ist ein Werkzeug, um das Stillen zu schützen. Damit er jedoch effektiv sein kann, muss er auch in jedem Land gelten.

Da dies gerade in den Industrienationen nicht so einfach zu verwirklichen ist, immerhin haben hier alle Babynahrungshersteller ihren Sitz und ihre Marktanteile, folgten weitere Resolutionen der WHA. Eine EG-Direktive, die in ihren Forderungen schwächer war, wurde 1994 durch das Säuglingsnahrungswerbegesetz und eine Änderung der Diätverordnung in Deutschland ins nationale Recht umgesetzt. Die in Florenz im August 1990 verabschiedete Innocenti Declaration ruft alle Regierungen auf, den Internationalen Kodex und andere damit verbundene Resolutionen der WHA bis 1995 umzusetzen. Bisher sind dem nur 24 Staaten weltweit gefolgt.

Der Internationale Kodex zur Vermarktung von Muttermilchersatzprodukten ist ein Kodex zur Vermarktung, kein Ethik-Kodex. Er beinhaltet eine Auflistung von Regeln für Industrie, Gesundheitspersonal und Regierung, um damit die Vermarktung von Muttermilchersatzprodukten zu regeln. Vermarktung beinhaltet alle Werbeaktivitäten, von der Etikettierung über die Platzierung in den Regalen bis hin zum Um-

Der Internationale Kodex zur Vermarktung von Muttermilchersatzprodukten ist ein wichtiges Werkzeug zum Schutz des Stillens.

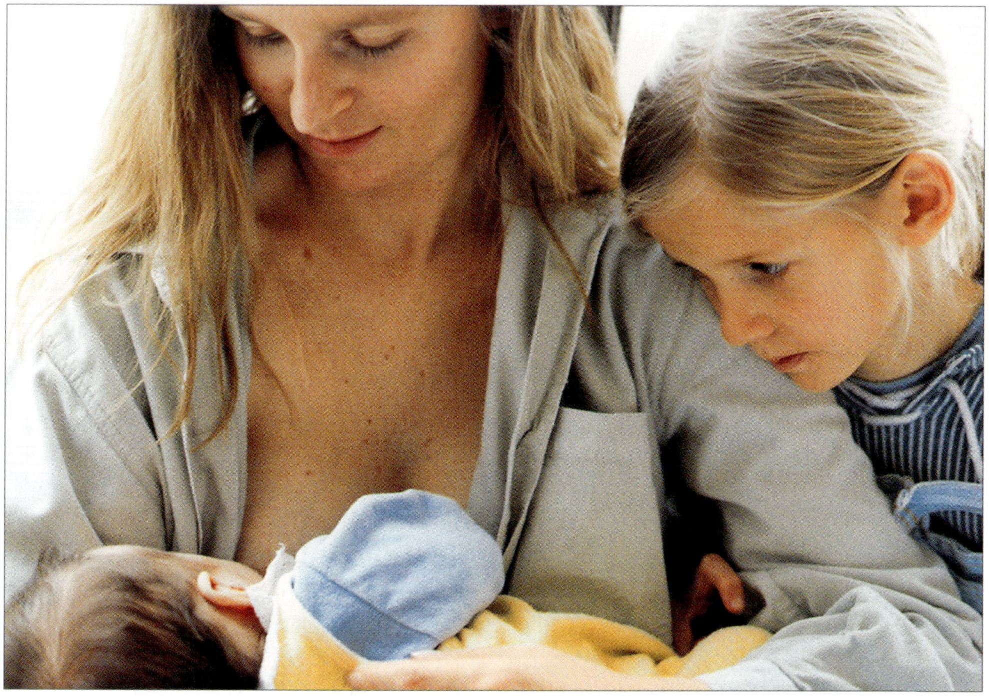

gang mit dem Gesundheitspersonal und seinen Verbänden.

Der internationale Kodex zur Vermarktung von Muttermilchersatzprodukten (WHO-Kodex) behandelt Muttermilchersatzprodukte, das bedeutet, es sind alle Produkte davon betroffen, die anstelle der Brust dem Baby gegeben werden können und so Einfluss auf das Stillen nehmen. Betroffen sind die Säuglingsmilchnahrungen, andere Milchprodukte, mit der Flasche zu fütternde Ergänzungsnahrung, Getreideerzeugnisse, Tees, Säfte, Schnuller, Flaschen und Sauger.

Der WHO-Kodex stellt einen Kompromiss dar, keinen Idealzustand. Er ist das Ergebnis von Verhandlungen. Deshalb sollten nationale Maßnahmen darüber hinausgehen und neue Produkte und veränderte Vermarktungspraktiken einschließen.

Der WHO-Kodex ist ein Werkzeug, kein Schlusspunkt. Falls er richtig eingeführt ist, wird er die Vermarktungspraktiken regeln. Aber darüber hinaus verhilft das Verstehen des Kodexes dem Gesundheitspersonal und der Gesellschaft zu einem tieferen Einblick in die Wichtigkeit ihrer eigenen Rollen, die sie bei den Entscheidungen der Mütter über die Art der Säuglingsernährung spielen, und die Folgen, die daraus erwachsen können.

Die wichtigsten zehn Forderungen

1. Keine Werbung für künstliche Säuglingsfertignahrung in der breiten Öffentlichkeit
2. Keine Verteilung von Gratisproben, sowohl direkt als auch indirekt, über Gesundheitspersonal an Mütter und Schwangere
3. Keine Werbung für Produkte in Gesundheitseinrichtungen. Das schließt die Verteilung von Gratis- oder verbilligten Proben ein
4. Keine Firmenvertreter zur Beratung von Müttern und Schwangeren
5. Keine Geschenke oder Muster an das Gesundheitspersonal
6. Keine Idealisierung von künstlicher Säuglingsnahrung, weder mit Worten noch durch Abbildungen von Säuglingen auf den Etiketten von Säuglingsmilchprodukten
7. Informationen für das Gesundheitspersonal müssen sachlich gehalten, wissenschaftlich und faktisch abgesichert sein
8. Alles Informationsmaterial muss:
   – auf die Vorteile und Überlegenheit des Stillens eingehen
   – auf die Risiken der Flaschenernährung hinweisen
   – auf die negativen Auswirkungen des Teilstillens auf den Stillerfolg hinweisen
   – auf die sozialen und finanziellen Folgen des Gebrauchs von künstlicher Babynahrung hinweisen
9. Für ungeeignete Produkte, wie gesüßte, kondensierte Milch, darf nicht als Säuglingsnahrung geworben werden. Die Etiketten der Packungen sollen eindeutige Hinweise enthalten über die Vorteile des Stillens und die Gefahren der falschen Zubereitung. Begriffe wie »humanisiert«, »maternisiert« oder »der Muttermilch angeglichen« etc. dürfen nicht verwendet werden. Ebenso Abbildungen von Säuglingen.
10. Unabhängig von derzeit anderen Regelungen soll sich die Industrie an den

Internationalen Kodex zur Vermarktung von Muttermilchersatzprodukten weltweit halten.

Dieser von der Vollversammlung der Weltgesundheitsorganisation verabschiedete Kodex verwehrt nicht aus Boshaftigkeit die Vermarktung von Muttermilchersatzprodukten, wie es die Hersteller oft darzustellen versuchen.

Die Bedeutung der Ernährung des Säuglings mit Muttermilch wurde quasi neu entdeckt und mit wissenschaftlichen Untersuchungen untermauert. Das gilt für die Entwicklungsländer wie auch für die Industrieländer, denn überall auf der Welt profitieren Säuglinge von der ihrem Bedarf angepassten, einzigartigen Muttermilch.

Jährlich sterben laut UNICEF 1,5 Millionen Kinder, weil sie nicht gestillt werden.

Gründe für eine weltweite Anwendung des Kodexes

Einsparung von Kosten im Gesundheitswesen
Eine Untersuchung des Amerikaners Cunningham hat ergeben, dass nicht gestillte Kinder fünfzehnmal so oft im Krankenhaus behandelt werden müssen und somit die Kosten fünfzehnmal höher sind als bei gestillten Kindern.
(Jelliffe, Vol. 1, Oxford University Press, 1981)

Die Industrienationen sollten mit gutem Beispiel vorangehen und das Stillen schützen und fördern
Dies ist wichtig, zumal die Industrienationen für den Export der Säuglingsmilchnahrung in die Entwicklungsländer verantwortlich waren und sind.

Medizinisches Fachpersonal wird oft in Industrienationen ausgebildet und dann in Entwicklungsländer entsandt
Gerade dieses Personal sollte unbedingt eine solide Ausbildung in der Stillhandhabung und Stillförderung erhalten und nicht die Flaschenkultur exportieren.

Werbepraktiken nehmen Einfluss auf die Mütter in der Dritten Welt wie auch in den Industrienationen, sei es durch Zeitschriften, Poster oder Geschenke
Da in der Dritten Welt zu der künstlichen Babynahrung noch verschmutztes Wasser, fehlende Elektrizität und hohe Armut als belastende Faktoren dazukommen, ist gerade hier die Einführung von künstlicher Babynahrung lebensbedrohlich.

Der WHO-Kodex sieht auch in einem Passus vor, dass durchaus ein legitimer Markt für vorgefertigte Säuglingsnahrung und für Bestandteile zur Zubereitung derselben besteht, wenn Mütter nicht oder nur teilweise stillen. Er räumt ein, dass alle diese Produkte dementsprechend für die, die sie brauchen, über kommerzielle Verteilersysteme zugänglich gemacht werden sollten, aber sie sollten nicht in einer Weise vermarktet oder verteilt werden, die den Schutz und die Förderung des Stillens beeinträchtigt.

Die Vermarktung künstlich hergestellter Nahrung sollte die Förderung des Stillens nicht beeinträchtigen.

ZUSAMMENSETZUNG DER MUTTERMILCH

Reife Muttermilch besteht zu 88 % aus Wasser und zu 12 % aus festen Bestandteilen. Damit ist gewährleistet, dass das Baby beim Stillen ausreichend Flüssigkeit und Nahrung erhält.

Das Kolostrum

Fälschlicherweise hat das Kolostrum den Namen Vormilch erhalten, was den Eindruck erweckt, dass diese Milch noch nicht gut genug für ein Neugeborenes ist, sozusagen eine Vorstufe der richtigen Milch. Es gibt sogar Kulturen, in denen Babys anstelle des so genannten »minderwertigen Kolostrums« in den ersten Tagen andere Nahrung erhalten, bis die »richtige« Milch einschießt.

Dabei hat die Natur das Bestmögliche entwickelt, um dem Baby optimalen Schutz und Stimulation des Stoffwechsels zu geben. Kolostrum ist genau die richtige Milch für Ihr Baby, um sich langsam auf das Leben außerhalb der Gebärmutter einzustellen. Es enthält alles, was das Baby momentan braucht. Das Kolostrum enthält, in der genau richtigen Menge, Antikörper, die vor Infektionen und Allergien schützen, und viele weiße Blutkörperchen, die als Schutzpolizei fungieren und Eindringlinge abwehren.

Das Kolostrum enthält alles, was das Baby anfänglich braucht und bietet optimalen Schutz vor Erkrankungen.

Das Kolostrum ist außerdem reich an Wachstumsfaktoren, die die Ausreifung und Auskleidung des Verdauungstrakts unterstützen und so die Besiedelung mit krankmachenden Keimen verhindern. Eine Nahrungsmittelintoleranz kann so weitgehend vermieden werden. Seine gelbe Farbe erhält es durch den hohen Carotin-Gehalt (reich an Vitamin A), der das Kind vor Infekten und Augenerkrankungen schützt.

Da das Baby am Anfang nur kleine Mengen Kolostrum benötigt und auch nur kleine Mengen gebildet werden, ist die Konzentration der im Kolostrum gelösten festen Bestandteile hoch. Aber je mehr das Baby an der Brust saugt, desto mehr wird die Milchbildung angeregt. Die kleinen Nahrungsmengen am Anfang regen den Magen-Darm-Trakt des Babys optimal an. Die Ausscheidung des Kindspechs wird beschleunigt, dadurch werden die Abbauprodukte des Bilirubins schneller ausgeschieden, was einer Neugeborenengelbsucht vorbeugt.

Das Anlegen nach Bedarf regt die Milchbildung an.

Durch die häufige Nahrungsaufnahme von kleinen Mengen wird der Stoffwechsel angeregt und der Blutzuckergehalt bleibt konstant, da das Baby in der Lage ist, zusätzlich zur Nahrungsaufnahme Glukose aus den Fettreserven zu mobilisieren.

Anlegen nach Bedarf, Tag und Nacht, ist in den ersten Tagen hilfreich, um die Milchbildung optimal anzuregen, und die Milchmenge steigt dabei unmerklich. Die Nachfrage bestimmt das Angebot und der so gefürchtete schmerzhafte Milcheinschuss bleibt oft unbemerkt.

Milchmengen

In den ersten 24 Stunden beträgt die Milchmenge durchschnittlich 37 ml (+/- 7–123 ml). Mütter, die schon ein Kind gestillt haben, bilden meist schneller größere Mengen Milch. Anfangs erhält das Baby pro Mahlzeit durchschnittlich 5–10 ml, aber innerhalb der ersten 36 Stunden steigt die Milchmenge an.

Wenn das Kind von Anfang an nach Bedarf (mindestens sechs Mal innerhalb von 24 Stunden) angelegt wurde, auch nachts, beträgt die durchschnittliche Milchmenge am fünften Tag 500 ml. Die Menge steigt zwischen dem dritten und fünften Monat auf durchschnittlich 750 ml täglich an, um den sechsten Monat herum auf 800 ml. Eine Mutter, die Zwillinge stillt, ist in der Lage, die Milchproduktion zu verdoppeln. Die Milchmenge stellt sich auf den Bedarf ein.
Interessant ist auch, dass die Qualität der Milch nicht vom Ernährungsstatus der Mutter abhängt, es sei denn, die Mütter sind ausgesprochen unterernährt, was in unseren Breiten kaum vorkommt.

Eine Untersuchung in Gambia stellte fest, dass Mütter, die während des Festes Ramadan fasteten, ihre Kinder trotzdem mit ausreichender Muttermilch versorgten, allerdings zehrte es an den Reserven der Mütter und diese dehydrierten über Nacht.

Beobachtet wurde auch, dass der Prolaktinspiegel (der dafür sorgt, dass ausreichend

Die verschiedenen Muttermilchstadien (von rechts nach links): Kolostrum, Übergangsmilch und reife Muttermilch

Muttermilch gebildet wird, die qualitativ in Ordnung ist) bei schlecht ernährten Frauen im Blut höher ist.

Übergangsmilch

Um den siebten bis vierzehnten Tag herum wechselt die Zusammensetzung der Milch und wir sprechen von der so genannten Übergangsmilch. Die Proteinkonzentration und die Immunglobuline sinken, der Fett- und Laktosegehalt (Kalorien) steigt an. Die Konzentration der fettlöslichen Vitamine fällt, während die der wasserlöslichen ansteigt.

Die Übergangsmilch entspricht den individuellen Bedürfnissen des Babys.

Die Übergangsmilch weist viele Unterschiede von Mutter zu Mutter und von

Mahlzeit zu Mahlzeit auf, genau auf die Bedürfnisse des jeweiligen Babys abgestimmt.

Reife Muttermilch

Nach etwa zehn bis vierzehn Tagen wird reife Muttermilch gebildet. Sie enthält 88 % Wasser und 12 % feste Bestandteile.

Zusammensetzung der reifen Muttermilch (pro 100 ml)

- Wasser 87,1 ml
- Eiweiß 0,9 g
  (Kasein 35 %, alpha Laktalbumin 65 %, freie Aminosäuren u. a., Bifidus-Faktor, lebende Zellen u. a.)
- Fette Ø 3,8 mg
  (davon ungesättigte Fettsäuren 47 %/ 1,5–5 g, gallestimulierende Lipase)
- Zucker 7,0 g
  (Laktose 95 %, Oligosaccharide 5 %/ 0,4–0,6 g)
- Mineralien/Spurenelemente
- Vitamine

Kohlehydrate

Die reife Muttermilch verfügt über verschiedene Kohlehydrate. Der Milchzucker (Laktose) macht den Hauptbestandteil (95 %) aus. Laktose ist ein Zweifachzucker, der sich in Glukose und Galaktose durch das Enzym Laktase aufspalten lässt.

Kariesbakterien verabscheuen Laktose. Sie wachsen optimal im Fruchtzuckermilieu. Ausschließlich gestillte Kinder bekommen daher übrigens seltener Karies.

Galaktose unterstützt die Entwicklung des Zentralen Nervensystems. Glukose mobilisiert die Eigenregulation des Stoffwechsels, sodass fehlende Bestandteile aus den Fettreserven gewonnen werden können. Galaktose ist ein Baustein für Galaktolipidverbindungen, die zum Beispiel für den Aufbau der Gehirnzellen benötigt werden. Laktose unterstützt die Aufnahme und Verwertung von Kalzium und Eisen sowie die Besiedelung des Magen-Darm-Trakts mit Laktobacillus bifidus, dessen Wachstum ebenfalls durch die Oligosaccharide unterstützt wird. Der Laktobacillus bifidus sorgt für den Aufbau der Darmschleimhaut und für ein milchsaures Milieu im Darm, das von vielen Bakterien verabscheut wird.

Die Milchmenge stellt sich auf den Bedarf ein.

Laktose reguliert auch den Wassergehalt der Muttermilch, der zur Deckung des Flüssigkeitsbedarfs des Säuglings ausreicht, auch in tropischen Gebieten.

Oligosaccharide (Mehrfachzucker)

Etwa 5 % davon sind in der Muttermilch enthalten. Über 100 verschiedene Oligosaccharide wurden bisher entdeckt. Diese Mehrfachzucker (Ketten von sechs bis zehn Einfachzuckern) gehen viele Verbindungen ein und es ist faszinierend, für was sie alles verantwortlich sind. Kuhmilch enthält keine Oligosaccharide. In der Muttermilch machen sie 0,4–0,6 g pro 100 ml aus. Sie unterstützen die Auskleidung des Magen-Darm-Trakts und der Epithelzellen der Atemwege. Sie binden krank machende Bakterien; Erreger für Lungenentzündung zum Beispiel haben keine Chancen und Harnwegsinfekte werden verhindert.

Stärke

Muttermilch enthält keine Stärke. Die Bauchspeicheldrüsenfermente, die benötigt werden, um Stärke zu spalten, sind in den ersten Wochen sehr niedrig. Stärke belastet den Verdauungsapparat, da sie nicht verwertet werden kann. Künstliche Säuglingsnahrung enthält Stärke.

Fett

50 % des Energiebedarfs werden über die Verwertung des Fettes gedeckt. Der Fettgehalt der Muttermilch unterliegt Tagesschwankungen und variiert zwischen 1,5 g pro 100 ml und 5 g pro 100 ml. Durchschnittlich liegt der Fettgehalt zwischen 3–4 mg pro 100 ml.
Der Fettgehalt verändert sich auch während einer Stillmahlzeit. So ist die Hintermilch fünfmal fetthaltiger als die Vordermilch.
Bei der künstlich hergestellten Säuglingsnahrung ist der Fettgehalt konstant.
Wenn die Mutter ihren Fettbedarf durch die Ernährung mit ungesättigten pflanzlichen Fetten deckt, steigt der Gehalt an ungesättigten Fettsäuren in der Muttermilch an.
Die langkettigen ungesättigten Fettsäuren sind besonders für die Entwicklung des Frühgeborenen notwendig. Sie unterstützen die Entwicklung des Gehirns.

Fette setzen sich aus unterschiedlichen Fettsäuren zusammen:
- mittelkettige Fettsäuren (sind mehr in der Kuhmilch)
- langkettige gesättigte Fettsäuren (sind mehr in der Muttermilch)
- langkettige hochungesättigte Fettsäuren/ LCP (sind nur in der Muttermilch)

Fettverdauung
Muttermilch verfügt über das Enzym Lipase, das in Verbindung mit dem Gallensaft für die Fettverdauung verantwortlich ist. Kuhmilch enthält keine Lipase.

Die Fettverdauung durchläuft drei Phasen:
- Lipase im Speichel: Die Fettverdauung beginnt, es bilden sich Milchfetttröpfchen.
- Lipase der Bauchspeicheldrüse: Die Milchfetttröpfchen werden aufgespalten in zwei freie Fettsäuren und Monoglyzeride.
- Gallensaftstimulierte Lipase: Die Fettverdauung ist vollendet. Es entstehen drei freie Fettsäuren und Glyzerin.

Neugeborene können freie Fettsäuren leichter verwerten als Monoglyzeride. Folglich ist die Fettaufnahme und -verwertung besser als bei künstlicher Nahrung. Wir wissen auch, dass Pasteurisierung (Hitzebehandlung) der Milch die Fettaufnahme um 30 % vermindert.

Eiweiß

Das Eiweiß übernimmt viele Funktionen. Wenn die Energieaufnahme nicht ausreicht, liefert Eiweiß Energie. Es ist verantwortlich für den Aufbau des Immunsystems. Enzyme und Wachstumsfaktoren haben Eiweiß als Basis. Der Eiweißgehalt im Kolostrum beträgt 2 g pro 100 ml, in reifer Muttermilch 1 g pro 100 ml.
Nahrungseiweiße sind Laktalbumine, Laktoglobuline und Kasein. Das Kasein der Muttermilch besteht aus kleineren Ketten und ist leichter verdaulich als das Kasein in Kuhmilch.

Die bläulich-weiße Farbe der Muttermilch wird bestimmt durch den Kalzium- und Phosphorgehalt. Die Aminosäurenzusammensetzung der Muttermilch ist einzigartig. Kuhmilch kann in diesem Bereich der Muttermilch nicht nachgebildet werden.

In der Muttermilch vorhandene Enzyme

Laktoferrin

Laktoferrin bindet das Eisen und verhindert so, dass Bakterien, die in einem eisenhaltigen Milieu heranwachsen, gedeihen können (zum Beispiel Escherichia coli; verursacht Durchfall). Zusätzliche Eisenzufuhr greift in diesen Regulationsmechanismus ein.
Der Eisengehalt in der Muttermilch ist zwar niedrig, wird aber vom Körper optimal verwertet; von daher ist keine Zufuhr erforderlich.

Lysozym

Es ist in Zusammenarbeit mit anderen Komponenten für die Auflösung und Zerstörung von krank machenden Bakterien verantwortlich. In den ersten sechs Monaten steigt der Gehalt des Lysozyms stetig an.

Amylase

Amylase wird von der Bauchspeicheldrüse des Neugeborenen in kleinen Mengen produziert. Es ist während der Stillzeit in der Muttermilch enthalten und bewirkt die Aufspaltung der Kohlehydrate in Einfach- oder Zweifachzucker.

Lipase

Lipase ist nur in der Muttermilch enthalten, nicht in der Kuhmilch. Sie wird aktiviert durch den Gallensaft im Dünndarm und unterstützt die Fettverdauung.
Frühgeborene brauchen deshalb unbedingt Muttermilch, denn die Lipase ist für sie besonders wichtig. Ihre Bauchspeicheldrüse kann Lipase noch nicht ausreichend bilden.

Wachstumsfaktoren und Hormone

Wachstumsfaktoren und Hormone sind nur in Muttermilch enthalten, nicht in künstlicher Säuglingsnahrung. Epidermale Wachstumsfaktoren stimulieren das Wachstum der Schleimhäute und der Haut, den Zellaufbau und die Auskleidung des Magen-Darm-Trakts.

Wachstumsfaktoren der Nerven

Sie stimulieren das Wachstum der Sympathicusnerven.

Insulin
Insulin stimuliert die Ausreifung des Magen-Darm-Trakts.

Schilddrüsenhormone (Thyroide)
Sie beugen Schilddrüsenunterfunktion vor und unterstützen die Magen-Darm-Trakt-Entwicklung.

Prostaglandine
Sie regen die Magen-Darm-Tätigkeit an. Während der Monatsblutung steigen die Prostaglandine an und können Durchfälle verursachen.

Delta sleep-inducing Peptide
Sie beeinflussen das Schlaf-Wach-Muster.

Immunglobuline
Das sekretorische Immunglobulin A ist in der Muttermilch am meisten vertreten. Es übernimmt eine Schutzfunktion im Magen-Darm-Trakt und verhindert, dass Bakterien und Viren über die Schleimhäute eindringen können.

Freie Aminosäuren
Sie sind in der Muttermilch in hoher Konzentration vorhanden.

Nukleotide
Sie sind notwendig für die DNS, RNS und fördern die Funktion der Zellmembranen und die Gehirnentwicklung. Sie unterstützen den Laktobacillus bifidus, die Eiweißsynthese und haben Einfluss auf viele Stoffwechselprozesse.

Carnitine
Sie sind für die Verstoffwechselung der längerkettigen Fettsäuren verantwortlich und sie unterstützen die Mobilisierung der Glukose aus den Reserven, was wiederum der Hypoglykämie vorbeugt.

Mineralstoffe und Spurenelemente

Sie sind genau in der richtigen Dosierung vorhanden. Die kindlichen Nieren sind anfangs nicht in der Lage, höhere Konzentrationen zu verarbeiten. Künstliche Säuglingsnahrung hat per Diätverordnung strikte Grenzwerte festgesetzt bekommen, da zu hohe Konzentrationen die Nierenfunktion schädigen und bis hin zum Ausfall führen können.

Muttermilch enthält in ausreichender Menge:
Natrium – Kalzium – Phosphat – Magnesium – Zink – Eisen – Fluor – Kupfer – Mangan – Jod – Selen

Eisen

Der Eisengehalt in der Muttermilch ist zwar niedrig und hat jahrelang Kinderärzte veranlasst, zusätzlich Eisen zu verabreichen, jedoch wissen wir anhand wissenschaftlicher Untersuchungen, dass das arteigene Eisen vom Körper optimal ausgewertet wird und eine Eisenmangelanämie beim ausschließlich gestillten Kind kaum vorkommt.

Beispiel
Aufnahme von 40–50 mikrogramm Eisen pro 100 ml Milch durch das Baby bei:

Muttermilch	50 %
Kuhmilch	10 %
Künstliche Säuglingsmilch; mit Eisen angereichert	5 %

Das bedeutet, dass künstliche Nahrung eine hohe Konzentration an Eisen benötigt, um den Bedarf zu decken, und dies wiederum begünstigt die Besiedelung des Darms mit krank machenden Keimen, die im Eisenmilieu gut heranwachsen.

Künstliche Eisenzufuhr beeinträchtigt ebenfalls die Aufnahme der Spurenelemente Zink und Kupfer. Die Eisenreserven der Mutter reichen in der Regel in den ersten sechs bis neun Monaten aus, um den Eisenbedarf des Kindes über die Muttermilch zu decken. In wenigen Fällen wurde ein Mangel nach etwa vier Monaten beobachtet, was dann mit eisenhaltiger, eisenangereicherter Beikost abgedeckt werden kann.

Der Eisengehalt der Muttermilch ist in der Regel für das Baby ausreichend.

In einer Studie wurde bei Babys, die bis zu einem Jahr ausschließlich gestillt wurden, der Eisenstatus bestimmt und festgestellt, dass die Eisenversorgung der Kinder, die über den siebten Monat hinaus voll gestillt wurden, gewährleistet war.
Die Einführung von Beikost vor dem siebten Monat erhöhte das Risiko, eine Eisenmangelanämie zu bekommen. Obgleich nur 30 Kinder beobachtet wurden, zeigten die Ergebnisse, dass bei einer Einführung der Beikost vor dem siebten Monat 43 % der Kinder eine Eisenmangelanämie entwickelten.
Die Autoren schreiben, dass in Ländern, in denen längeres ausschließliches Stillen unüblich ist, die Gabe von Eisen notwendig sein kann. In Ländern, in denen eine Eisengabe nicht möglich ist, sollten Kinder auf alle Fälle lange ausschließlich gestillt werden, um eine ausreichende Eisenversorgung zu gewährleisten.
(Journal of Pediatrics, 127: 429–431, 1995)

Vitamine

Wenn die Mutter sich ausgewogen ernährt, enthält die Muttermilch Vitamine in ausreichender Menge, ausgenommen Vitamin K. Wasserlösliche Vitamine, wie zum Beispiel Vitamin B und C, lassen sich durch die Nahrungsaufnahme der Mutter beeinflussen und sind in der Regel ausreichend vorhanden. Fettlösliche Vitamine sind im Kolostrum in höherer Konzentration vorhanden.

Vitamin K

Wenn das Baby von der ersten Stunde an nach Bedarf an der Brust trinken kann, korrekt angelegt wird und effizient saugt, erhält es genügend Vitamin K über die Muttermilch.
Nach der Geburt ist der Vitamin-K-Gehalt niedrig und es dauert einige Tage, bis der Darm in der Lage ist, selbst Vitamin K zu bilden. In den letzten Jahren haben Untersuchungen gezeigt, dass gestillte Kinder aufgrund des niedrigen Vitamin-K-Gehalts zu Hirnblutungen neigen. Deshalb wird heutzutage nach der Geburt Vitamin K gegeben. Bei oraler Gabe nach der Entbindung ist eine weitere Gabe nach ein bis zwei und nach drei bis vier Wochen erforderlich. Warum das Vitamin K in der Muttermilch manchmal zu niedrig ist, ist von vielen Faktoren abhängig. Im Kolostrum und in der Hintermilch ist es höher dosiert.

Vitamin D

Auch dieses Vitamin ist in einer höheren Konzentration im Kolostrum vorhanden.

Normalerweise decken Spaziergänge an der frischen Luft und in der Sonne den Bedarf von Mutter und Kind.

Vitamin A

Der Gehalt an Vitamin A ist abhängig von der Ernährung der Mutter. In unseren Breiten reicht eine ausgewogene Ernährung zur Deckung des Vitamin-A-Bedarfs in der Regel aus. Vitamin-A-Mangel tritt eher in Entwicklungsländern auf. Dort ist zu empfehlen, in der Schwangerschaft (vierter bis achter Monat) zusätzlich Vitamin-A-Präparate zu geben, wobei im ersten Schwangerschaftsdrittel eine Überdosierung von Vitamin A in Verbindung mit der Erhöhung von Aborten zu sehen ist.

Die Sache mit der Schadstoffbelastung

In den 80er Jahren wurden viele Mütter durch Pressemeldungen über die Schadstoffbelastung der Muttermilch verunsichert. Die Mütter hatten regelrecht ein schlechtes Gewissen, wenn sie sich für das Stillen entschieden hatten, und irgendwie nagten immer Zweifel, ob das Kind nicht vielleicht doch beim Stillen Schaden nehmen könnte.

Es gab viele Veröffentlichungen, die sich gegen Muttermilch aussprachen und für die künstliche Säuglingsmilch warben. Verunsicherte Mütter konnten ihre Muttermilch bei den Landesuntersuchungsanstalten der einzelnen Bundesländer untersuchen lassen. Was diese Diskussionen bewirkt haben, war eine Verringerung des Schadstoffeintrags in die Umwelt, da nun gezielt Schadstoffe aus dem Verkehr genommen wurden. So ist die Schadstoffbelastung der Muttermilch heute rückläufig.

Was inzwischen anhand der Untersuchungen auch festgestellt wurde, ist, dass eine unberechtigte Panikmache über Jahre erfolgte. Es sind aufgrund von belasteter Muttermilch bisher keine Langzeitschädigungen an Kindern beobachtet worden. Im Gegenteil: Gestillte Kinder weisen effektiv weniger Erkrankungen auf als nicht gestillte und entwickeln sich prächtig.

Die Schadstoffbelastung der Muttermilch ist heute rückläufig.

Die Vorteile der Muttermilch überwiegen das »Risiko« um ein Vielfaches und Babys sollten mindestens sechs Monate ausschließlich mit Muttermilch ernährt werden, empfiehlt die Weltgesundheitsorganisation (WHO). Auch die Nationale Stillkommission am Robert-Koch-Institut in Berlin empfiehlt vier bis sechs Monate ausschließliches Stillen und dann Weiterführung des Teilstillens, solange Mutter und Kind es möchten.

ENTWICKLUNG UND ANATOMISCHER AUFBAU DER BRUST

Die Anlage der Brust bei Jungen und Mädchen erfolgt in der Schwangerschaft, wenn der Embryo etwa fünf Wochen alt ist. Beidseitig entsteht, von der Achsel bis zur Leiste gehend, die Milchleiste. Der größte Teil dieses Gewebes wird rückresorbiert, einzig über dem Brustkorb werden die zwei Brüste angelegt.

Die Brust des Neugeborenen

Durch die Hormonumstellung nach der Entbindung reagieren manche Babys auf den Hormonspiegel der Mutter, die Brüste schwellen an und sondern eine Flüssigkeit ab. Der Volksmund bezeichnet dies als »Hexenmilch«. Ohne Behandlung klingt es innerhalb einer Woche ab.

Pubertät

Bis zum Einsetzen der Pubertät ruht die Weiterentwicklung der Brust. Nun wachsen unter hormonellen Einflüssen die Milchknospen, und der Drüsenapparat wird weiter angelegt. Das Fettgewebe bestimmt die Größe der Brust, und unter den zyklusabhängigen Hormonen wächst sie weiter.

Schwangerschaft

Die Milchgänge wachsen und die Milchknospen werden zu Milchbläschen. Die Zellen der Milchbläschen vergrößern sich nun und bereiten sich auf die Milchbildung vor. Schon ab dem fünften Schwangerschaftsmonat ist es möglich, dass sich Milch bildet. Gehemmt wird das Milchbildungshormon Prolaktin allerdings durch die Östrogene und Progesterone, die auch als Hormone des Mutterkuchens (Plazenta) bezeichnet werden.

Nach der Entbindung

Nach der Geburt des Kindes und der Nachgeburt entfällt die Hemmung der Milchbildung durch die Plazentahormone Östrogen

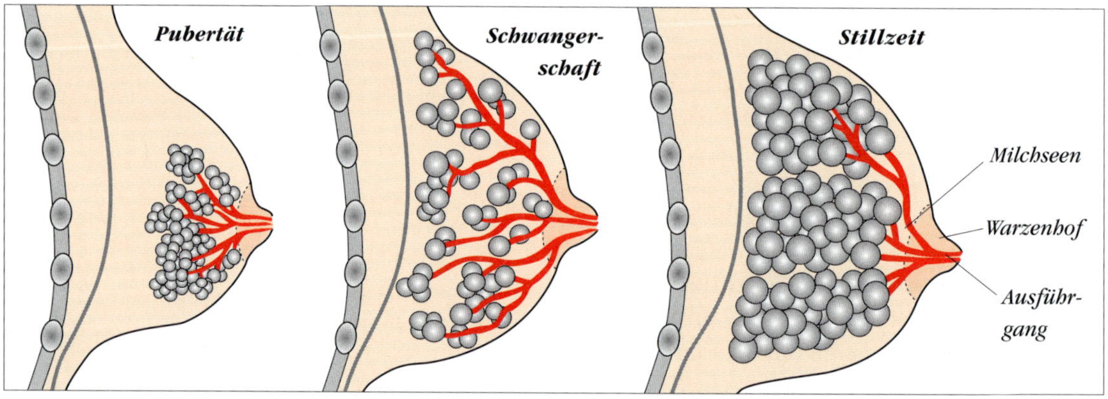

Aufbau des Brustdrüsengewebes

und Progesteron, und das Milchbildungshormon Prolaktin kann seine Wirkung entfalten. Während der Entbindung steigen auch die Werte des Hormons Oxytozin, das eine bedeutende Rolle in der Austreibungsphase einnimmt und auch als Liebeshormon bezeichnet wird, da es glücklich macht und das Bonding unterstützt. Wenn Oxytozin wirkt, werden auch Endorphine freigesetzt, die entspannen und den Schmerz lindern.

Der anatomische Aufbau der Brust

Die Brust besteht aus Binde- und Stützgewebe (Mantelgewebe), in dem sich Blut- und Lymphgefäße befinden, sowie aus Fettgewebe und Muskeln. Viele Nervenfasern verlaufen im Bereich der Brust.

Warzenhof

Dieser Bereich ist dunkler gefärbt, und man geht davon aus, dass dies als Signal für das Baby dient, damit es seine Nahrungsquelle findet. Duftstoffe unterstützen dies. Im Bereich des Warzenhofs liegen kleine Talgdrüsen (Montgomery-Drüsen), die eine ölhaltige Flüssigkeit absondern, die Warzenhof und Brustwarze geschmeidig halten. Das ist wichtig für den Saugvorgang, denn dieser Bereich wird dabei sehr gedehnt. Außerdem liegen hier viele Nervenfaserenden, die durch das Saugen stimuliert werden und die Botschaft zur Hormonbildung und -ausschüttung weitergeben. Die Größe des Warzenhofs variiert.

Brustwarzen

Die Brustwarzen sind von Frau zu Frau verschieden. Sie sind unterschiedlich groß und können eine glatte, gespaltene oder zerklüftete Oberfläche haben. In die Brustwarzen münden acht bis fünfzehn Milchausführungsgänge. Auch in den Brustwarzen befinden sich Talgdrüsen. Die Brustwarzen werden von Muskelfasern umschlossen, die von Nervenenden durchsetzt sind. Diese Nervenfasern übermitteln die Botschaft an die Brustwarzen sich aufzurichten.

Milchseen

Die Milchseen liegen im Warzenhofbereich (Areola). Es ist wichtig, dass das Baby diesen Bereich ausstreift, sodass Milch nachfließen kann. Tasten Sie die Brust in der Schwangerschaft und dann nach der Entbindung ab. Sie können die Milchseen spüren. Sie fühlen sich wie verdickte Bohnen an. Etwa acht bis fünfzehn Milchgänge verzweigen sich noch mal in kleinere Milchgänge, die für den Milchtransport zu den Milchseen verantwortlich sind.

Drüsenapparat

Stellen Sie sich acht bis fünfzehn Traubenrispen vor. Eine Traubenrispe wird hier als Drüsenlappen bezeichnet. Zwischen den einzelnen Drüsenlappen ist jeweils ein Band, das sie von den angrenzenden Drüsenlappen abtrennt. Eine Brustentzündung betrifft immer einen Drüsenlappen, ist also eine abgegrenzte Entzündung. Jeder Drüsenlappen teilt sich wieder in kleinere Lappen, an deren Ende sich Gruppen von Milchbildungszellen befinden (Milchbläschen). Das Drüsengewebe ist umgeben von Binde- und Stützgewebe und Fett.

Im oberen äußeren Quadranten bis hin zur Achselhöhle befindet sich das meiste Drüsengewebe. Manche Frauen fühlen zyklusabhängig die Spannung bis dorthin.

Der Aufbau des Milchbläschens (Milchbildungszellen)
Das Milchbläschen ist der Ort, wo die Milch gebildet wird. Es ist wie eine Traube, in der sich die Milch sammelt und dann über die kleineren Milchgänge abfließt. Milchbildungszellen werden aktiv, wenn das Milchbildungshormon Prolaktin den Auftrag dazu erteilt. Umgeben sind die Milchbildungszellen von glatter Muskulatur. Während einer Stillmahlzeit befiehlt das Hormon Oxytozin den Muskeln, dass sie sich zusammenziehen sollen. So wird die Milch aus dem Milchbläschen herausgepresst. Dieser Vorgang wird Milchspendereflex genannt. Jedes Milchbläschen ist von einem Netz aus Blut- und Lymphgefäßen überzogen.

Flach- oder Schlupfwarzen

Es gibt unterschiedliche Brustwarzenformen, aber alle eignen sich in der Regel gut zum Stillen. Wissenschaftliche Untersuchungen belegen, dass Babys, die nach der Entbindung bis zur ersten Stillmahlzeit ungestört bei der Mutter bleiben können, von sich aus die Brust finden und richtig ansetzen. Sie kommen ohne Probleme mit jeder Brustwarzenform zurecht.

Auch eine Flach- oder Schlupfwarze macht beim Stillen keine Probleme, wenn die Warze bei Stimulation hervortritt – also der Brustwarzenreflex einsetzt. Manche Frauen haben in der Schwangerschaft zwar Flach- oder Schlupfwarzen, aber nach der Entbindung verändert sich die Warzenform. Babys lernen ausgezeichnet mit diesen Brustwarzen umzugehen, und das Stillen klappt nach einigem Üben meist hervorragend.

Sie können in der Schwangerschaft den Brustwarzenreflex testen. Setzen Sie rechts und links des Warzenhofrandes einen Finger auf und ziehen Sie die Haut auseinander. Tritt die Brustwarze nun hervor, wird das Baby ohne Probleme saugen können.

Wenn Sie etwas tun möchten:
Ein gleichmäßiger Druck auf die Brust durch den BH kann die Brustwarze dazu bewegen hervorzutreten, wenn Sie einen Schlitz ins Körbchen oberhalb der Brustwarze schneiden. Nach dem gleichen Prin-

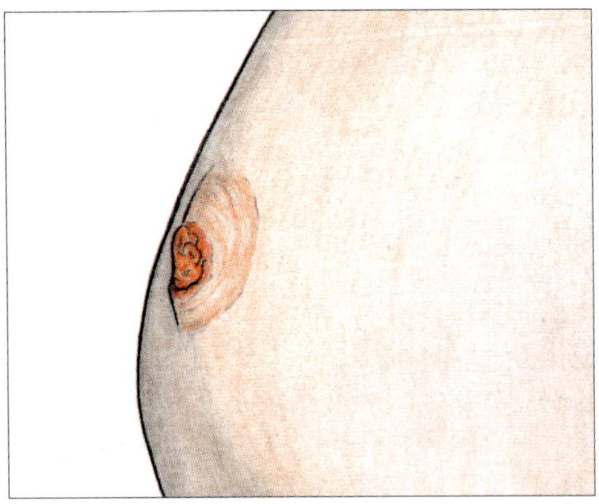

Flachwarze

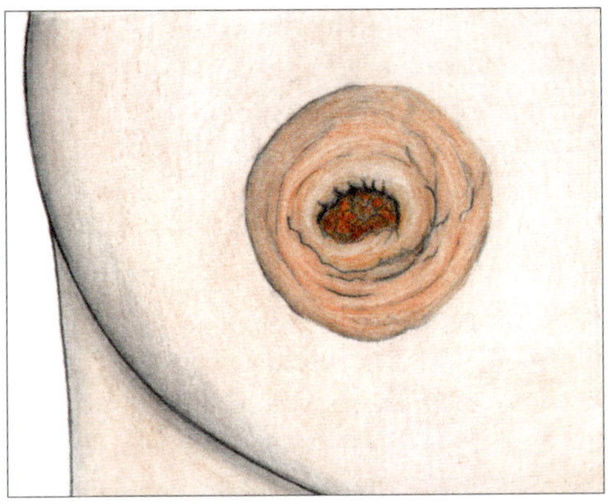

Schlupfwarze

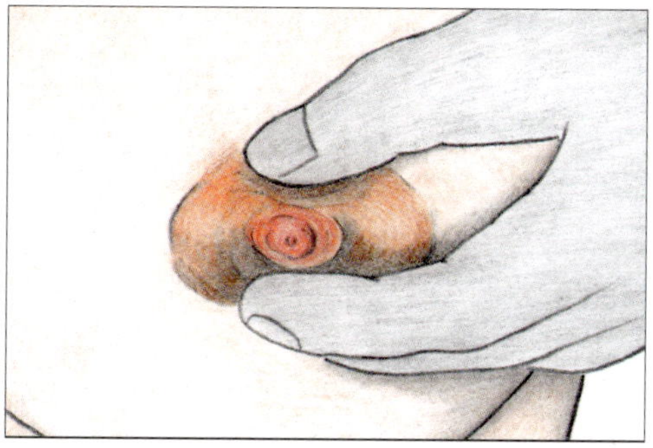

Flach- und Schlupfwarze treten bei Reiz hervor.

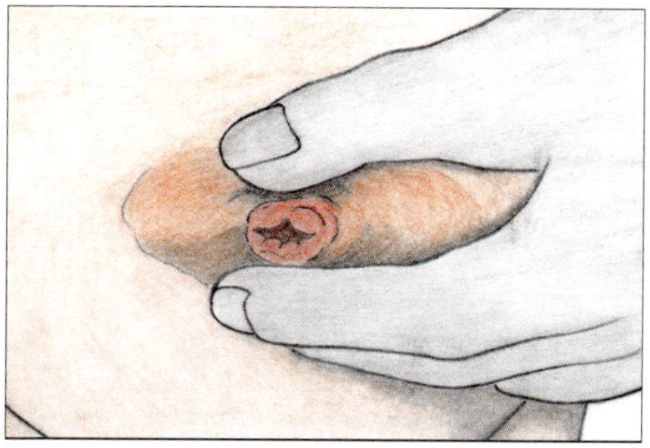

Die Hohlwarze zieht sich bei Reiz weiter zurück.

zip funktionieren die Brustschilder, die Sie in der Apotheke oder im Sanitätshaus kaufen können. Empfohlen werden diese erst nach dem siebten Monat. Sie sollten sie anfangs nur zehn Minuten täglich tragen und dann von Tag zu Tag etwas länger.

Wissenschaftliche Untersuchungen stellen allerdings den wirklichen Effekt dieser Vorbereitungsmaßnahmen infrage. Sie betonen aber immer wieder, wie wichtig es ist, dass Sie das Kind korrekt anlegen und dass es die Brust richtig erfasst. Frauen mit Flach- oder Schlupfwarzen können ihre Babys auch dann erfolgreich stillen, wenn sie sich in der Schwangerschaft nicht durch oben erwähnte Maßnahmen vorbereitet haben.

Auch Flach- oder Schlupfwarzen machen beim Stillen keine Probleme, wenn der Brustwarzenreflex eintritt.

Hohlwarzen

Vielleicht stellt der Frauenarzt bei einem allgemeinen Check fest, dass Sie Hohlwarzen haben. Diese lassen sich schon vor einer Schwangerschaft konservativ oder chirurgisch korrigieren. Meist achtet der Gynäkologe aber erst dann auf die Warzenform, wenn Sie schon schwanger sind. Hohlwarzen kommen sehr selten vor. Sie erkennen sie daran, dass bei Stimulation oder beim Brustwarzenreflextest die Warzen nicht hervortreten, sondern sich noch mehr zurückziehen und einen Krater bilden (siehe Abbildung).

Hohlwarzen bereiten manchen Babys anfangs Probleme beim Ansaugen, und es ist ganz wichtig, dass Sie jemanden haben, der Ihnen beim ersten Anlegen behilflich ist. Wenn das Baby lernt, einen Mund voll Brustgewebe richtig zu erfassen, arbeitet sich durch den Sog die Brustwarze während des Saugens heraus. Bis das klappt, können allerdings einige Tage, ja manchmal auch Wochen vergehen. Erfahrungsberichte von betroffenen Müttern zeigen, dass das Tragen von Brustschildern (siehe Seite 98) oder in den BH geschnittene Löcher geholfen haben, die Brustwarzen zum Hervortreten zu animieren. Die Niplette (siehe Seite 100) kann ebenfalls helfen. Andere Mütter schafften es auch ohne Vorbereitungsmaßnahmen.

Brustschilder können bei Hohlwarzen hilfreich sein.

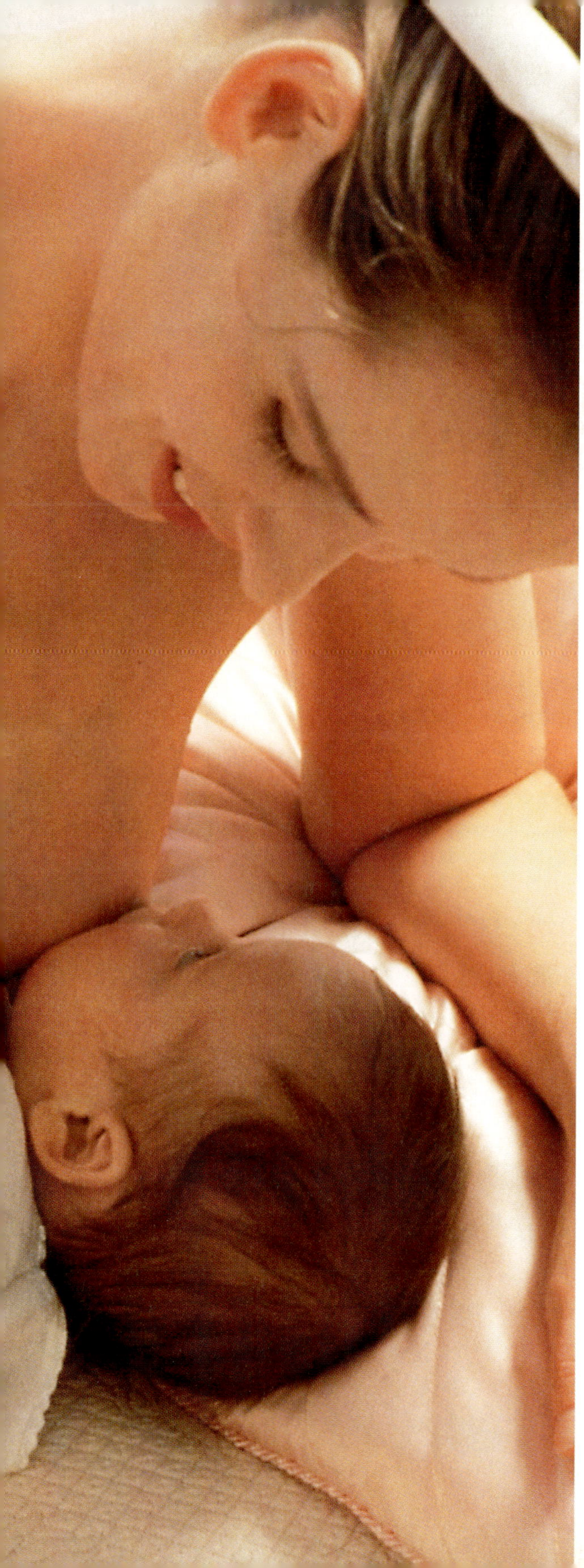

RUND UM DIE STILLPRAXIS

Stillen ist einfach. Von Natur aus ist Stillen als Ernährungsform des Menschenkindes vorgesehen. Daten belegen, dass 95 % der Frauen ihre Babys ausschließlich stillen können. Wichtig ist zu wissen, wie das Stillen funktioniert, und praktische Anleitung und Hilfestellung zu erhalten. Ein guter Stillbeginn von Anfang an und Unterstützung in den folgenden Monaten lässt die Stillzeit zu einem wundervollen Lebensabschnitt für Mutter und Kind werden.

DIE STILLREFLEXE

Während eines Stillvorgangs geschieht zweierlei: Das Baby wird satt und die Milchbildung wird angeregt. Dabei wird geregelt, wie viel das Baby bei der nächsten Mahlzeit zu sich nehmen möchte. Das ist ein ganz einfaches Prinzip: Die Nachfrage regelt das Angebot.

Der Beginn der Milchbildung

Nach der Entbindung beginnt das Milchbildungshormon (Prolaktin) mit der Milchbildung. Unabhängig davon, ob das Baby saugt oder nicht, wird die erste Milch gebildet. Entscheidet sich die Mutter, nicht zu stillen, fallen die Prolaktinwerte auf ein Niveau wie vor der Schwangerschaft ab und der Drüsenapparat bildet sich zurück. Die gebildete Milch wird rückresorbiert. Dieser Rückbildungsprozess dauert etwa vierzehn Tage.

Stillen nach Bedarf, so lange und so oft das Baby möchte, Tag und Nacht, steigert den Prolaktinspiegel und fördert somit die Milchbildung. Sie steigert sich so von Tag zu Tag, nach dem Bedarf des Babys.

»Lassen Sie das Baby etwas nuckeln, die Milch kommt sowieso erst am dritten Tag.« Diese Ihnen sicherlich bekannte Aussage möchte ich hiermit widerlegen:

Die Stillreflexe der Mutter

Wenn das Baby mit seinen Lippen Brustwarze und Warzenhof berührt, die Brust erfasst und mit dem Saugen beginnt, werden Nervenimpulse über den Hypothalamus ins Gehirn gesendet und die Hypophyse erhält den Auftrag, Oxytozin und Prolaktin zu bilden und freizusetzen.

Der Oxytozinreflex (Milchspende- oder Let-down-Reflex)

Das Oxytozin wird über die Blutbahn zur Brust transportiert. Die glatte Muskulatur zieht sich aufgrund dessen zusammen und die Milch wird freigesetzt. Sie fließt zu den Milchseen und manchmal spritzt sie auch heraus. Der Oxytozinreflex setzt während einer Mahlzeit mehrmals ein. Analog dazu zieht sich die glatte Muskulatur der Gebär-

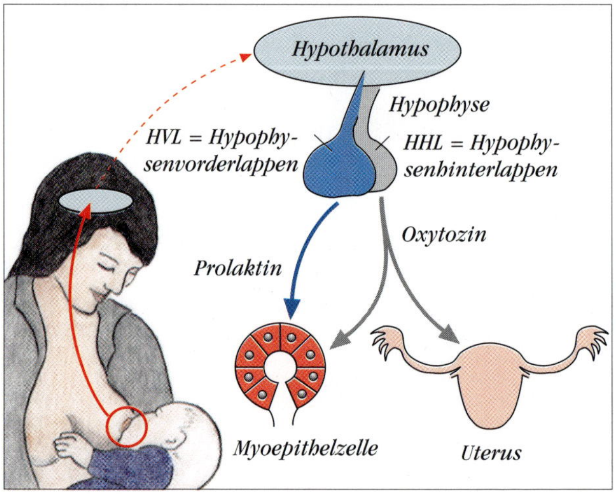

mutter zusammen: Nachwehen (manchmal sehr schmerzhafte) unterstützen die Rückbildung der Gebärmutter. Die nachgeburtliche Blutung wird durch das Oxytozin vermindert. Infolgedessen kann es innerhalb der ersten Tage vorkommen, dass das Baby saugt, die Nachwehen einsetzen und der Wochenfluss fließt. Auch eingelagertes Wasser wird ausgeschieden.

Trinken Sie nach Bedarf, so können Sie Ihren vermehrten Flüssigkeitsbedarf während der Stillzeit regulieren.

»Partner« des Oxytozins sind die Endorphine, die für Entspannung sorgen und Schmerz lindern, sowie das Antidiuretische Hormon (ADH), das den Wasserhaushalt reguliert.

So ist es ganz normal, dass Sie während der Stillmahlzeit durstig werden und trinken möchten. Trinken nach Bedarf reguliert den vermehrten Flüssigkeitsbedarf. Über den Durst hinaus trinken, sich dazu zwingen, mindestens drei Liter pro Tag zu trinken, löst eine Gegenreaktion aus und bringt den Eigenregulationsmechanismus des Körpers durcheinander. Die Folge davon ist, dass die Milchbildung zurückgeht.

Die Sache mit den Gefühlen

Wenn die Mutter traurig ist, Stress oder große Schmerzen hat oder vom Kind getrennt wird, kommt die »gegnerische« Hormongruppe – Adrenalin und Noradrenalin – zum Einsatz. Die Folge davon ist zum Beispiel eine schlechtere Durchblutung der Brust. Die Oxytozinbildung wird zwar optimal durch das Saugen angeregt, der Milchspendereflex allerdings gehemmt – es fließt keine Milch. Eine Folge davon kann auch ein Wochenflussrückstau sein, der als Auslöser des Wochenbettfiebers gefürchtet ist.

Hingegen, wenn eine Mutter sich wohl fühlt, entspannt und glücklich darauf vertraut, dass ihre Milch ausreicht, läuft die Milch. Manchmal setzt der Milchspendereflex ein, wenn die Mutter das Baby sieht, es berührt, riecht, wenn es schreit, wenn sie an ihr Kind denkt oder wenn sie etwas in die Hand nimmt, was in Verbindung mit dem Baby steht.

Positive Gefühle regen den Milchspendereflex an.

Manche Mütter haben eine bestimmte »Stillecke«, wohin sie sich bevorzugt zurückziehen. Schon der Anblick dieser Ecke kann den Milchspendereflex auslösen.

Woher weiß ich, dass der Milchspendereflex funktioniert?

Manche Mütter können genau beschreiben, wie es sich anfühlt, wenn der Milchspendereflex einsetzt. Andere wissen, dass die Milch fließt, wenn das Baby satt wird. Folgende Empfindungen dazu wurden von Müttern beschrieben:

»Wenn das Baby zu saugen begann, dauerte es einige Minuten, dann hatte ich das Gefühl von Kribbeln wie in einem Ameisenhaufen, und das Baby begann, mit kräftigen Schlucken zu trinken.«

»Meine Milch begann zu fließen, wenn ich an das Baby dachte, wenn es schmatzende Bewegungen machte oder wenn ich es schreien hörte.«

»Wenn das Baby an der einen Brust saugte, begann nach einiger Zeit die Milch aus der anderen Seite zu tropfen.«

»Wenn das Baby saugte, bekam ich in den ersten Tagen ziemlich starke Nachwehen und der Wochenfluss schoss in meine Damenbinde.«

»Ich fühlte nicht, wenn der Milchspendereflex einsetzte, aber ich bemerkte, dass das Baby zu Beginn der Mahlzeit ziemlich hektisch saugte, dann ruhiger wurde und regelrecht tiefe Schlucke trank.«

Der Prolaktinreflex (Milchbildungsreflex)

Wie bereits erwähnt, beginnt die Milchbildung gleich nach der Geburt aufgrund des hohen Prolaktinspiegels. Dadurch erhält das Baby schon bei der ersten Mahlzeit etwas Milch (Kolostrum). Wenn das Baby saugt, wird ein Impuls zum Gehirn geschickt, und Prolaktin wird ausgeschüttet. Der Prolaktinspiegel ist nach etwa 30 Minuten am höchsten und ist verantwortlich für die Milchbildung der nächsten Mahlzeit.

Anfangs ist Prolaktin hauptverantwortlich für die Milchbildung.

Da der Prolaktinspiegel nachts immer am höchsten ist, sollten Sie mindestens einmal nachts stillen. Prolaktin ist in den ersten sechs bis acht Wochen hauptverantwortlich für die Milchbildung, danach wird die Milchbildung über die Entleerung der Brust geregelt (Nachfrage und Angebot).

Die Milchbildung stellt sich auf den Bedarf ein, eine Mutter kann deshalb ohne Probleme ein Baby oder auch Zwillinge/Mehrlinge voll stillen.

Da der Prolaktinspiegel nachts am höchsten ist, bringt nächtliches Stillen verschiedene Vorteile:

- Prolaktin bewirkt, dass die Mutter sich entspannt und schläfrig fühlt, so kann sie sich während des nächtlichen Stillens trotzdem ausruhen.
- Hormone, die in Verbindung mit Prolaktin aktiv sind, unterdrücken den Eisprung und verhüten so eine erneute Schwangerschaft.

Die Kontrolle der Milchproduktion

Nachdem wir nun wissen, wie die Milch gebildet wird und dass mehr Saugen mehr Milch macht, stellt sich natürlich die Frage: Kann die Brust platzen? Natürlich hat die Natur auch hier ihre Vorsorge getroffen. Es gibt einen so genannten Hemmfaktor in der Muttermilch. Dieser Faktor kann die Milchbildung reduzieren oder stoppen. Wenn die Brust voll Milch ist und nicht viel Milch entleert wird, hindert der Hemmfaktor die Milchbildungszellen daran, mehr Milch zu bilden. Wenn die Brust entleert wird, durch das Saugen des Babys oder durch Abpumpen, wird der Hemmfaktor »ausgeschaltet«.

Die Milchbildung stellt sich auf die Nachfrage ein. Das erklärt Folgendes: Wenn ein Baby nur aus einer Brust trinkt, stellt die andere die Milchbildung ein, unabhängig vom Hormonspiegel, abhängig nur von der Entleerung der Brust. Wenn zum Beispiel bei Zwillingen jeder seine eigene Brust zugeteilt bekommt, stellt sich jede Brust auf den Bedarf des jeweiligen Zwillings ein. So kann es sein, dass der kräftigere mehr Milch trinkt als der schwächere. Die Brüste können sich aufgrund dessen in der Größe verändern. Wenn ein Baby eine Brust bevorzugt leer trinkt, stellt sich die Milchbildung darauf ein, auch hier kann die Größe der Brüste differieren.

Wenn Sie die Milchbildung aufrechterhalten wollen, muss die Brust regelmäßig und richtig entleert werden, sei es durch das Baby oder durch Abpumpen.

Das Einspielen der Milchbildung

Es dauert sechs bis acht Wochen, bis sich das Stillen richtig eingespielt hat. Die meisten Mütter können von Anfang an ihre Babys ausschließlich stillen, und die Kinder wachsen und gedeihen prächtig. Manche Mütter bilden so viel Milch, dass sie gleich mehrere Babys stillen könnten. Andere Mütter wiederum bilden gerade so viel Milch, wie das Baby braucht. Manche Babys trinken bei einer Stillmahlzeit an beiden Seiten, andere regulieren die Milchmenge dadurch, dass ihnen eine Brust pro Mahlzeit reicht.

Die Milchbildung stellt sich auf die Nachfrage ein.

In den ersten sechs Wochen – dem eigentlichen Wochenbett – haben viele Mütter »nah am Wasser gebaut«, das heißt, Gefühle spielen jetzt eine große Rolle. So kann es durchaus passieren, dass aufgrund von Stress der Milchspendereflex nicht richtig funktioniert, sich ein Milchstau entwickelt oder die Mutter den Eindruck gewinnt, sie hat zu wenig Milch.

Die Stillreflexe des Babys

Die Mutter lernt, wie sie das Baby zur Brust bringt. Und das Baby lernt, wie es die Brust korrekt erfasst. Dann weiß es intuitiv, was es weiter tun muss, um die Nahrung zu erhalten. Drei Reflexe sind dafür hauptverantwortlich:

Der Suchreflex

Das Baby sucht mit weit geöffnetem Mund nach der Brust. Die Zunge schiebt sich über die untere Zahnleiste (Herausstreckreflex). Dann erfasst das Baby die Brustwarze und einen Mundvoll Brustgewebe (Milchseen) und formt daraus einen natürlichen Sauger. Der Suchreflex kann durch Berührung der Lippen oder Streicheln der Wangen ausgelöst werden.

Nach sechs bis acht Wochen hat sich die Milchbildung meist eingespielt.

Der Saugreflex

Am Übergang vom harten zum weichen Gaumen befindet sich der Saugreflexpunkt. Wird diese Zone durch Berührung stimuliert, geschieht Folgendes:

- Die rhythmische Bewegung des Unterkiefers beginnt.
- Die Zunge presst den natürlichen Sauger gegen die Gaumenplatte und beginnt, mit wellenförmigen Bewegungen von der Zungenspitze zum Zungengrund die Milchseen auszustreichen.

Der Schluckreflex

Wenn die Milch den Mund füllt, setzt der Schluckreflex ein. Der weiche Gaumen hebt sich dann an und verschließt den Nasen-Rachen-Raum. Die Kehlkopfplatte schiebt sich über die Luftröhre und die

Milch fließt über die Speiseröhre in den Magen.

Was passiert beim Saugvorgang?

Sobald das Baby die Brust korrekt erfasst hat, läuft jede Stillmahlzeit nach dem gleichen Muster ab: Es beginnt, mit schnellen hektischen Saugbewegungen (flache Züge, ohne zu schlucken) die Brust zu stimulieren. Das regt die mütterlichen Reflexe zur Milchspende und Milchbildung an.

Jede Stillmahlzeit läuft nach dem gleichen Muster ab.

Am Anfang dauert es oft einige Minuten, bis der Milchspendereflex einsetzt, aber nach einiger Zeit kann er schon beim Schrei des Babys einsetzen. Wenn die Milch zu fließen beginnt, ändert sich der Saugrhythmus. Die Saugbewegungen werden ruhiger, das Baby nimmt tiefe Züge und pausiert nach dem Schlucken oft eine kurze Zeit. Gegen Ende der Mahlzeit werden die Züge wieder etwas kürzer, die Pausen länger oder das Baby lässt die Brust spontan los – es hat seine Mahlzeit erst einmal beendet.
Manche Babys brauchen eine längere Pause, stoßen auf, und wenn sie dann noch hungrig sind, kann die zweite Brust angeboten werden. Manche kleinen gierigen Trinker verschlucken sich aber sehr oft und lassen in kurzen Abständen die Brust los, um aufzustoßen. In diesem Falle sollten Sie die gleiche Brust nochmals anbieten.

Kann ein Baby saugverwirrt reagieren?

In Fachkreisen wird dieser Punkt heftig diskutiert. Es gibt Babys, die aufgrund von Erfahrungen mit einem Flaschensauger oder einem Schnuller die Brust nicht mehr richtig erfassen und nur an der Warze nuckeln. Auch der Einsatz eines Stillhütchens hat bei manchen Babys zur Folge, dass sie die Brust verweigern oder sie nicht mehr richtig erfassen. Andererseits gibt es auch viele Babys, die damit keine Probleme haben.

Es gibt verschiedene Theorien zur Saugverwirrung:

- Die Babys sind nicht in der Lage, verschiedene Trinktechniken nebeneinander zu bewältigen.
- Ein Baby, das von Anfang an eine befriedigende Stillmahlzeit zu sich genommen hat, lehnt jeden künstlichen Sauger ab.
- Das Baby lehnt den Sauger ab, dessen damit verbundene Mahlzeit es am meisten frustriert hat, und nimmt dann infolgedessen den an, der ihm eine befriedigende Mahlzeit liefert. Das heißt, folgt auf eine nicht gut verlaufende Stillmahlzeit eine Flaschengabe, zieht das Baby die Flasche vor, da es diese nicht mit der schlechten Erfahrung an der Brust verbindet. Wahrscheinlich verwendet das Baby sowohl an der Brust wie auch bei der Flasche die gleiche Saugtechnik, allerdings erscheint die wellenförmige Bewegung der Zunge beim Trinken aus der Flasche eher eine Auf- und-Ab-Bewegung des Unterkiefers zu sein, da der Flaschensauger viel härter ist. Wenn das Loch im Sauger zu groß ist, fällt die Zunge oft zurück, setzt an der Saugerspitze an, um den Milchfluss zu regulieren und schiebt sich nicht mehr über die Zahnleiste (siehe Seite 72–75).

Relaktation

Die Milchbildung reagiert immer auf die Nachfrage. Relaktation bedeutet ein neuer Stillbeginn nach dem Abstillen. Je kürzer der Abstand zum Ende der ersten Stillzeit ist, desto schneller lässt sich die Brustdrüse wieder aufbauen und die Milchbildung erhöhen. Größte Erfolgsaussichten bestehen innerhalb von 45 Tagen nach dem Abstillen.

»Ich hatte Tom mit sieben Monaten schon seit über einen Monat abgestillt, als er Durchfall bekam. Er nahm keine Nahrung und Flüssigkeit mehr zu sich. Ständig suchte er meine Brust. Ich ließ ihn nuckeln und dachte, dies würde ihm wenigstens Befriedigung verschaffen. Er begann zu saugen und wollte wieder regelmäßig an die Brust. Ich spürte, wie die Milch wieder einschoss. Mit meinem Kinderarzt führte ich heftige Diskussionen bezüglich Heilnahrung. Nachdem nun aber wieder ausreichend Muttermilch vorhanden war, fanden die Diskussionen ein Ende. Muttermilch ist ohne Zweifel die beste Heilnahrung. Tom hat sich gut erholt und noch über ein Vierteljahr ein- bis zweimal täglich an der Brust getrunken, bis er sich selbst abstillte.«

Wenn Sie schon einmal schwanger waren und gestillt haben, ist es möglich, die Milchbildung wieder in Gang zu bekommen und ein fremdes Kind zu stillen (Ammen). Auch Großmütter sind dazu noch in der Lage. Sie brauchen nur den Willen dazu, Geduld und Ruhe. Auch hier ist es wichtig, dass Sie von Ihren täglichen Aufgaben entlastet werden und Ruhe finden.

Die Relaktation kann auch mit Medikamenten unterstützt werden, wenn:

- aus irgendeinem Grund gleich nach der Geburt abgestillt wurde
- frühgeborene oder kranke Kindern lange Zeit in der Kinderklinik waren und schon abgestillt wurde
- die Mutter eine Erkrankung hatte und Medikamente einnehmen musste, bei denen Stillen über einen längeren Zeitraum nicht möglich war
- das Kind bereits abgestillt wurde, nun aber akut krank wird und keine künstliche Babynahrung verträgt

Wie gehen Sie vor?

- Nehmen Sie Kontakt zu einer erfahrenen Stillberaterin auf.
- Achten Sie auf ausgewogene Ernährung und trinken Sie nach Durst.
- Entspannen Sie sich. Eine Brust- oder Rückenmassage kann dabei helfen.
- Legen Sie das Baby mindestens alle zwei Stunden an – zehnmal innerhalb von 24 Stunden – und an jeder Seite mindestens zehn bis fünfzehn Minuten.
- Nehmen Sie das Baby unter den Pullover, Haut auf Haut. Das fördert das Wohlbefinden und regt die Milchbildung an.

Bis die Milchbildung wieder in Gang kommt, muss zugefüttert werden. Hier ist das Brusternährungsset hilfreich. Das Gewicht und die Ausscheidungen des Babys müssen laufend überwacht werden. Die zugefütterte Milchmenge kann unter Aufsicht einer Beraterin langsam wieder reduziert werden.
(Siehe dazu auch Seite 133 – Induzierte Laktation.)

MIT DEM PARTNER AUF DIE STILLZEIT VORBEREITEN

Stillen ist wie Tanzen lernen: Man muss sich aufeinander einstellen, durch die Praxis zueinander finden und lernen, die Bewegungen abzustimmen, um sich im Einklang zu bewegen. Nicht nur Mutter und Kind müssen sich aufeinander einspielen. Auch der Vater spielt eine nicht zu unterschätzende Rolle.

Überlegen Sie sich schon in der Schwangerschaft, wer Ihnen nach der Geburt helfen könnte

- Sie brauchen emotionale Unterstützung, denn die Stärkung Ihres Selbstvertrauens hilft Ihnen, die anfänglich auftretenden Schwierigkeiten zu überwinden.
- Sie brauchen praktische Hilfe im Haushalt, jemanden, der sich um die älteren Kinder kümmert, der für Sie einkauft.
- Sie brauchen Unterstützung beim Stillen in den ersten Tagen, bis alles klappt, sowie bei eventuell auftretenden Schwierigkeiten durch erfahrene Personen (andere Mütter, Hebamme oder Stillgruppe).

Der Partner

Viele Paare besuchen einen Geburtsvorbereitungskurs. Aber diese Vorbereitung reicht meistens nur bis zum Zeitpunkt der Geburt. Und dann? Ein Neugeborenes stellt erst einmal den ganzen Tagesablauf um. Bisher hatte ein Arbeitstag acht Stunden, alles hatte seine Ordnung. Nun vergeht der Tag auf »Abruf«, immer dann, wenn das Baby hungrig ist oder getragen werden möchte, wird Mutter oder Vater gebraucht, Tag und Nacht.

Die ersten Wochen prägen die Entwicklung des Babys entscheidend.

Ein Baby ist faszinierend und anstrengend, und es gibt sicherlich Tage, an denen Sie sich entnervt fragen, warum Sie sich überhaupt darauf eingelassen haben. Genauso wie es Tage gibt, an denen Sie so fasziniert von Ihrem Baby sind, dass Sie allen vorschwärmen, was das Kind nun alles kann.

Der Vater kann derjenige sein, der am meisten dazu beiträgt, dass das Stillen klappt. Er freut sich, Sie und das Baby zu beobachten. Er liebkost es, übernimmt einen Teil der Babypflege, unterstützt Sie im Haushalt und trägt Sorge dafür, dass die Mutter auch einmal Zeit für sich findet.

Eine Umfrage unter 115 Müttern in England hat ergeben, dass die Haltung des Partners am stärksten die Entscheidung bezüglich der Säuglingsernährung beeinflusst. Wenn der Vater für das Stillen war, wurden 75 % der Säuglinge voll gestillt; wenn der Vater dem Stillen gleichgültig oder ablehnend gegenüberstand, wurden nur etwas unter 10 % voll gestillt.
(Journal of Pediatrics, 90(2): 224–227, 1992)

Der Vater fühlt sich ausgestoßen
Der Vater kann jedoch auch derjenige sein, der nicht mit dieser innigen Mutter-Kind-

Der Vater kann entscheidend dazu beitragen, dass das Stillen klappt.

Beziehung umgehen kann, das Stillen abwertet, infrage stellt, sich ausgestoßen, abgewiesen vorkommt und regelrecht eifersüchtig auf das Neugeborene reagiert. »Die Brust gehört dem Mann«, könnte man diese Situation überschreiben, denn so manches Mal löst Stillen negative Gefühle beim Partner aus. Er hofft, dass das Baby möglichst bald die Flasche bekommt, und wird die Mutter kaum unterstützen, erfolgreich zu stillen.

Der Partner sollte die Bedeutung der Muttermilch für das Kind verstehen lernen.

Der Vater wird eifersüchtig

Manche Väter fürchten, dass sie ohnehin keine so innige Beziehung zum Baby aufbauen können, weil sie es nicht ernähren. Manche Väter können auch nicht damit umgehen, dass sich alles nur noch um das Baby dreht, und werden regelrecht eifersüchtig.

Es ist ganz wichtig, dass der Partner die Bedeutung und Einzigartigkeit der Muttermilch für das Kind verstehen lernt, damit er unterstützend mitwirken kann. Der Vater kann andere Tätigkeiten der Pflege übernehmen, sei es Baden, Babymassage, Spazierengehen oder Mittagsschlaf mit dem Baby, sodass die Mutter einmal Zeit für sich haben kann.

Zum Lesen für Väter

Stellen Sie sich vor, Sie kommen abends nach der Arbeit müde nach Hause: Das Kind schreit, Ihre Frau ist noch immer im Nachthemd (!), in der Küche stapelt sich das schmutzige Geschirr, es riecht nach angebranntem Essen, Ihre Frau weint aufgelöst und klagt, dass sie keine Milch mehr hat. Wie reagieren Sie?

1. Möglichkeit:
Sie fahren aus der Haut, machen Ihrer Frau Vorwürfe wegen der Unordnung und fragen sie, was sie denn den ganzen lieben langen Tag eigentlich getan hätte. Außerdem geben Sie ihr zu verstehen, dass Sie es lächerlich finden, sich wegen so einer Kleinigkeit wie versiegende Milch derart aufzuregen. Sie schlagen ihr vor, sie solle endlich ein Fläschchen geben, schließlich könne sie ja das Baby nicht verhungern lassen.

2. Möglichkeit:
Sie nehmen Ihre Frau erst einmal in die Arme und trösten sie. Dann versuchen Sie, das Baby zu beruhigen, legen eine entspannende Musik auf und bringen Ihrer Frau etwas zu trinken. Sie können ihr auch ein paar Minuten lang den Rücken massieren, das entspannt meist sofort. Anschließend

kümmern Sie sich um den Abwasch, bereiten eine Kleinigkeit zu essen vor und stoßen mit einem Glas Sekt an.
Alles, was entspannt und dazu beiträgt, dass sich die Mutter geborgen und wohl fühlt, hilft, dass die Milch fließen kann. Es gibt einfach chaotische und harmonische Tage und man sollte sich darauf einstellen.

Verwandte

Wenn Sie Verwandte in der Nähe haben, sollten Sie sie mit einbeziehen. Leider sind die Babys der vergangenen Generationen in Deutschland hauptsächlich mit der Flasche großgezogen worden. Von daher ist es ganz wichtig, dass auch Großmütter wieder in ein gutes Stillbuch schauen, um zu verstehen, warum stillen so wichtig ist.

Bei Tätigkeiten wie Baby spazieren fahren, baden, wickeln und sämtlichen Hausarbeiten können Sie nun Unterstützung brauchen, denn stillen können nur Sie. Manchmal werden Sie sich auch verteidigen müssen und es wird versucht, Ihnen einzureden, die Flaschennahrung sei besser, und das Baby würde dann auch durchschlafen. Wenn Sie sich durch solche gut gemeinten Ratschläge nicht unterstützt, sondern eher gestresst fühlen, dann ist es sinnvoller, ein klares Nein für die angebotene Hilfe auszusprechen und sich jemanden zu suchen, der Ihre Entscheidung zum Stillen mitträgt.

Verwandte sollten bei der Babypflege mit einbezogen werden.

Freunde

Versuchen Sie schon in der Schwangerschaft, Ihre Freunde mit einzubeziehen, lassen Sie sie teilhaben an Ihren neuen Empfindungen und der sich verändernden Lebenssituation. Freunde und Verwandte haben jetzt eine wichtige Aufgabe, denn eine stillende Mutter braucht Ansprechpartner. Das stärkt das Vertrauen und hilft, Problemen vorzubeugen. Es ist auch sehr hilfreich, jemanden zu haben, der einfach einmal vorbeikommt und den Abwasch übernimmt, das Essen kocht, Wäsche wäscht und bügelt oder das Baby spazieren fährt, sodass die Mutter sich eine Stunde hinlegen kann. Die kurzen Nächte sind doch sehr anstrengend. Oft genügt es auch, wenn einfach jemand zum Plaudern da ist. Denn hier zeigt sich ein großer Nachteil unserer modernen Familienform der Kleinfamilie, die in der Regel aus einem Paar mit Kind besteht. Viele Frauen geraten dadurch erstmals in eine Isolation, die zu durchbrechen nicht jede gleich gut meistert.

Freunde können Ansprechpartner für die stillende Mutter sein.

Sie werden aber auch bemerken, dass es Freunde gibt, die sich zurückziehen, weil diese nicht mit dem »Alles-dreht-sich-um-das-Baby-Syndrom« zurechtkommen. Auch dürfen Sie nicht vergessen, dass Sie jetzt nicht mehr so viel Zeit für gemeinsame Freizeitaktionen mit Freunden haben. Eltern-Kind-Gruppen, Stillgruppen, Krabbelgruppen und PEKIP-Gruppen können aber die Basis für neue Freundschaften sein.

Stillgruppe

Es ist für Sie sicherlich hilfreich, wenn Sie schon in der Schwangerschaft Kontakt zu einer Stillgruppe aufnehmen und ein Treffen besuchen. Sie können dort mit anderen

Müttern reden, beobachten, wie diese ihre Babys anlegen, und Fragen stellen über alles, was Ihnen unklar ist.

Sie erhalten Rat bei der Wahl der Entbindungskliniken, bekommen Anlegen und Stilltechnik erklärt und alles, was für Sie in der ersten Zeit mit dem Neugeborenen wichtig ist. Sie lernen die Stillberaterinnen kennen und erhalten Telefonnummern, die Sie anrufen können, wenn Sie Unterstützung brauchen. Untersuchungen besagen, dass Frauen, die schon in der Schwangerschaft eine Stillgruppe besucht haben, der Umgang mit dem Baby in den ersten Tagen leichter fällt, Stillen weniger Probleme bereitet, eine Stillgruppe mit dem Neugeborenen eher besucht und bei Problemen die Stillberaterin zugezogen wird.

Die eigenen Bedürfnisse wahrnehmen und zulassen

Wenn Sie 24 Stunden, rund um die Uhr, bei Tag und Nacht, für Ihr Baby sorgen, werden Sie einesteils viel Freude dabei haben, andererseits aber auch Ihre Grenzen erkennen und sich oft müde und ausgelaugt fühlen. Manches wird Ihnen nicht mehr so leicht von der Hand gehen wie zuvor und Sie spüren, dass Ihnen gelegentlich Antriebskraft und Energie fehlen. Es ist ganz wichtig, dass Sie erkennen, dass das Baby Sie fordert und dass dafür anderes liegen bleiben darf. Lösen Sie sich von dem Bild der Superfrau und lassen Sie sich versichern, die Zeit, in der das Kleine Sie so fordert, vergeht wie im Fluge. Genießen Sie diese Zeit und stellen Sie sich darauf ein. Versorgen Sie den Haushalt gemeinsam mit Ihrem Partner. Vielleicht unterstützen auch Freunde oder Verwandte Sie beim Wochenputz.

Die Mutter sollte sich während des Tages auch einmal Zeit für sich selbst nehmen.

Die ersten Wochen mit dem Neugeborenen sind eine einmalige Chance für Sie beide, eine gute Beziehung zueinander aufzubauen. Sie prägen nun entscheidend die Entwicklung Ihres Babys, seine Fähigkeit, später soziale Kontakte aufzubauen und Selbstvertrauen und einen stabilen Charakter zu entwickeln. Seine ersten Erfahrungen mit der Welt lernt das Baby im Umgang mit Ihnen. Wie Sie es aufnehmen, stillen, wickeln, baden, streicheln, tragen, mit ihm sprechen, ihm die Welt zeigen, das alles zeigt dem Baby, wer Sie sind und wie seine Welt ist.

Ohne Zweifel können Sie sich auf Ihr Kind nur dann einstellen, wenn Sie sich selbst angenommen, unterstützt und wohl fühlen. Es ist ganz wichtig, dass Sie sich während des Tages Zeit nehmen, etwas für sich selbst zu tun. Und sei es nur das Lesen der Tageszeitung oder ein paar Seiten in einem spannenden Buch, das Hören Ihrer Lieblingsmusik, ein Bad, ein Telefonat mit einer Freundin oder Einkaufen ohne Baby – so schöpfen Sie neue Kraft.

Verwöhnen Sie sich hin und wieder ganz bewusst!

Verdrängen Sie Ihre Bedürfnisse auf gar keinen Fall. Ihr Partner kann Ihnen bei der Verwirklichung enorm helfen. Einmal am Tag müssen Sie »egoistisch« sein – das hilft Ihnen, den Rest des Tages auf Abruf für das Baby da zu sein.

VERÄNDERUNGEN IN DER SCHWANGERSCHAFT

In der Schwangerschaft vergrößert sich der Drüsenapparat, dadurch wird die Brust größer. Nach der Stillzeit bildet sich die Größe aber wieder zurück. Viele Frauen fürchten, dass das Stillen die Form der Brust »verdirbt« und der Partner sie dann nicht mehr so attraktiv findet. Tatsächlich bildet sich die Brust nach dem Stillen aber immer wieder zurück, und es gibt viele Frauen, die sie danach wesentlich ansprechender finden als zuvor.

Die eigentliche Größe der Brust wird bestimmt durch den Anteil an Fett-, Binde- und Stützgewebe. Der Brustmuskel unterstützt dabei die Form. Auch Erbanlagen haben hier Einfluss. Der Drüsenapparat ist bei allen Frauen gleich angelegt. Brustwarzenformen und Warzenhofgröße variieren von Frau zu Frau.

Manche Frauen neigen zu Bindegewebsschwäche. Bei großen Brüsten kann ein BH hier unterstützend und vorbeugend wirken. Aber auch bei Frauen, die zu Dehnungsstreifen neigen, beugt die richtige Stillhandhabung von Anfang an einer übervollen Brust vor (Milcheinschuss). Außerdem kann eine Brustmassage mit Öl helfen, die Haut elastischer zu machen. Das wird auch zum Vorbeugen von Dehnungsstreifen im Bauchbereich empfohlen.

Östrogene und Progesteron unterstützen das Wachstum des Drüsenapparats in der Brust.

Wenn Sie in der ersten Zeit nach der Schwangerschaft eine Abmagerungskur machen und dabei schnell viel Gewicht verlieren, erfolgt auch ein Fettabbau im Brustgewebe – die Brust wird schlaffer.

In der Schwangerschaft werden vermehrt Östrogene und Progesteron freigesetzt. Diese beiden Hormone sind wichtig für die Erhaltung der Schwangerschaft, für den Aufbau der Gebärmutterschleimhaut und sorgen dafür, dass sich die Eizelle einnisten und wachsen kann. Östrogene und Progesteron tragen auch zum Wachstum des

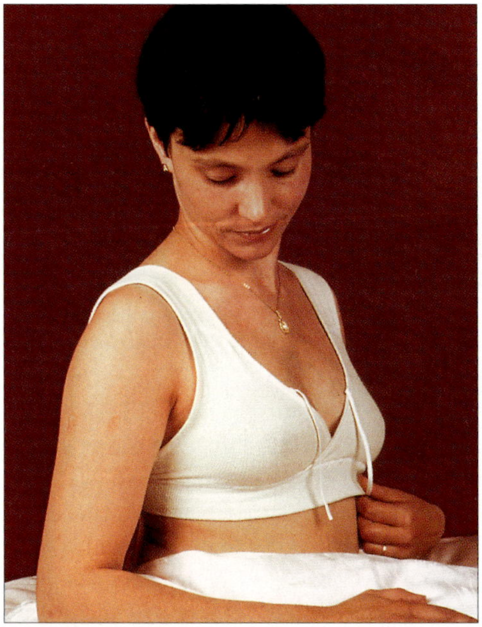

Der Still-BH wächst mit.

Drüsenapparats in der Brust bei. Östrogen bewirkt die Ausreifung der Milchbläschen, Progesteron die der Milchgänge. Der Hormonspiegel ist so hoch, dass das Prolaktin in seiner Aktivität gehemmt wird.

An den hormonell bedingten Veränderungen der Brust bemerken viele Frauen die Schwangerschaft
- Überempfindlichkeit der Brustwarzen
- Ziehen, leichte Schmerzen in der Brust
- Vergrößerung des Warzenhofes – er wird dunkler
- Blutgefäße schimmern durch die Haut – die Brust wird besser durchblutet
- Der BH spannt

Der Aufbau der Brustdrüse ist in der ersten Schwangerschaftshälfte abgeschlossen.

Stillkissen sind praktisch für bequemes Stillen. Bereits in der Schwangerschaft können Sie sich damit abstützen – im Sitzen wie im Liegen.

Der Büstenhalter

Bei den meisten Frauen vergrößert sich die Brust um ein bis zwei BH-Größen durch das Wachstum des Drüsenapparats. Manche Frauen mit großen Brüsten empfinden es als angenehm, einen BH zu tragen, andere wiederum entscheiden sich, keinen zu tragen. Das, was für Sie angenehm ist, ist die beste Lösung für Sie.

Wenn Sie einen BH tragen möchten, achten Sie beim Kauf darauf, dass dieser groß genug ist und keine einengenden Bügel besitzt. Es gibt spezielle Still-BHs; auch ein Baumwollbustier ist geeignet. In Naturwarenläden können Sie BHs aus Baumwolle oder Wolle kaufen, die garantiert ohne Rückstände sind. Manche Frauen wünschen sich einen BH, der auch reizvoll aussieht. Welche Lösung für Sie die beste ist, müssen Sie entscheiden; Sie sollten sich darin wohl fühlen. Wichtig ist: Der BH sollte vorne zu öffnen sein, damit Sie problemlos stillen können.

Das Abhärten der Brust ist nicht zu empfehlen.

Die Pflege der Brust

Es reicht, wenn Sie die Brust mit klarem Wasser abwaschen. Verwenden Sie keine Seife, denn diese zerstört den natürlichen Säureschutzmantel der Haut und macht sie unelastisch und trocken.
Die Natur hat hier vorgesorgt: Im Warzenhofbereich befinden sich Talgdrüsen, die ein natürliches Pflegemittel absondern, das die Haut einfettet und sie elastisch macht.

Klares Wasser genügt zur Reinigung der Brust.

Gymnastik in der Schwangerschaft hilft Ihnen, beweglich zu bleiben.

Die Brust bereitet sich auf die Stillfunktion vor und manche Frauen bemerken im letzten Schwangerschaftsdrittel ab und zu einen Milchtropfen.
Wenn Sie die Brust ausstreichen würden, würde sicherlich mehr Milch kommen, doch das ist nicht nötig und auch nicht empfehlenswert. Wenn Sie angetrocknete Milchreste entfernen möchten – einfach mit klarem Wasser abwaschen.

Ob Ihre Brust schon in der Schwangerschaft etwas Milch bildet oder nicht, hat keine Aussagekraft darüber, ob Sie stillen können oder nicht.

Das Abhärten der Brust wird nicht mehr empfohlen. In vielen älteren Büchern finden Sie noch Hinweise dazu, wie die Brust auf die Stillzeit vorbereitet werden soll. Es wird eine Massage mit einer Bürste empfohlen sowie das Herausdrehen und Zupfen der Brustwarze.

Untersuchungen haben gezeigt, dass diese Vorbereitungsmaßnahmen nichts nützen, da die Beanspruchung der Brust durch das Saugen eine ganz andere ist. Gerade das Drehen und Zupfen der Brustwarzen ist in Verbindung mit dem Auslösen von frühzeitigen Wehen zu sehen, und die Mütter empfinden es als ausgesprochen unangenehm.

»Ich hatte mich für das Stillen entschieden und wollte alles nur Mögliche tun, dass es klappt. Meine Hebamme empfahl mir, die Brust durch drei- bis viermal tägliches Stimulieren vorzubereiten, sodass die Brustwarze hervortrat. Dazu nahm ich diese zwischen Daumen und Zeigefinger und drehte und rollte sie. Das tat weh. Ich fand es ziemlich unangenehm und fragte mich, ob ich das Stillen auch so empfinden würde.«

»Ich habe mich sehr gefreut, als meine Brust größer wurde, denn ich wollte mein Kind auf alle Fälle stillen. Im Geburtsvorbereitungskurs wurde mir erklärt, wie die Brust sich auf das Stillen vorbereitet und dass ich nichts Spezielles tun muss. Man empfahl mir, ohne BH zu gehen und Luft und Sonne an die Brust zu lassen. Auch die Brustmassage, die ich dort erlernte, half mir, eine natürlichere Beziehung zu meinen Brüsten zu entwickeln. Genossen habe ich weiterhin die Stimulation beim Zusammensein mit meinem Mann.«

Diesen Grundsatz bei der Pflege der Brust sollten Sie beachten: Nichts tun, was ein unangenehmes Gefühl hervorruft oder sogar weh tut!

Was Sie tun können:

- Gehen Sie einige Stunden am Tag ohne BH, sodass durch den Kontakt mit der Kleidung eine natürliche Reibung entsteht und genug Luft an die Brust kommt. Wenn Sie auf den BH nicht verzichten möchten, können Sie in die Körbchen eines älteren Modells auch ein Loch schneiden, sodass die Brustwarzen dadurch hervortreten können. Wenn ab und zu ein Muttermilchtropfen austritt, verreiben Sie diesen im Brustwarzenbereich und lassen Sie ihn antrocknen. Das ist ein natürliches Pflegemittel.
- Sonne und frische Luft tun jetzt gut. Gehen Sie eine Zeit lang am Tag oben ohne.
- Eine sanfte Partnerstimulation oder eine vorsichtige Massage mit einem Frotteewaschlappen ist ebenfalls empfehlenswert.
- Massieren Sie die Brust ganz sanft mit einem Öl, das fördert die Durchblutung und beugt Dehnungsstreifen vor. Sparen Sie dabei den Warzen- und Warzenhofbereich aus. Auch der Partner kann diese Massage durchführen: Umfassen Sie die Brust mit beiden Händen, wobei die Daumen nach oben zeigen und die Finger unterhalb der Brust liegen. Nun streichen die Daumen mit sanftem Druck in Richtung Brustwarze, oben von der Brust beginnend. So umkreisen Sie langsam die Brust. Ab und zu kommt aus der Brust ein Milchtropfen. Den verstreichen Sie dann auf der Brustwarze und dem Warzenhof. Seife, Creme und Öl haben im Bereich von Warzenhof und Brustwarze nichts zu suchen.

Eine sanfte Massage der Brust ist empfehlenswert.

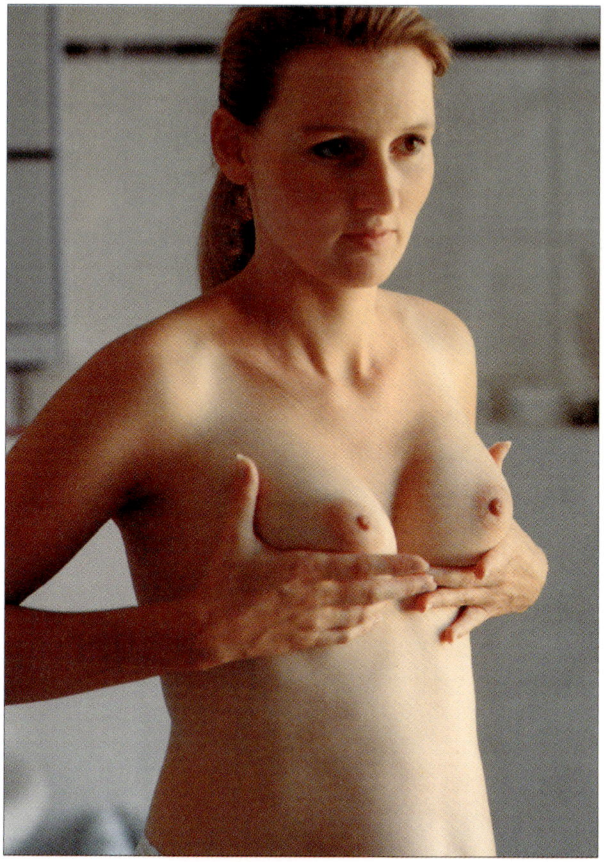

Nach dem Duschen oder Baden ist es besonders günstig, die Brüste zu massieren.

Eine andere Möglichkeit der Brustmassage:

Setzen Sie am Brustansatz zwei Finger auf und machen Sie eine kreisende Bewegung. Lösen Sie die Finger und setzen Sie sie neu an, sodass Sie neben dem ersten Kreis einen weiteren Kreis massieren. Massieren Sie so, Kreis für Kreis, spiralförmig rund um die Brust, bis Sie zum Warzenhofbereich kommen.

DIE ERNÄHRUNG IN DER SCHWANGERSCHAFT

In unseren Breiten sind die meisten Frauen gut genährt und verfügen über Fettspeicher. In der Schwangerschaft benötigt der Körper ausreichend Vitamine, Mineralstoffe und Spurenelemente. Das wird durch eine ausgewogene Ernährung gewährleistet. Decken Sie Ihren Mehrbedarf durch Vollkornprodukte, Gemüse, Salat und Obst. Produkte aus kontrolliertem, biologischem Anbau sind weitgehend rückstandsfrei und beugen einer Ablagerung von Rückständen in Ihren körpereigenen Fettspeichern vor.

Warum ist eine ausgewogene Ernährung so wichtig?

Es ist notwendig, dass Sie verstehen, warum nicht nur mehr Kalorien gegessen werden müssen, sondern die Art der ausgewählten Nahrung wichtig ist. Als Beispiel: In der Schwangerschaft legen Sie das Eisendepot für die Eisenversorgung des Babys in der Stillzeit an, und eine ausreichende Versorgung mit Vitamin B1 und Folsäure beugt Missbildungen im Bereich des Neuralrohrs in den ersten drei Monaten vor.

Allergien

Wenn in Ihrer Familie Allergien bekannt sind, sollten Sie beim Verzehr von Rohmilch und Milchprodukten vorsichtig sein und den vermehrten Kalziumbedarf mit anderen Nahrungsmitteln decken. Geeignet sind: grüne Gemüse, Kräuter, Vollkornprodukte und Fisch. Gesäuerte Milchprodukte sind im Übrigen besser verträglich als ungesäuerte.

Wissenschaftliche Untersuchungen belegen, dass eine Sensibilisierung auf Kuhmilcheiweiß schon in der Schwangerschaft erfolgen kann. Das Gleiche gilt für Hühnereiweiß.

Medikamente

Besprechen Sie eine Medikamenteneinnahme auf jeden Fall mit Ihrem Arzt. Es ist wichtig, ein Präparat zu finden, das dem Ungeborenen keinen Schaden zufügt.

EPH-Gestose (Schwangerschaftsvergiftung)

Die Gestose ist eine Erkrankung in der Schwangerschaft, die, wenn die Anzeichen rechtzeitig bemerkt werden, gut behandelt werden kann. Da noch recht wenig über diese Erkrankung bekannt ist, empfehle ich, sich mit der »Arbeitsgemeinschaft Gestose Frauen e. V.« (Adresse siehe Seite 189) in Verbindung zu setzen. Dort erhalten Sie Ernährungstipps und Rat nach den neuesten wissenschaftlichen Erkenntnissen.

Wird die Gestose rechtzeitig erkannt, kann sie gut behandelt werden.

Eine Gestose kann in der Früh- wie auch in der Spätschwangerschaft auftreten. Erkannt wird sie an dem Nachweis von Eiweiß im Urin, an Bluthochdruck und Wasssereinlagerungen (Ödeme).
Die Buchstaben EPH in der Bezeichnung der Erkrankung stehen für: E = Ödeme, P = Proteine, H = Hypertonie. Als Ursache wird ein akuter Nährstoffmangel gesehen.

Frauen, die sich nicht ausgewogen ernähren, oder auch übergewichtige Frauen, denen eine fettfreie Diät in der Schwangerschaft angeraten wird, verbrennen zur Energiegewinnung Eiweiß, dadurch entsteht ein Eiweißmangel. Es kommt zu einer Unterversorgung des Mutterkuchens, daraus entwickelt sich der Bluthochdruck und daraus wiederum die Eiweißausscheidung über den Urin. Wird die Gestose rechtzeitig erkannt und richtig behandelt, kann weiterem Schaden vorgebeugt werden. Die Ödeme sind auf Natriummangel (Salzmangel) zurückzuführen.

Eine fortschreitende Gestose kann sich zum HELP-Syndrom weiterentwickeln.

Was kann man tun?

- Nährstoffmangel durch ausgewogene Ernährung beseitigen
- Für genügend Eiweiß- und Salzzufuhr sorgen
- Keine künstliche Entwässerung über Medikamente, Entschlackungstees oder so genannte Reistage durchführen
- Warme Bäder nehmen, denen Salz zugesetzt wird

Eine fortschreitende Gestose kann sich zum so genannten HELP-Syndrom weiterentwickeln (bei einer von 150 Schwangerschaften). Hier kommt es zum Blutzerfall, die Leberwerte steigen an und die Anzahl der Blutplättchen (Thrombozyten) sinkt. Dadurch wird das Kind unterversorgt, und es muss ein Notkaiserschnitt durchgeführt werden. Auch Krampfanfälle (Eklampsie) können aufgrund des Bluthochdrucks und des hohen Hb-Wertes im Blut auftreten. Bei über 50 % der Gestoseschwangerschaften kommt es zu Frühgeburten.

Je nach Schweregrad der Gestoseerkrankung und der erforderlichen Medikation in der ersten Zeit nach der Entbindung ist Stillen oft nicht von Anfang an möglich. Doch sobald es geht, sollten Sie mit dem Abpumpen der Muttermilch beginnen, um die Milchbildung in Gang zu setzen. Wenn es Ihnen dann besser geht, die Medikamente reduziert oder auf stillfreundliche Präparate umgestellt werden, können Sie Ihr Baby anlegen und stillen. Die Milchbildung stellt sich auf das Nachfrage-Angebot-Prinzip ein.

Je nach Schwere der Gestoseerkrankung ist Stillen oft nicht von Anfang an möglich.

DER EINFLUSS AUF DIE PSYCHE DER MUTTER

Da diese Thematik in Deutschland nicht gern angesprochen wird, aber relativ viele Frauen davon betroffen sind, möchte ich doch ein paar Worte dazu sagen. Gerade Väter, Freunde und Verwandte sollten diese Zeilen lesen, denn vieles lässt sich durch entsprechende Unterstützung in den Griff bekommen.

Schwangerschaft und Geburt werfen den bisherigen Lebensstil in der Regel komplett um. Die hormonellen Veränderungen in der Schwangerschaft und insbesondere nach der Geburt und in der Stillzeit verursachen Stimmungsschwankungen, die von einer leichten Traurigkeit bis hin zu schwerwiegenden Depressionen führen können. Eine große Rolle spielt aber auch die Vorbereitung auf die Zeit nach der Geburt und die Unterstützung durch den Vater, die Familie und Freunde. Die Möglichkeit einer selbst bestimmten Geburt, das erste Kennenlernen des Babys sowie die Möglichkeit des Zusammenseins von Mutter und Kind Tag und Nacht können der Entstehung einer so genannten postnatalen Depression entgegenwirken. Eine Depression kann sich natürlich auch zu einem späteren Zeitpunkt entwickeln.

Es werden drei Stadien der psychischen Angegriffenheit unterschieden:

Heultage (Baby Blues)
Es handelt sich hierbei um ein kurzfristiges Stimmungstief, hauptsächlich verursacht durch hormonelle Umstellungen. 50–80 % der Wöchnerinnen sind in den ersten zwei Wochen davon betroffen. Da mit der Entbindung die Hormonspiegel von Progesteron und Östrogen abfallen und dafür das Milchbildungshormon aktiv wird, ist das Stimmungstief sicher auch durch den Progesteron- und Östrogenmangel zu erklären.

In den ersten Tagen haben viele Wöchnerinnen ein Hochgefühl. Sie sind überglücklich und beeindruckt vom Geburtserlebnis und dem Neugeborenen. Stimmungsschwankungen treten gehäuft um den dritten bis fünften Tag herum auf, wenn die Milch einschießt. In einer Minute fühlen sie sich noch himmelhoch jauchzend, um Sekunden darauf in Tränen auszubrechen und sich verzweifelt zu fühlen. Müdigkeit, Konzentrationsschwäche, Überempfindlichkeit, das alles löst Aggressionen und Feindseligkeiten aus.

Die hormonellen Umstellungen können ein kurzfristiges Stimmungstief verursachen .

Die postnatale Depression
Hierfür werden hormonelle Umstellungen, die neue Situation, Schlafdefizite, Nahrungsdefizite und mangelnde Unterstützung verantwortlich gemacht.

Anhaltende Erschöpfungszustände nach der Geburt können eine milde depressive Verstimmung auslösen, die aber oft mit zunehmendem Alter des Babys von allein vergeht. Die postnatale Erschöpfung ist erkennbar an einem allgemeinen Gefühl der

Überforderung, sei es durch ständige Müdigkeit, Angstgefühle oder sogar Panik. Die Mutter hat das Gefühl, keine Energie mehr zu haben, ihre Lebensfreude ist verloren gegangen, sie meint, den Alltag nicht mehr bewältigen zu können. Oft zieht sich die Betroffene aufgrund dieser Stimmung ganz in sich zurück und lässt alles »schleifen«. Das Schlafbedürfnis scheint unerfüllbar groß zu sein, aber der Schlaf bringt keine Erholung.

Die postnatale Erschöpfung ist durch eine allgemeine Überforderung gekennzeichnet.

Wenn Sie sich so fühlen, sollten Sie Ihren Partner unbedingt sofort um Unterstützung bitten und eventuell eine Haushaltshilfe suchen. Nehmen Sie auch gezielt Kontakt zu anderen Müttern auf. Oft kann eine Stillgruppe helfen, aus der Isolation herauszukommen und Freundinnen zu finden. Wichtig ist auch, dass Sie sich Zeit für sich selbst nehmen. Hilfreich ist einmal ein Wochenende ohne Kind, zum »Auftanken«. Wenn Sie stillen, können Sie einen Muttermilchvorrat anlegen, sodass das Kind auch während Ihrer Abwesenheit bestens ernährt werden kann. Wichtig ist, dass Sie regelmäßig abpumpen, um einem Milchstau entgegenzuwirken beziehungsweise einem dadurch bedingten zwangsweisen Abstillen.

Ein schwererer Grad der postnatalen Depression liegt vor, wenn Sie das Gefühl haben, dass Ihr Verhalten, Ihre Persönlichkeit und Ihre ganze Lebensauffassung sich total verändert haben. Dieses Gefühl kann vergehen, aber auch stärker werden. Zu den Zeichen der anhaltenden Erschöpfung kommt eine extreme Reizbarkeit dazu, die zu explosionsartigen Ausbrüchen führen kann. Hinzu kommt auch noch ein verstärkter Antriebs- und Bewegungsmangel. Sie fühlen sich an den Rand Ihrer eigenen Grenzen getrieben. Auch hier ist es wichtig, Unterstützung durch den Partner, Freunde, Verwandte in Anspruch zu nehmen und vor allem offen über die eigene Gefühlslage zu reden, damit Lösungsmöglichkeiten gefunden werden können. Wird die postnatale Depression nicht beachtet, kann sich daraus eine Psychose entwickeln.

Die Wochenbettpsychose

Eine Wochenbettpsychose ist sehr ernst zu nehmen. Sie beginnt oft mit einem akuten Ausbruch innerhalb der ersten vierzehn Tage nach der Geburt. Bei drei von tausend Frauen kommt sie vor. Die Mutter verliert den Bezug zur Realität. Zu den bereits beschriebenen Anzeichen kommen hier noch Verworrenheit, Selbsttäuschung, widersinnige Handlungen, Selbstmordgedanken sowie handgreifliche Verletzungen am Baby dazu. Das Kind wird nicht mehr richtig versorgt.

Nehmen Sie die Unterstützung durch Freunde und die Familie an.

Frauen mit einer Wochenbettpsychose bedürfen der Betreuung im Krankenhaus. Falls es möglich ist und jemand Tag und Nacht bei der Mutter sein kann, sollte keine Trennung vom Baby erfolgen. Allerdings muss die Sicherheit des Babys gewährleistet sein. Ob stillen oder nicht muss individuell entschieden werden. Wenn die Mutter Progesterongaben erhält, geht die Milchbildung ohnehin zurück. Bei einer ausgeprägten Psychose ist die Gesundheit von Mutter und Kind wichtiger als das Stillen. Oft ist auch der Einsatz von Psychopharmaka erforderlich.

WAS SIE FÜR DIE GEBURT BRAUCHEN

Es empfiehlt sich, die Dinge, die Sie für sich und das Baby direkt nach der Geburt brauchen, bereits vorher zu packen und griffbereit zu haben.

Still-BH

Es kann ein spezieller Still-BH oder auch nur ein Baumwoll- oder Wollbustier sein. Er soll groß genug und vorn zu öffnen sein.

Stilleinlagen

Es gibt spezielle Stilleinlagen zu kaufen, aber auch frisch gebügelte Stofftaschentücher, selbst genähte Einlagen aus Molton oder Mullwindeln sind geeignet.

- **Vlieseinlagen** Diese gibt es von verschiedenen Herstellern, meist in körpergerechter Form. Wichtig ist, dass diese Einlagen atmungsaktiv sind, also keine Plastikfolie eingearbeitet haben. Vlieseinlagen sind Wegwerfartikel.
- **Baumwolleinlagen (ca. acht Paar)** Baumwolle besteht aus zuckerhaltigen Fasern, und wenn die Baumwollstilleinlagen lange feucht getragen werden, kann es sein, dass Bakterien heranwachsen. Es ist ganz wichtig, die Einlagen nach jedem Stillen zu wechseln – wenn sie triefen, auch zwischendurch. Baumwolleinlagen werden gewaschen und wieder verwendet.
- **Einlagen aus Wolle und/oder Seide (ca. vier Paar)** Diese Einlagen sind angenehm zu tragen. Wolle reguliert den Wärmehaushalt. Die Wollfaser hat eine Eiweißstruktur, die Flüssigkeit bindet, sodass die Haut trocken bleibt. Bakterien verabscheuen diese Eiweißstruktur. Woll- und Seideneinlagen werden nach Bedarf gewechselt. Sie müssen nicht jedes Mal gewaschen werden, Sie können sie einfach nur trocknen. Wenn sie richtig durchnässt sind, reicht es auch, sie in warmem Wasser auszudrücken.

Verschiedene Stilleinlagen: aus Wolle (hinten), aus Baumwolle (Mitte) und aus Vlies (vorne)

Nachthemden

Anfangs brauchen Sie zwei bis drei Nachthemden. Achten Sie darauf, dass diese vorn bis weit hinunter zu öffnen sind.

Stillkissen

Inzwischen gibt es Stillkissen von verschiedenen Herstellern – entweder mit Naturfüllung (zum Beispiel Dinkelspelz) oder mit Kunstfüllung. Diese Kissen sind sehr groß und lassen sich knautschen und formen, sodass sie vielseitig verwendbar sind.

Stillbuch
Ihr Stillbuch und die Adresse der Stillberaterin in unmittelbarer Nähe können Ihnen bei Anfangsschwierigkeiten weiterhelfen.

Lammfell
Babys mögen es warm und kuschelig. Ein Lammfell bietet diese Geborgenheit. Babys schreien oft, wenn sie vom warmen kuscheligen Körper der Mutter weg ins »kalte« Bett gelegt werden.

Babynest
Für den Anfang brauchen Sie nicht unbedingt eine Wiege oder ein Körbchen. Wenn Sie schon ein Gitterbettchen haben, ist auch dieses gut geeignet. Bauen Sie darin ein Babynest, mit Polster im Kopfbereich. Babys bevorzugen in der ersten Zeit Begrenzungen – im Mutterleib waren rundum Grenzen.

Woll- oder Seidenmützchen (ein oder zwei Stück)
Der Kopf des Babys ist im Verhältnis zu seiner Gesamtgröße sehr groß, daher verliert es sehr viel Wärme darüber. Es ist zu empfehlen, ein Mützchen aufzusetzen. Ein Naturwollmützchen in der kälteren und ein Seidenmützchen in der wärmeren Jahreszeit.

Wollhemd (ein oder zwei Stück)
Als Unterhemd eignet sich ein Wollhemd hervorragend. Es wärmt und vermittelt dem Baby ein angenehmes Gefühl. Es wird, wenn die Windel mal überläuft, nicht tropfnass und daher wird es dem Kind nicht kalt. Koliken treten nicht so oft auf. Das Wollhemd muss aufgrund seiner Eiweißfaserstruktur nicht so oft gewaschen werden wie Baumwollhemden. Wird es wirklich einmal feucht, lassen Sie es einfach trocknen.

Windelhose
Es gibt unterschiedliche Möglichkeiten, ein Baby zu wickeln:
- mit Wegwerfwindeln
- mit Wickelfolie, Gummiwindelhose und Mullwindeln
- mit Wollhose und Mullwindeln
- mit Baumwollhose und Mullwindeln

Sparsamer ist es sicherlich, wenn Sie sich für eine der Methoden entscheiden, bei der die Windeln gewaschen werden. Der Vorteil der Wollwindelhose ist, dass sie sehr viel Feuchtigkeit aufnehmen kann, nach dem Windel wechseln nur an der Luft zu trocknen braucht und nur ab und zu in warmem Wasser ausgedrückt werden muss. Außerdem werden Babys, die mit Mullwindeln gewickelt werden, automatisch breiter gewickelt als andere, und das wiederum ist gut für die Hüften.

Wenn Sie beabsichtigen zu stillen, brauchen Sie Flaschen und Sauger nicht zu kaufen.

Tragetuch oder Tragebeutel
Der Säugling ist ein Tragling. Es gibt Kulturen, in denen Säuglinge im ersten Lebensjahr nicht mit dem Boden in Berührung kommen. Etwa vierzig Wochen verbringt der Säugling im Mutterleib. Eine Möglichkeit, diese Geborgenheit nicht abrupt enden zu lassen, ist, wenn Sie das Baby mit sich herumtragen. Das hat auch ganz praktische Vorteile: Sie brauchen keinen Kinderwagen zu schieben und haben die Hände frei.

WO KANN ICH GUT ENTBINDEN?

Es ist ganz wichtig, dass Sie sich schon vorher damit befassen, wie Sie entbinden möchten und welche Möglichkeiten es in Ihrer Region gibt. Ob Hausgeburt, Geburtshaus oder Krankenhaus, ob ambulant (Sie gehen einige Stunden nach der Entbindung nach Hause) oder stationär (Sie bleiben einige Tage auf der Wochenstation) – es ist allein Ihre Entscheidung. Besuchen Sie die Entbindungseinrichtung, für die Sie sich dann entschieden haben, vor der Geburt.

Die Initiative »Stillfreundliches Krankenhaus«

Für den Stillbeginn und eine erfolgreiche Stillzeit ist es wichtig, dass Sie von Anfang an die Möglichkeit haben, Ihr Baby nach Bedarf anzulegen. UNICEF und WHO haben erkannt, dass die Praxis und Handhabung der Stillförderung in den Kliniken einen großen Einfluss auf den Stillerfolg haben. 1990 fanden drei internationale Regierungstreffen – der Weltgipfel für Kinder, die Konvention zu den Rechten des Kindes und die Verabschiedung der Innocenti Declaration in Florenz – statt, bei denen die Inhalte der »Babyfriendly Hospital Initiative« (Initiative »Stillfreundliches Krankenhaus«) verankert wurden.

1991 wurde diese Initiative in Ankara weltweit gestartet. 1992 wurde im Rahmen der World-Health-Assembly (WHA) in Genf die Initiative für Europa gestartet. Alle Beschlüsse wurden von der internationalen Ernährungskommission bestätigt. Als Ziel wurde gesetzt, eine still- und babyfreundliche Gesellschaft zu fördern, die es Frauen ermöglicht, ihre Babys so lange zu stillen, wie es Mutter und Kind möchten.

Laut einer Mitteilung von UNICEF, New York, 1996, sind bis jetzt weltweit über 7700 Krankenhäuser mit der Auszeichnung »stillfreundlich« versehen worden. In Deutschland gibt es derzeit acht solcher ausgezeichneten Krankenhäuser (Adressen siehe Seite 185).

Als Mindestanforderungen an ein Krankenhaus werden gestellt:

- 75 % der Mütter sollen ausschließlich stillen, wenn Sie das Krankenhaus verlassen. Das heißt, die Babys erhalten in dieser Zeit keine andere Flüssigkeit und Nahrung, auch keinen Schnuller, sondern nur die Brust und Muttermilch.
- In der Klinik sollen die Mütter unterstützt und bestärkt werden, ihre Babys zu stillen. Dinge, die dies untergraben, wie Geschenke oder Proben der Babynahrungsindustrie sollen nicht an die Mütter abgegeben werden, da dadurch eine Beeinflussung erfolgt. Das Krankenhaus soll die Babynahrung zum handelsüblichen Preis einkaufen und keine Sonderrabatte der Industrie annehmen, die darauf aus ist,

Frauen sollte ermöglicht werden, ihre Babys so lange zu stillen, wie es Mutter und Kind möchten.

ihre Babyfertignahrung möglichst früh an die Frau zu bringen.

Für ein Krankenhaus ist es oft ein langer Weg, bis sich Schritt für Schritt umsetzen lässt. Zehn Schritte zum erfolgreichen Stillen bilden die Grundlage für die Anerkennung:

1. Die Klinik muss schriftliche Richtlinien haben, die in regelmäßigen Abständen dem gesamten Pflegepersonal nahe gebracht werden.

2. Das gesamte Mitarbeiterteam ist in Theorie und Praxis so zu schulen, dass es diese Richtlinien zur Stillförderung umsetzen kann.

Es wurde festgestellt, dass sofortiger Mutter-Kind-Kontakt nach der Entbindung, die Anwesenheit des Vaters bei der Geburt, die Begleitung durch gut geschultes Personal in der Klinik und in den Wochen danach, Stillen nach Bedarf, 24-Stunden-Rooming-in und das Vermeiden der Gabe von zusätzlichen Flüssigkeiten den Stillbeginn und das Einspielen der Milchbildung nach dem Nachfrage-Angebot-Prinzip positiv unterstützen. Mütter erlebten das Stillen unter diesen Voraussetzungen eher erfolgreich, es entwickelten sich seltener Stillprobleme (wunde Warzen, Milchstau, zu wenig Milch) und die Kinder wurden länger ausschließlich gestillt.
(American Journal of Public Health, Vol. 84, No. 1, 1994)

Der Einfluss der Stillhandhabung in der ersten Woche auf den Stillerfolg wurde untersucht: Das Krankenhauspersonal nimmt eine Schlüsselfunktion ein und stellt die Weichen für einen guten Stillbeginn und eine erfolgreiche Stillzeit, was eine fundierte Ausbildung erfordert. Besonders betont wird, dass die Gabe von zusätzlicher Flüssigkeit oder künstlicher Muttermilchersatznahrung das natürliche Geschehen stört. Gefordert wird, dass kein Kontakt zur Babynahrungsindustrie durch Weitergabe von Geschenken, Veröffentlichungen oder Geschmacksmustern erfolgen soll, da dies das Selbstvertrauen der Mütter in ihre Stillfähigkeit untergräbt. Die Mütter sollen bestärkt und ermutigt werden, ihre Babys zu stillen.
(Effective Care in Pregnancy and Childbirth, Oxford University Press, 1987)

Ein stillfreundliches Krankenhaus erkennen Sie an dieser Plakette:

3. Alle schwangeren Frauen sind über die Vorteile und die Praxis des Stillens zu informieren.

Dazu habe ich eine Studie mit folgendem Ergebnis gefunden: Vierzig Erstgebärende, die stillen wollten, wurden in zwei Gruppen zu je zwanzig aufgeteilt. Die eine Gruppe der Frauen besuchte einen Geburtsvorbereitungskurs mit Informationen und Anleitungen zum richtigen Stillen, die andere Gruppe nicht. Im Vergleich beider Gruppen stellte sich heraus, dass bei den Frauen, die den Kurs besucht hatten, das Stillen besser klappte.
(JOGN Nursing, July/August 1984)

4. Den Müttern muss ermöglicht werden, ihr Kind innerhalb der ersten halben Stunde nach der Geburt anzulegen.

Welchen Einfluss nimmt das frühe Anlegen auf die Stilldauer?
362 Neugeborene wurden beobachtet.
Das Ergebnis: Die Babys, denen ein früher Hautkontakt mit der Mutter ermöglicht wurde und die früh zum ersten Mal angelegt wurden, wurden länger gestillt als die anderen.
Es wurden drei Gruppen gebildet:
Gruppe 1: Die durchschnittliche Stillzeit betrug fünf Monate, wenn die Mütter sich für einen späteren körperlichen Kontakt entschieden hatten.
Gruppe 2: Die durchschnittliche Stillzeit betrug vier Monate. Die Mütter in dieser Gruppe entschieden sich zwar für frühen Hautkontakt, legten aber die Babys das erste Mal zu einem späteren Zeitpunkt an.
Gruppe 3: In dieser Gruppe entschieden sich die Mütter dafür, die Babys direkt nach der Entbindung Haut auf Haut bei sich zu haben, bis das Baby das erste Mal an der Brust gesaugt hatte. Diese Babys wurden durchschnittlich 8,5 Monate gestillt.
(AJDC, Vol. 140, 2/1996)

Eine interessante Untersuchung beschäftigte sich mit dem Langzeiteffekt auf die Mutter-Kind-Beziehung durch ungestörten Mutter-Baby-Kontakt in der ersten Stunde nach der Geburt. In dieser Studie wurde das Verhalten der Mütter gegenüber dem Neugeborenen untersucht. Es wurde festgestellt, dass sich Erstgebärende, denen der frühe Hautkontakt verbunden mit der ersten Stillmahlzeit innerhalb der ersten Stunde nach der

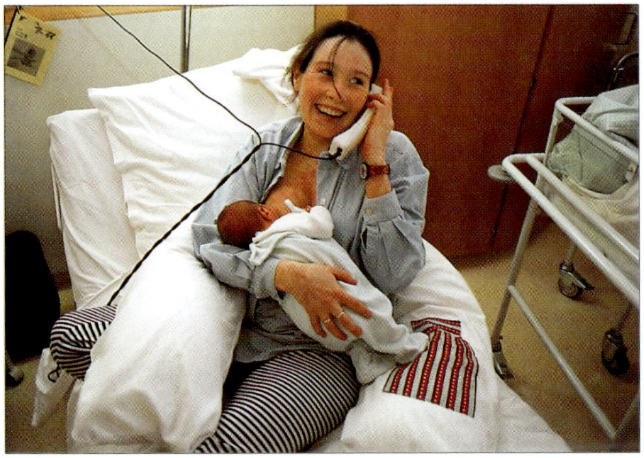

Entbindung ermöglicht wurde, den Kindern gegenüber anders verhielten als die Mütter in der Kontrollgruppe, die keinen Erstkontakt hatten. Nach drei Monaten wurden beide Gruppen nochmals im Umgang mit den Babys beobachtet. Dabei stellte man fest, dass Mütter, denen das erste Anlegen und der frühe Kontakt nach der Entbindung ermöglicht wurde, ihre Babys mehr liebkosten und küssten, einen intensiveren Blickkontakt hatten und sie länger stillten als die Mütter in der Kontrollgruppe.
(Acta Pädiatrica Scandinavia, 66: 145–151, 1997)

Frühes Anlegen macht Zufüttern überflüssig.

5. Den Müttern ist das korrekte Anlegen zu zeigen und ihnen ist zu erklären, wie sich die Milchproduktion aufrechterhalten lässt, für den Fall der Trennung von Mutter und Kind.

Dazu gibt es eine interessante Untersuchung aus Mexiko, die erste dieser Art aus einem Entwicklungsland. Hier wurde die Einflussnahme durch die Praktiken der

Entbindungsabteilungen auf den Stillerfolg bei Frauen untersucht.

Die Anleitung zum korrekten Stillen und die Stillbegleitung der Wöchnerinnen durch gut geschultes Personal in Verbindung mit dem 24-Stunden-Rooming-in unterstützen das Stillen. Mütter, die diese Unterstützung erfahren hatten, stillten länger. Ebenfalls wurde beobachtet, dass die Mütter angebotene Hilfestellungen annahmen und bereit waren, das vermittelte Wissen umzusetzen, auch wenn es für sie neu war.
(Elsevier Scientific Publishers Ireland Ltd., 31: 25–40, 1992)

Gut geschultes Krankenhauspersonal, das sich mit der richtigen Stillhandhabung auskennt, ist von großer Bedeutung.

6. Neugeborenen darf zusätzlich zur Muttermilch weder Flüssigkeit noch sonstige Nahrung gegeben werden, außer es ist aus gesundheitlichen Gründen notwendig.

WHO und UNICEF haben hierzu eine Liste der medizinischen Indikationen erstellt, woraus die Begründungen für eine Zufütterung ersichtlich werden. Dieser Punkt ist am schwierigsten umzusetzen, da zunächst bei den Ärzten viele Bedenken aus dem Weg geräumt werden müssen.

Hierzu gibt es Untersuchungen, die zu folgenden Ergebnissen kommen:

- Kinder, die zusätzliche Flüssigkeit erhalten, erkranken häufiger an Durchfall.
- Kinder, die mit Flüssigkeit zugefüttert werden, trinken weniger Muttermilch und werden eher abgestillt als die ausschließlich gestillten Babys.
- Berechnungen haben ergeben, dass ausschließliches Stillen ausreicht, um den Flüssigkeits- und Energiebedarf des Babys zu decken, sogar in heißen und trockenen Ländern.
(British Medical Journal 234, 1992)

7. Rooming-in ist zu praktizieren. Mutter und Kind sollte erlaubt werden, 24 Stunden am Tag zusammenzubleiben.

Auch hier gibt es Untersuchungen: Kinder, denen rund um die Uhr Rooming-in ermöglicht wird, werden häufiger angelegt. Die aufgenommene Milchmenge am dritten und fünften Tag war bei ausschließlich gestillten Kindern mit Rooming-in niedriger als in der Kontrollgruppe, in der zugefüttert wurde. Der Gewichtsverlust war anfangs bei den ausschließlich gestillten Kindern größer, allerdings wurde am siebten Tag eine höhere Gewichtzunahme beobachtet als in der Kontrollgruppe. Es wurde auch festgestellt, dass Babys mit 24 Stunden Rooming-in weniger schreien, da ihre nonverbalen Hungersignale, wie Schmatzen, Suchbewegungen, Speicheln, eher wahrgenommen werden und sie dann angelegt werden. Dadurch benötigt das Baby weniger Energie. Auch bestätigte sich wiederum, dass bei häufigem Anlegen nach Bedarf, Tag und Nacht, keine Zufütterung erforderlich ist.
(Acta Pädiatrica Scandinavia, 79: 1017–1022, 1990)

8. Zum Stillen nach Bedarf soll ermuntert werden.

Schon 1952 hat man beobachtet, dass Babys, die nach Bedarf an der Brust saugen

können (Tag und Nacht), ca. achtmal innerhalb von 24 Stunden an der Brust trinken möchten. Als Vorteile wurde gesehen, dass die Babys besser an Gewicht zulegten, die Milchbildung optimal angeregt wurde und weniger Stillprobleme (wunde Warzen, Milchstau) auftraten.
(The Lancet, S. 683, 4/1992)

In einer weiteren Studie wurde die Stillhäufigkeit während der ersten 24 Stunden nach der Geburt bei Reifgeborenen untersucht. Grundlagen der Untersuchung waren das Verhältnis zwischen Stillhäufigkeit, Muttermilchaufnahme, Gewichtsverlust und Ausscheidung des Kindspechs (Mekonium) sowie die Kontrolle des Bilirubinspiegels. Ergebnis: Häufiges Anlegen (mehr als achtmal pro 24 Stunden) beschleunigt die Ausscheidung des Kindspechs. Der Bilirubinwert am sechsten Tag nach der Geburt war eindeutig niedriger. Die Milchbildung wird optimal durch das häufige Anlegen angeregt – die Muttermilchaufnahme ist höher, das Baby nimmt besser zu. Auch einer Unterzuckerung (Hypoglykämie) wird vorgebeugt, da das häufige Anlegen genügend Kalorien liefert.
(Journal of Pediatrics, Vol. 86, No. 2, 8/1990)

Bei richtiger Stillhandhabung kann auf Schnuller und Sauger verzichtet werden.

9. Gestillten Kindern keinen Gummisauger oder Schnuller geben

Man weiß, dass es Kinder gibt, die nicht in der Lage sind, zwei Saugtechniken gleichzeitig zu beherrschen. Eine Studie untersuchte den Einfluss der korrekten Saugtechnik in der ersten Woche nach der Geburt auf die Dauer der Stillzeit. Korrektes Saugen war folgendermaßen definiert: Weit geöffneter Mund, die Zunge ist über die untere Zahnleiste geschoben, der untere Warzenhofbereich verschwindet fast komplett im Mund und die Babys trinken mit langsamen tiefen Schlucken. Inkorrektes Saugen wurde als Warzennuckeln definiert.

Es wurden drei Gruppen gebildet und nach vier Monaten nochmals untersucht.
Gruppe 1 umfasste achtundzwanzig Babys, die von Anfang an richtig saugten.
Gruppe 2 umfasste neunundzwanzig Babys, die anfangs die falsche Technik hatten, aber durch die Korrektur nach der Beobachtung dann richtig saugten.
Gruppe 3 umfasste fünfundzwanzig Babys, die durchweg die falsche Technik anwen deten.

Bei Gruppe 3 führte das inkorrekte Saugen zu Stillproblemen wie wunde Warzen, Milchstau, zu wenig Milch. Die Kinder erhielten häufig einen Schnuller und wurden eher abgestillt als in den Gruppen 1 und 2. Bei Gruppe 2 wurde deutlich, dass durch eine gute Stillbegleitung durch das Personal falsche Saugtechniken mit Erfolg behoben werden konnte.

Zum Ergebnis einer Studie über Stillprobleme aufgrund der frühzeitigen Einführung von Flaschen und Saugern kann man zusammenfassend sagen: Die Verwendung von Flaschensaugern und Schnullern können bei Mutter und Kind zu Problemen führen

Wenn das Stillen kurzzeitig unterbrochen werden muss, sollte die Milchbildung aufrecht erhalten werden (durch Abdrücken / -pumpen). Dann kann das Stillen später wieder aufgenommen werden.

wie zu wenig Milch oder Saugverwirrung. Bei richtiger Handhabung des Stillens lässt sich der Einsatz von Saugern und Schnullern vermeiden. Wenn eine Stillmahlzeit aus irgendeinem Grunde ersetzt werden muss, sollte ein Brusternährungsset, Becher, Fingerfeeder, Pipette oder Löffel einer Saugflasche vorgezogen werden.
(J. Human Lactation, 6(2), 1990)

10. Die Entstehung von Stillgruppen sollte gefördert werden und Müttern bei der Entlassung aus der Klinik oder der Entbindungseinrichtung nahe gelegt werden, mit diesen Gruppen Kontakt aufzunehmen.

Mütter brauchen nach der Klinikentlassung eine Stillbegleitung. Stillgruppen stellen eine wichtige Kontakt- und Anlaufstelle dar. Es findet hier Mutter-zu-Mutter-Beratung statt.

Medizinische Gründe für das Zufüttern – international verabschiedet von WHO und UNICEF

Einige medizinische Gründe können es erforderlich machen, dass einzelne Säuglinge zusätzlich zur Muttermilch oder an ihrer Stelle Flüssigkeiten oder Nahrung erhalten. Es wird davon ausgegangen, dass schwer kranke Babys auf der Säuglingsintensivstation auf jeden Fall zugefüttert werden.

Zufütterung ist notwendig bei:

- Babys, die operiert werden müssen
- Säuglingen mit sehr geringem Geburtsgewicht
- Frühgeborenen (vor der 32. Schwangerschaftswoche)
- Säuglingen mit deutlich unterentwickelten Organfunktionen, die einem hohen Risiko einer schweren Hypoglykämie ausgesetzt sind, oder solche, die wegen Hypoglykämie behandelt werden müssen und deren Zustand sich auch bei vermehrtem Stillen oder sonstiger Muttermilchzufuhr nicht bessert

Die Art ihrer Ernährung wird individuell auf den Nahrungsbedarf und den Funktionszustand einzelner Organe abgestimmt, wobei Muttermilch, wann immer möglich, empfehlenswert ist.

Für Babys, deren Gesundheitszustand es erlaubt, dass sie bei ihren Müttern auf der Wochenstation sind, gibt es nur sehr wenige medizinische Gründe für das Zufüttern. Zusätzliche Flüssigkeiten oder Muttermilchersatzprodukte sollten nur bei Säuglingen mit folgenden Gesundheitszuständen eingesetzt werden:

- Wenn deren Mütter ernsthaft erkrankt sind (zum Beispiel Psychosen, Eklampsie oder Schock)
- Bei angeborenen Stoffwechselerkrankungen (zum Beispiel Galaktosämie, Phenylketonuriem, Maple Syrup Urine Disease)
- Bei akutem Flüssigkeitsverlust, falls es nicht möglich ist, eine ausreichende Flüssigkeitsversorgung durch häufigeres Anlegen zu gewährleisten (zum Beispiel während der Phototherapie bei Gelbsucht)
- Wenn deren Mütter Medikamente einnehmen müssen, die während der Stillzeit kontraindiziert sind (siehe Seite 174)

DAS ERSTE KENNENLERNEN – DER STILLBEGINN

Das Neugeborene hat drei Grundbedürfnisse: Wärme und Geborgenheit in den Armen der Mutter, Nahrung aus ihrer Brust und die Sicherheit ihrer Anwesenheit zu finden. All dies wird durch das Stillen befriedigt. Mit anderen Worten: Stillen erfüllt die physiologischen, psychologischen und emotionalen Bedürfnisse eines Neugeborenen.

aus: Dick Read, »Geburt ohne Angst« (Childbirth without fear), 1954

Der Zeitpunkt der Geburt ist für Mutter und Vater etwas Unbeschreibliches und bei jedem weiteren Kind ein ganz neues Erlebnis. Erst die Geburtsschmerzen, dann das Baby sehen, fühlen und riechen – dies alles ist ganz wichtig für die spätere Beziehung. Wir wissen anhand einiger Untersuchungen, dass die Geburtshilfe einen großen Einfluss darauf nimmt, ob eine Mutter ihr Baby stillen möchte, ob sie erfolgreich stillt und vor allem, wie lange sie stillt. Je mehr negative Erfahrungen eine Mutter macht, desto geringer ist die Chance, dass sie über die ersten sechs Wochen hinaus stillt.

Die Geburtshilfe beeinflusst das Stillverhalten der Mutter.

Eine angenehme, harmonische, ruhige Atmosphäre im Geburtsraum unterstützt die Mütter. Sie können besser entspannen und sich auf die Geburt einstellen. Verstärkt werden kann diese Unterstützung durch eine Begleitperson, entspannende Musik, Düfte und warmes Dämmerlicht. So kann auch das Baby gleich nach seiner Geburt angenehme Eindrücke von der Welt aufnehmen. Wir wissen, dass das Geburtserlebnis Mutter und Kind prägt. Die Temperatur im Kreißsaal sollte ca. 26 °C betragen.

Bei der Entbindung wird das Hormon Oxytozin, das auch in Verbindung steht mit den Endorphinen, die Schmerz lindern und entspannen, verstärkt ausgeschüttet. Oxytozin bewirkt, dass die Muskulatur der Gebärmutter sich zusammenziehen kann. Es wird aber auch als Liebeshormon bezeichnet. Auch von daher ist es ganz wichtig, dass Mutter und Baby sich nach der Entbindung kennen lernen dürfen.

In vielen Krankenhäusern wird das Baby nach der Entbindung auf den Bauch der Mutter gelegt – Haut auf Haut. Die Nabelschnur kann auspulsieren, bevor sie durchtrennt wird. Das Baby wird mit einem warmen Handtuch etwas abgetrocknet und Mutter und Baby werden warm zugedeckt. Eltern und Kind sollten in den ersten ein bis zwei Stunden ungestört zusammen sein können, wenn das Baby keine medizinischen Probleme hat. Während das Kind auf dem Bauch der Mutter liegt, kann die Plazenta entbunden werden, können Blutungen gestoppt und Risse bzw. Schnitte genäht werden. Sie werden das nicht mehr mitbekommen, denn die ersten Eindrücke mit Ihrem Baby nach der Geburt sind faszinierend und lenken Sie ab.

Eventuell haben Sie sich das Baby ganz anders vorgestellt, vielleicht sieht es noch zerknautscht aus, hat rote Stellen am Körper, vielleicht einen Bluterguss. Oder Sie haben sich ein anderes Geschlecht gewünscht.

All diese Eindrücke und Gedanken beschäftigen Sie jetzt, und Sie haben nun das zerbrechlich ausschauende Wesen vor sich, das so lange in Ihrem Bauch war. Sie werden das Bedürfnis haben, das Baby zu streicheln, zu berühren und es so anzunehmen, wie es ist. Untersuchungen belegen, dass dieses ungestörte Kennenlernen auch hilft, ein eventuell missgebildetes oder behindertes Kind zu akzeptieren und anzunehmen. Denn diese Situation trifft eine

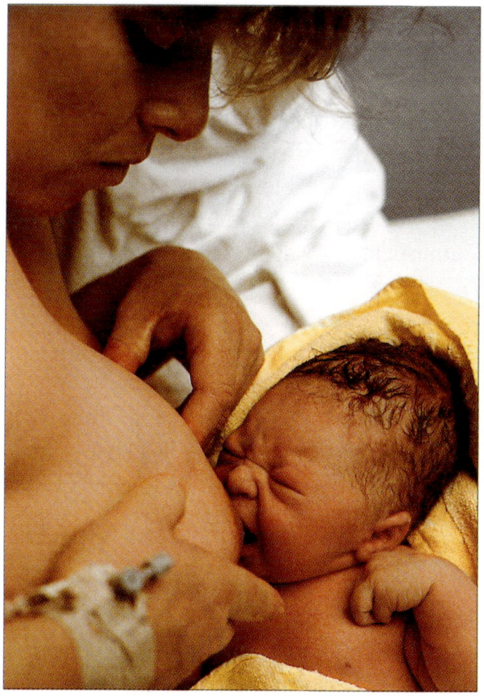

Das erste Stillen des Neugeborenen nach der Geburt im Kreißsaal

Mutter besonders hart, und es kann sein, dass sie zuerst geschockt ist und das Baby ablehnt.

Dieser Prozess des Kennenlernens, gleich nach der Entbindung, ist ganz wichtig für die spätere Beziehung. Vielleicht ist das Baby direkt nach der Entbindung erschöpft und müde, wird dann aber wacher und innerhalb der ersten zwei Stunden wird es an der Brust saugen wollen.

Das erste Kennenlernen bestimmt die spätere Eltern-Kind-Beziehung.

Eine Untersuchung aus Schweden hat das Verhalten der Neugeborenen nach der Geburt beobachtet. Innerhalb der ersten 90 Minuten beginnen Neugeborene vom Bauch der Mutter aus, mit Such- und Krabbelbewegungen die Nahrungsquelle zu suchen. Der dunkle Warzenhof wird dabei als optisches Signal gesehen. In einer anderen Studie wurde auch festgestellt, dass das Baby dem Duft der Mutterbrust folgt. Es beginnt mit koordinierten Hand-zu-Mund-Bewegungen, sucht mit aufgesperrtem Mund nach der Brust, findet sie schließlich, erfasst sie gierig, trinkt und schläft ein. Babys wissen von Natur aus, wie sie überleben können.

Die für die Schwangerschaft erforderlichen hohen Hormonspiegel – Östrogen und Progesteron – sinken stark ab, und das Milchbildungshormon Prolaktin sorgt nun für die Milch der ersten Mahlzeit. Jede Mutter hat die für die erste Mahlzeit erforderliche Milch. Die weitere Milchbildung wird durch das Saugen (Nachfrage-Angebot-Prinzip) reguliert. Die angeborenen Reflexe des Babys unterstützen es dabei. Wir wissen, dass der Saugreflex innerhalb der ersten zwei Stunden und dann wiederum nach 46–72 Stunden am höchsten ist. Auch hier hat die Natur vorgesorgt: Wenn das erste Kennenlernen von Mutter und Kind aufgrund medizinisch erforderlicher Maßnahmen nicht stattfinden kann, ist ein guter Stillbeginn auch zu einem späteren Zeitpunkt möglich.

Und wenn alles anders kommt als geplant?

Das erste Kennenlernen nach der Geburt unterstützt den Aufbau der Mutter-Vater-Kind-Beziehung positiv. Es ist allerdings nicht so, dass keine Bindung mehr entstehen kann, wenn dieser Kontakt aus irgendeinem Grunde nicht möglich oder nicht harmonisch war.

Untersuchungen zeigen, dass der Aufbau der Eltern-Kind-Beziehung Tage, Wochen, Monate und Jahre dauern kann. Es ist ein Einfühlen, ein Mitgehen mit der Entwicklung des Kindes. Manche Mütter sind von der Geburt so erschöpft, dass sie eher Schmerz und Trauer fühlen als Glück. Auch Adoptiveltern sind in der Lage, eine enge Beziehung zum Kind aufzubauen. Die ersten zwei Stunden sind zwar wichtig, aber nicht allein ausschlaggebend für die weitere Entwicklung einer guten Beziehung. Wenn Sie in Ihrer Klinik nicht die Möglichkeit hatten, einen ungestörten Kontakt zu Ihrem Kind aufzunehmen, so können Sie trotzdem eine innige Beziehung zu Ihrem Kind aufbauen, und das Kind hat keinen Schaden genommen.

Die Beziehung zwischen Eltern und Baby wird allmählich aufgebaut.

Wenn Mutter und Kind nach der Entbindung getrennt werden

Mit dieser Situation rechnet eigentlich keiner. Wenn ein Baby zu früh geboren wird, Anpassungsstörungen hat oder krank ist, wird es oft sofort nach dem Durchchecken in die Kinderklinik verlegt. War ein Kaiserschnitt mit Vollnarkose erforderlich, sehen Sie das Baby vor der Verlegung nicht mehr. Sie haben keine Möglichkeit, das Baby gleich kennen zu lernen und machen sich Sorgen um sein Überleben. Auch wie es aussieht, können Sie sich in dieser Situation nicht vorstellen.

Was können Sie tun?

Muttermilch ist gerade für dieses Baby besonders wichtig, beginnen Sie daher so bald wie möglich mit dem Abpumpen. Sie sollten mindestens sechsmal innerhalb von 24 Stunden ca. 20 Minuten pro Mahlzeit abpumpen. Es ist auch ganz wichtig, einmal nachts zu pumpen, denn das Milchbildungshormon ist nachts am aktivsten.

Zu Anfang kommen bei vielen Frauen nur wenige Tropfen – aber jeder ist wichtig. Die Milch fließt am besten, wenn Sie sich entspannt fühlen und positive Gedanken haben. Vielleicht hilft es Ihnen, gefühlsmäßig eine Bindung zum Baby aufzubauen, wenn Sie ein Foto von ihm haben oder einen Abdruck seines Händchens oder Füßchens. Vielleicht können Sie gut entspannen, wenn Sie Ihre Lieblingsmusik hören, jemand Ihnen den Rücken oder die Fußreflexzonen massiert oder wenn Sie eine sanfte Brustmassage durchführen. Vielleicht können Sie mit der betreuenden Schwester in der Kinderklinik telefonieren, und sobald es Ihr gesundheitlicher Zustand erlaubt, wird es Ihnen sicherlich ermöglicht, Ihr Baby zu besuchen. In vielen Kinderkliniken ist es möglich, das Baby auf den Körper gelegt zu bekommen, sodass Mutter und Kind ihr erstes Kennenlernen nachholen können. Manche Kinderkliniken ermöglichen auch die Mitaufnahme der Mutter, sobald es für sie möglich ist. Das ist natürlich eine besonders gute Lösung, da Sie dadurch die Pflege und Ernährung des Babys mit übernehmen können.

Schmerzmedikamente für die Mutter beeinflussen das Stillen

Die am meisten verwendeten Schmerz- und Narkosemittel in der Geburtshilfe sind Pethidine (Dolantin®). Diese haben als Nebeneffekt eine Beeinträchtigung des zentralen Nervensystems zur Folge. Das bewirkt, dass die Mutter nach der Geburt müde, schläfrig, erschöpft ist und nur noch ihre Ruhe haben möchte.

Auch das Baby reagiert auf diese Medikamente mit Schläfrigkeit und Interesselosigkeit. Es wurde beobachtet, dass Mutter und Kind unter dem Einfluss der Medikamente nicht in der Lage sind, sich so intensiv wahrzunehmen und kennen zu lernen wie Mutter-Baby-Paare ohne Medikamenteneinfluss. Ein weiterer Nebeneffekt ist der Einfluss der Pethidine auf das Saugverhalten des Babys. Babys haben noch einige Tage nach der Geburt Saugschwierigkeiten, sei es an der Flasche oder an der Brust. *(Midwifery, 10: 197–209, 1993)*

Was auch oft nicht berücksichtigt wird, ist, dass Pethidine noch mindestens zwei Tage nach der Geburt über die Muttermilch an das Baby abgegeben werden.

Klinikroutine

Innerhalb der ersten zwei Stunden fallen viele Aufgaben an, die von Mutter und Personal »nebenbei« bewältigt werden müssen. Dies in Einklang zu bringen mit dem ersten ungestörten Kennen lernen von Mutter, Vater und Kind erfordert Umdenken und Umorganisieren.

Was kommt auf die Mutter zu?

Der Mutterkuchen (Plazenta) muss noch entbunden werden. Eventuell müssen Risse und Schnitte genäht werden. Die Mutter wird nach Bedarf gewaschen und frisch angezogen. Der Geburtshergang wird dokumentiert. Das Baby wird eventuell von der Mutter getrennt, damit es abgesaugt, untersucht, gebadet, gewogen, gemessen und angezogen werden kann.

Die Hebamme hat ihre Aufzeichnungen zu vervollständigen und eventuell schon eine oder mehrere weitere Geburten zu betreuen. Dazu kommt dann oft noch die Berührungsangst der Mutter, das Baby gleich an die Brust zu nehmen. Die Mutter hofft auf Betreuung, und oftmals ist dies in der Hektik des Kreißsaals gar nicht möglich. Von daher ist es wirklich wichtig, dass Sie sich gedanklich mit der Geburt und allem was danach kommt auseinander setzen. Ihr Partner oder eine andere Begleitperson kann Ihnen hier wirklich eine große Hilfe sein.

Pethidine führen zu Müdigkeit bei Mutter und Baby.

DAS BABY RICHTIG ANLEGEN

Sie und das Baby sind beide aktiv am Stillen beteiligt. Sie unterstützen das Baby, indem Sie es zur Brust bringen. Das Baby lernt in den ersten Tagen, wie es die Brust korrekt erfasst. Beides zusammen führt zum Stillerfolg. Es gibt viele unterschiedliche Stillpositionen, grundsätzlich soll es für Sie und das Baby bequem sein. Wir wissen, dass die meisten »Stillprobleme« von einem nicht korrekten Anlegen sowie einer nicht korrekten Saugposition des Babys herrühren.

Folgende Grundregeln sind für das richtige Anlegen wichtig:

Nehmen Sie eine bequeme Haltung ein

Ihre Füße sollten Bodenkontakt haben – gut geeignet ist deshalb ein niedriger Stuhl zum Sitzen. Wenn Sie einen hohen Stuhl haben, sollten Sie Ihre Füße auf ein paar Telefonbücher oder – besser noch – einen Schemel stellen. Die Knie sollen aber nicht zu hoch sein, da das Baby sonst zu hoch liegt – am besten sind Ihre Knie waagerecht. Bei einem kleinen Baby kann es hilfreich sein, ein Kissen auf die Knie zu legen und so den Höhenunterschied zur Brust zu regulieren. Das unterstützt auch den Unterarm.

Durch das richtige »Handling« lassen sich Probleme wie wunde Warzen, zu wenig Milch, Milchstau weitgehend vermeiden.

Der Rücken sollte gestützt sein. Moderne Sitzmöbel sind oft so abgeschrägt, dass Sie nach hinten fallen, wenn Sie sich anlehnen. In diesem Fall sollten Sie den Rücken mit Kissen abstützen.

Eine gerade Sitzform ist die beste. Je nachdem wie Sie sich setzen, verändert sich die Lage der Brust. Wenn Sie sich zurückfallen lassen, fällt die Brust auch zurück, und das Baby hat es schwerer, die Brust richtig zu erfassen. Wenn Sie auf dem Boden sitzen wollen, sollten Sie sich an der Wand anlehnen. Beim Stillen im Bett ist es, je nach gewählter Anlegeposition, wichtig, dass Sie genügend Kissen zum Abpolstern haben.

Bereiten Sie alles vor, sodass Sie entspannt stillen könnnen. Nichts bedeutet mehr Stress als ein hungriges Baby und eine genervte Mutter, die ständig aufspringen muss.

Legen Sie sich genügend Kissen bereit, eventuell ein spezielles Stillkissen, damit Sie ausprobieren können, wie es am bequemsten ist.

Bringen Sie das Baby zur Brust – nicht umgekehrt

Der Körper des Babys soll dem Ihren zugewandt sein (Körper an Körper). Sie halten das Baby dicht an Ihren Körper. Der Kopf soll frontal zur Brust liegen, das Gesicht der Brust zugewandt, die Nase gegenüber der

Brustwarze. Es ist ganz wichtig, dass der Kopf frei liegt, sodass das Kind beim Zufassen die Kopfposition selbst regulieren kann. Das Baby soll den Kopf nicht drehen oder strecken müssen, um die Brust erfassen zu können, sondern problemlos zupacken können. Es geht dabei mit dem Kopf leicht zurück, das Kinn ist der Brust näher als die Nase. Ohr, Schulter und Hüfte bilden bei der Wiegeposition und beim seitlich liegenden Stillen eine Linie.

Unterstützen Sie den Körper des Babys

Das ist besonders in den ersten Wochen wichtig. Sie können das Baby mit einem Kissen oder einer Rolle im Rücken abstützen. Auch mit Ihrer Hand können Sie den Körper des Kindes (Schulter und Rücken) stützen. Jedoch sollten Sie vermeiden, mit Ihrer Hand den Kopf in Richtung Brust zu drücken. Ein solcher Druck im Nacken- und Kopfbereich des Babys hat meist zur Folge, dass es sich nach hinten wirft, da es versucht, sich dahin zu wenden, wo die Berührung herkommt.

Unterstützen Sie Ihre Brust

Manche Mütter empfinden es als angenehm, wenn sie ihre Brust unterstützen, um dem Baby das Erfassen zu erleichtern, insbesondere dann, wenn die Brust groß ist. Einfache Handgriffe helfen Ihnen dabei:

Der C-Griff
Die Handfläche liegt beim C-Griff unterhalb der Brust, auf eine Seite zeigen die Finger, auf die andere der Daumen.
Um dem Baby in den ersten Tagen beim Erfassen der Brust zu helfen, können Sie mit leichtem Druck durch den Daumen auf die Brust die Brustwarzenrichtung so dirigieren, dass das Kind Brustwarze und einen großen Teil des Warzenhofs gut erfassen kann. Wenn die Brustwarze dabei nach oben zeigt, etwa auf Höhe der Nase, kann

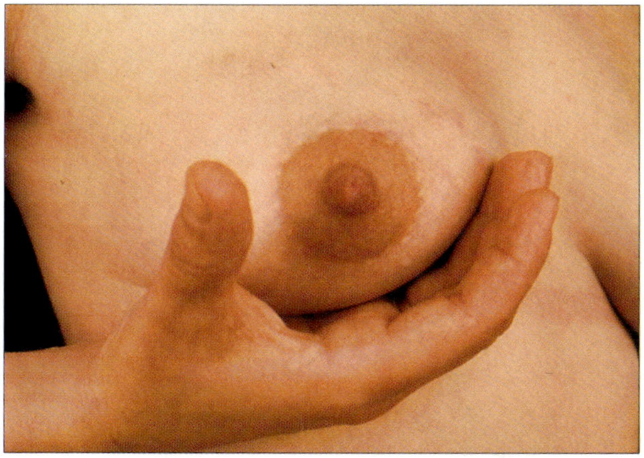

Beim DanCer-Griff ist die Grundhaltung wie beim C-Griff. Die Hand wird nach außen geschoben, …

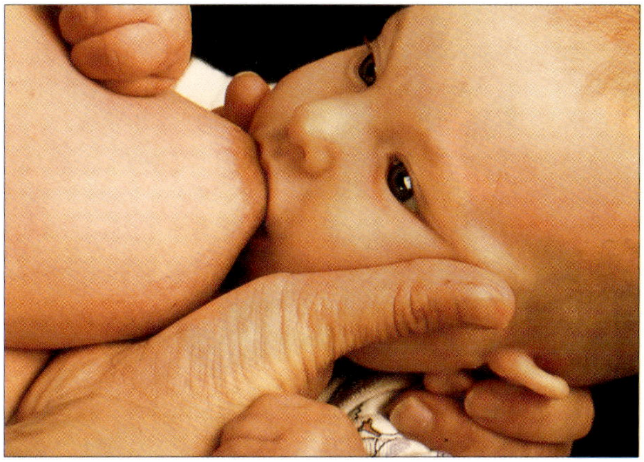

… sodass das Kinn durch die Handfläche gestützt wird. Daumen und Zeigefinger stützen die Wange.

der untere Teil des Warzenhofs gut eingesaugt werden.

DanCer-Griff
Dieser Griff ist sehr hilfreich, wenn Sie ein saugschwaches, frühgeborenes Baby stillen möchten oder eines, dem die Kraft fehlt, den Kopf und die erfasste Brust zu halten. Die Handfläche mit den vier Fingern liegt auch hier unterhalb der Brust, der Daumen oberhalb. Die Grundhaltung wird so weit nach außen geschoben, dass Daumen und Zeigefinger frei schweben und Kinn und Wangen des Babys damit gefasst werden können nach dem Prinzip einer Zange (siehe Foto Seite 65).

Da Stillen durstig macht, sollten Sie sich zu jeder Stillmahlzeit ein Glas mit Flüssigkeit bereitstellen.

Scherengriff
Früher hat man auch diesen Griff empfohlen. Mit Daumen und Zeigefinger nehmen Sie die Brust. Dieser Griff hat den Nachteil, dass Milchgänge abgedrückt werden können, und viele Babys erfassen die Brust nicht korrekt, da oft nur die Brustwarze in den Mund geschoben wird.

Schlinge
Wenn Sie eine große, schwere Brust haben, ist es manchmal hilfreich, ein breites Band oder einen Schal unter die Brust zu legen und um den Hals zu knoten.

Atmung

Wenn das Baby korrekt angelegt ist, kann es ohne Probleme durch die Nase atmen. Ist der Kopf frei, reguliert es seine Position von allein. Die Natur hat eine physiologische Nasenrinne geschaffen, wodurch das Baby gut atmen kann. Wenn Sie den Eindruck haben, dass die Nase nicht frei liegt, ziehen Sie den Po des Babys dichter an Ihren Körper heran, dadurch geht der Kopf etwas zurück und die Nase ist frei.

Wichtig: Wenn das Baby den Kopf in der Brust vergräbt, ist es nicht richtig angelegt, korrigieren Sie dann die Anlegeposition. Keine Lösung ist es, mit einem Finger die Brust vom Baby wegzudrücken. Erstens kann dies den Milchabfluss behindern und einen Milchgang verstopfen, zweitens rutscht dadurch die erfasste Brust aus dem Mund, und das Baby nuckelt nur noch an der Warze.

Checken Sie durch, ob alles zum Stillen bereitliegt: Kissen – Fußstütze – Getränk – ggf. Buch zum Vorlesen für das ältere Kind.

Das Ende der Mahlzeit

Das Baby soll so lange und so oft es möchte trinken. Wenn es satt ist, lässt es die Brust

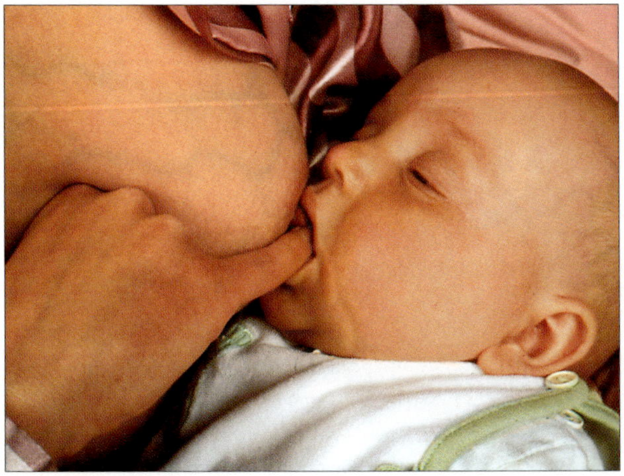

Um das Baby von der Brust zu lösen, schieben Sie Ihren Finger in seinen Mundwinkel.

von allein los. Sollten Sie aus irgendeinem Grund die Stillmahlzeit unterbrechen müssen, ist es natürlich ganz wichtig, dass Sie den Unterdruck erst lösen. Dazu schieben Sie Ihren Finger in den Mundwinkel des Babys.

Das Baby wecken

Es gibt unterschiedliche Schlafphasen. Wenn Sie ein schläfriges Baby anlegen möchten, können Sie eine Wach-Schlaf-Phase dazu benutzen. Erkennen können Sie diese an den Augenbewegungen unter dem geschlossenen Augenlid. In einer Tiefschlafphase wird es Ihnen nicht gelingen, das Baby anzulegen.

Wie können Sie das Baby aufwecken?

- Indem Sie es ausziehen. Hautkontakt und Kältereiz wecken das Baby auf.
- Sprechen Sie es an.
- Setzen Sie es in eine aufrechte Position, das stimuliert den Gleichgewichtssinn.
- Legen Sie das bis auf die Windel ausgezogene Baby auf Ihren Schoß, den Kopf auf Ihr Knie und beginnen Sie von den Füßen über die Beine, von den Händen über die Arme und dann über den Bauch, das Kind zu massieren.
- Streicheln des Wangen-Lippen-Bereichs und Stimulieren des Saugreflexpunkts regen das Saugen an.
- Massieren Sie die Fußsohlen des Babys.

»Nachdem ich mein erstes Kind erfolgreich gestillt hatte, realisierte ich bei Clara lange gar nicht, dass irgendetwas nicht stimmen konnte. Sie war ein ausgesprochen ruhiges, braves Kind, schlief nachts von Anfang an sechs Stunden durch, und ich empfand dies als Erholung, da ihre Schwester ein regelrechter Quirl war. Ich legte Clara nach Bedarf an und ging davon aus, dass sie sich nimmt, was sie braucht. Als ich nach sechs Wochen zur U2 ging, erbrachte die Wiegeprobe, dass sie knapp das Geburtsgewicht erreichte. Der Arzt war ziemlich ungehalten und sagte mir, ich müsse sofort mit der Flasche zufüttern. Ziemlich fertig ging ich nach Hause und rang mich dazu durch, eine Stillgruppe anzurufen. Dort empfahl man mir einen stillfreundlichen Kinderarzt, bei dem ich am nächsten Tag gleich einen Termin bekam. Er beruhigte mich trotz der Tatsache der schlechten Zunahme, untersuchte Claras Mund und schaute mir beim Stillen zu. Dann zeigte er mir, wie ich Clara wecken kann und wie ich sie stimulieren kann, damit sie saugt. Er empfahl mir, Muttermilch abzupumpen und ein Brusternährungsset zu verwenden, da Clara zugefüttert werden musste und dies hilft, dass sie besser an der Brust saugt. Ich sollte drei Tage später wieder kommen. Ich habe seine Ratschläge alle beherzigt und Clara über vier Monate lang mit zusätzlich abgepumpter Muttermilch und Brusternährungsset ernährt. Dann klappte es mit der Milchbildung und dem Stillen so gut, dass ich sie ausschließlich an der Brust gestillt habe, bis sie sieben Monate alt war.«

DIE WICHTIGSTEN ANLEGEPOSITIONEN

Während des Tages ist es wichtig, die Anlegepositionen zu wechseln, sodass verschiedene Bereiche der Brust durch die Zunge gut ausmassiert werden. Das beugt einem Milchstau und wunden Warzen vor, da dadurch einseitige Belastung vermieden wird.

Die Grundregeln für die richtige Stillhaltung sollten Sie unbedingt beachten:

- Sie halten das Baby dicht an Ihren Körper, der Bauch des Babys ist dem Ihren zugewandt.
- Das Gesicht ist der Brust zugewandt.
- Sie unterstützen Schulter und Rücken des Babys gut.
- Die Nase ist auf Höhe der Brustwarze.
- Kopf, Schulter und Rücken bilden eine gerade Linie.
- Der unten liegende Arm des Babys wird um Ihren Körper gelegt, sodass dieser beim Anlegen nicht behindert.

Die Wiegehaltung wird am häufigsten angewandt und lässt sich überall gut einsetzen.

Die Brotlaibposition oder auch Fußballposition bietet in besonderen Situationen viele Vorteile.

Die Wiegehaltung

Die Mutter sitzt aufrecht im Bett, im Stuhl oder im Sessel. Kissen unterstützen den Rücken der Mutter sowie ihren Unterarm. Das Baby liegt mit dem Kopf auf dem Unterarm, das Gesicht der Brust zugewandt.

Stillen im Sitzen, Liegen oder Stehen: Alle Stillpositionen sind möglich.

Auf dem Schoß der Mutter liegt ein Kissen zur Unterstützung des Armes der Mutter. Körper liegt an Körper, es entsteht eine gerade Linie von Ohr, Schulter und Hüfte. Schulter und Rücken des Babys können mit der Hand unterstützt werden, und zwar von der Seite her, an der angelegt ist. Dadurch können Sie den Po des Kindes dicht zu sich heranziehen.
Sie können Schulter und Rücken aber auch mit der entgegengesetzten Hand stützen. Dazu schieben Sie Ihre Hand zwischen den Beinen des Kindes hindurch. Wichtig ist immer, dass der Kopf frei bleibt.

Der Rückengriff (Brotlaibposition)

Die Haltung der Mutter sollte bequem sein, Kissen zum Unterstützen sind hierbei hilfreich. Sie nehmen den Körper des Babys unter den Arm, die Beine zeigen nach hinten. Ein Kissen polstert das Kind und Ihren Unterarm ab. Das Gesicht des Babys ist Ihnen zugewandt, der Oberkörper liegt auf Ihrem Arm, der Kopf in Ihrer Hand.
Ihre Hand auf der gleichen Seite unterstützt Schulter und Kopf des Kindes, die andere Hand die Brust. Bei dieser Stillposition können Sie gut sehen, ob das Baby die Brust richtig erfasst. Diese Position ist besonders zu empfehlen beim gleichzeitigen Stillen von Zwillingen, beim trinkschwachen Säugling, nach einem Kaiserschnitt, bei großen Brüsten verbunden mit flachen Warzen, aber auch wenn ein Geschwisterchen Ihre Nähe sucht.

Eventuell lohnt sich die Anschaffung eines speziellen Stillkissens zum Abstützen des Rückens.

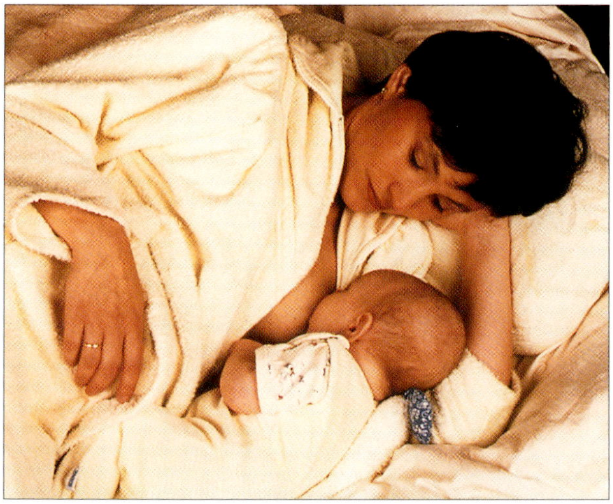

Seitlich liegend stillen ist gut geeignet nach einem Kaiserschnitt oder nachts.

Über der Schulter liegend stillen, ist sowohl sitzend als auch liegend möglich.

Seitlich liegend stillen

Sie werden einige Zeit brauchen, bis Sie die für Sie bequemste Lage gefunden haben, um seitlich liegend zu stillen. Kissen sind auf alle Fälle erforderlich, um den Kopf-Schulter-Bereich abzustützen, als Entlastung zwischen den Knien und um den Körper des Babys zu unterstützen und die unterschiedliche Höhe auszugleichen. Sie können mit etwas Übung auf der Seite liegend beide Brüste anbieten. Den Rücken des Babys können Sie mit Ihrer Hand oder einer Tuchrolle stützen. Manche Mütter legen das Baby auf den Unterarm, andere legen es direkt aufs Bett oder auf ein Kissen. Probieren Sie aus, welche Lösung für Sie die angenehmste ist.

Beachten Sie die Grundregeln und finden Sie die Ihnen angenehmste Stillposition.

Gut geeignet ist diese Position nach einem Kaiserschnitt, nach Rückenmarksnarkose und nachts. Schwieriger ist diese Position bei Frühgeborenen und sehr kleinen Kindern zu handhaben.

Rücklings stillen: In dieser Position wird oft das erste Mal angelegt. Die Hand sollte den Kopf stützen.

Auf dem Rücken liegend stillen

Das ist oft die Position, in der Sie im Kreißsaal das erste Mal anlegen. Sie liegen auf dem Rücken, eventuell leicht erhöht, die Beine aufgestellt oder angewinkelt, mit einem Kissen unter den Knien.
Das Baby liegt Haut auf Haut auf Ihrem Körper. Der Kopf liegt frontal zur Brust, das Gesicht auf der Brust, die Nase befindet sich auf Höhe der Brustwarze. Die Stirn des Babys stützen Sie mit der Hand der gleichen Seite ab, sodass sich das Gesicht nicht in der Brust vergräbt. Diese Position ist oft besser zu handhaben, wenn das Baby etwas größer ist, und wird vor allem bei zu viel Milch empfohlen.
Oft erfasst das Kind anfangs in dieser Position nicht genügend Brust. Dann besteht die Gefahr, dass die Milchbildung nicht ausreichend angeregt wird. Gut geeignet ist diese Position, wenn Sie zu viel Milch haben, nachts stillen, nach einem Kaiserschnitt und bei einem Milchstau. Im letzteren Fall ist es oft nötig, das Baby über die Schulter zu legen, da meist der obere äußere Bereich der Brust betroffen ist.

Hoppe-Reiter-Sitz

Diese Position ist gut geeignet bei trinkschwachen, frühgeborenen Babys, bei zu viel Milch und bei Koliken des Kindes.

Vierfüßlerstand

Das Baby liegt auf einer Decke auf dem Boden und Sie beugen sich darüber. Diese Position ist gut geeignet bei Milchstau, da das Baby so gelegt werden kann, dass es mit Unterkiefer und Zunge die gestaute Stelle ausstreichen kann.

Über der Schulter liegend stillen

Diese Stillposition ist sowohl im Sessel sitzend, als auch auf dem Rücken liegend gut möglich. Sie wird empfohlen bei Milchstau (siehe Seite 151).

Stillen im Stehen

Auch das ist möglich. Zur Unterstützung können Sie das Kind in ein Tragetuch oder einen Tragebeutel legen. Unruhige Babys oder Babys mit Koliken trinken so oft viel besser. Durch die rhythmische Bewegung beim Tragen findet das Baby wieder zu der gewohnten Ruhe und Geborgenheit zurück, die es aus der Zeit im Mutterleib gewohnt ist. Es kann sich dann entspannen; Koliken lösen sich so, und das Kind kann sich auf das Saugen konzentrieren.

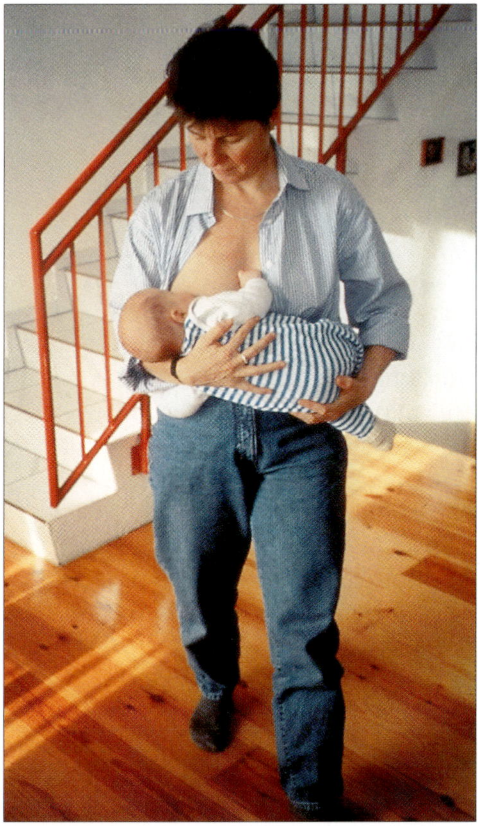

Unruhige Kinder oder Babys mit Koliken trinken oft besser, wenn sie im Stehen gestillt und umhergetragen werden.

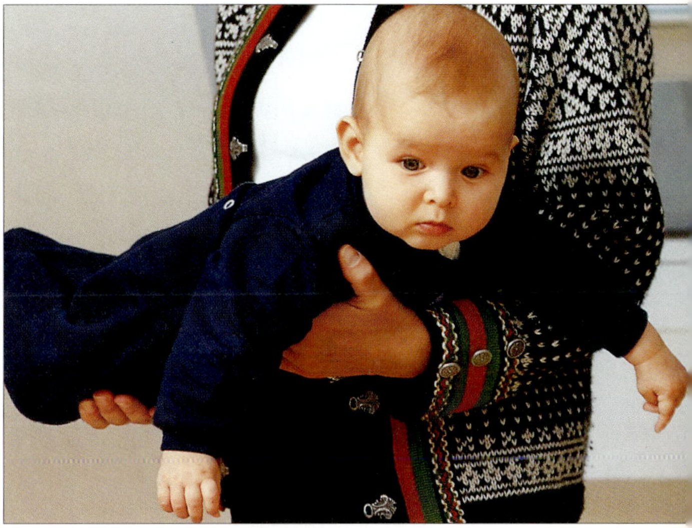

So können Sie das Baby halten, wenn es Koliken hat, um die Krämpfe zu lindern.

RICHTIG SAUGEN WILL GELERNT SEIN

Lange bevor das Baby vor Hunger schreit, zeigt es Ihnen, dass es bereit zum Trinken ist. Sie können beobachten, dass das Baby Krabbelbewegungen macht, die Hand in den Mund schiebt, schmatzt und speichelt. Wenn Sie das Baby nun anlegen, ist es für Sie und das Kind angenehmer. Ein Baby, das vor Hunger schreit und ganz aufgeregt und gierig ist, hat oft Schwierigkeiten, die Brust richtig zu erfassen, die Zunge lässt die Brustwarze oft herausschnalzen, und dann sind Sie beide frustriert.

Drei natürlich vorhandene »Stillreflexe« unterstützen die Bemühungen des Babys: der Suchreflex, der Saugreflex und der Schluckreflex. Es gibt allerdings keinen Reflex dafür, wie das Baby die Brust erfasst.

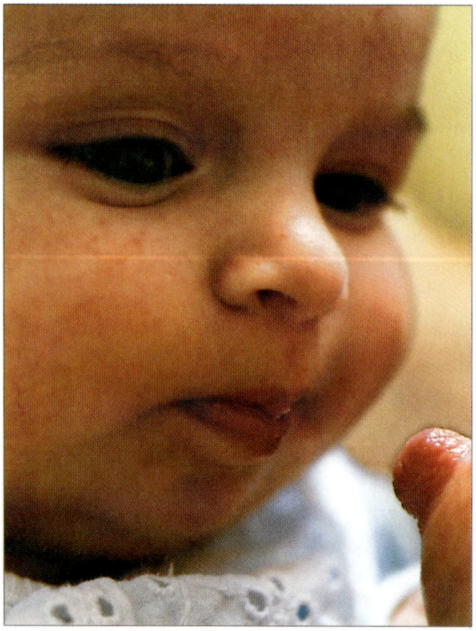

Stimulierte Warze

Das muss es wirklich lernen. Lernen Sie durch das Beobachten Ihres Babys, wann der beste Zeitpunkt für das Anlegen ist. Folgende Grundregeln sollen Ihnen helfen zu erkennen, wann das Baby korrekt saugt.

Achten Sie darauf, dass Sie Schulter und Rücken, beziehungsweise Kopf, Schulter und Rücken gut unterstützen

Wenn Sie den Kopf des Babys in Ihrer Hand halten, denken Sie daran: Die Hand unterstützt nur, sie führt nicht und übt keinen Druck aus!

Berühren Sie mit der Brustwarze den Lippenbereich des Babys

Diese Berührung löst den Suchreflex aus, und das Baby öffnet den Mund weit. Neugeborene machen suchende Mundbewegungen, um die Nahrungsquelle aufzuspüren. Lassen Sie das Baby mit seinen Lippen, seiner Zunge die Brustwarze berühren und belecken.

Das Stillen will gelernt sein – wie alle anderen Fertigkeiten auch.

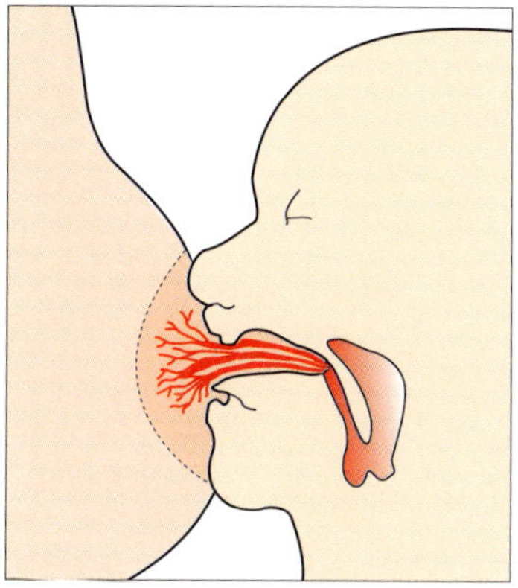

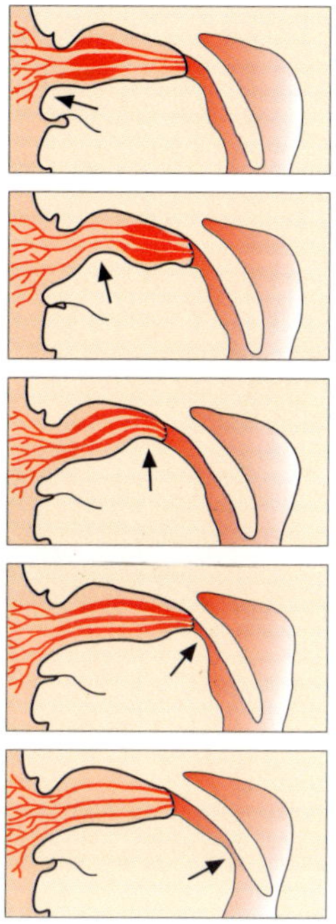

Diese Abbildungen verdeutlichen den gesamten Saugvorgang in einzelnen Schritten, wenn das Baby die Brust korrekt erfasst.

Wenn der Mund weit geöffnet ist, schiebt das Baby die Zunge über die untere Zahnleiste

Nun ziehen Sie das Baby sanft und schnell heran, sodass es Brustwarze und einen Mund voll Brust erfassen kann. Wenn Sie darauf achten, dass die Brustwarze nach oben gerichtet eingesaugt wird, sind Unterlippe und Zunge weit von der Brustwarze entfernt, und das Baby erfasst den Warzenhof und die darunter liegenden Milchseen komplett.

Wenn sich das Baby frustriert von der Brust abwendet und schreit, nehmen Sie es in den Arm und versuchen Sie, es zu beruhigen. Erst danach starten Sie mit einem neuen Versuch.

Anfangs kann es sein, dass Sie mehrmals ansetzen müssen, bis das Baby die Brust wirklich korrekt erfasst hat. In den ersten Tagen öffnet das Baby den Mund oft nur ganz kurz weit genug, und auch Sie brauchen etwas Übung, um in Sekundenschnelle die richtigen Handgriffe zu machen. Das ist ganz normal und gehört zur »Lehrzeit«. Wie für alle Fertigkeiten, die wir im Laufe eines Lebens gelernt haben – tanzen, Schreibmaschine schreiben, lesen –, so brauchen wir auch Zeit, um manche für uns heute so selbstverständlich erscheinende Dinge zu lernen wie stillen, lächeln oder greifen. Manche Babys sind schläfrig oder nur wenig hungrig (wenn sie zum Beispiel im Kinderzimmer der Klinik gerade mit Tee, Glukose oder Milchnahrung gefüttert worden sind). Probieren Sie einfach, das Baby zu stimulieren und, wenn es den Mund öffnet, schnell heranzuziehen.

Die Lage der Zunge können Sie überprüfen, wenn Sie vorsichtig in der Mundecke des Babys die Unterlippe etwas herunterziehen.

Wenn Sie beide frustriert sind und weinen, weil es nicht geklappt hat, kann es hilfreich sein, jemanden in der Nähe zu haben, der das Baby beruhigt. Eventuell kann diese Person Ihnen auch den Rücken massieren, entspannende Musik auflegen – irgendetwas, das Ihnen hilft, wieder zur Ruhe zu kommen. Eine »Lehrzeit« hat nicht nur schöne Stunden, aber trotz allem erreichen Sie Ihr Ziel. Vertrauen Sie darauf, dass Sie beide den richtigen Weg finden werden.

Vergewissern Sie sich, dass das Baby einen Mund voll Brust erfasst – nicht nur die Brustwarze

Wenn Sie darauf achten, dass die Brustwarze auf Höhe der Oberlippe – leicht nach oben gerichtet – eingesaugt wird, erfasst das Baby automatisch mehr vom darunter

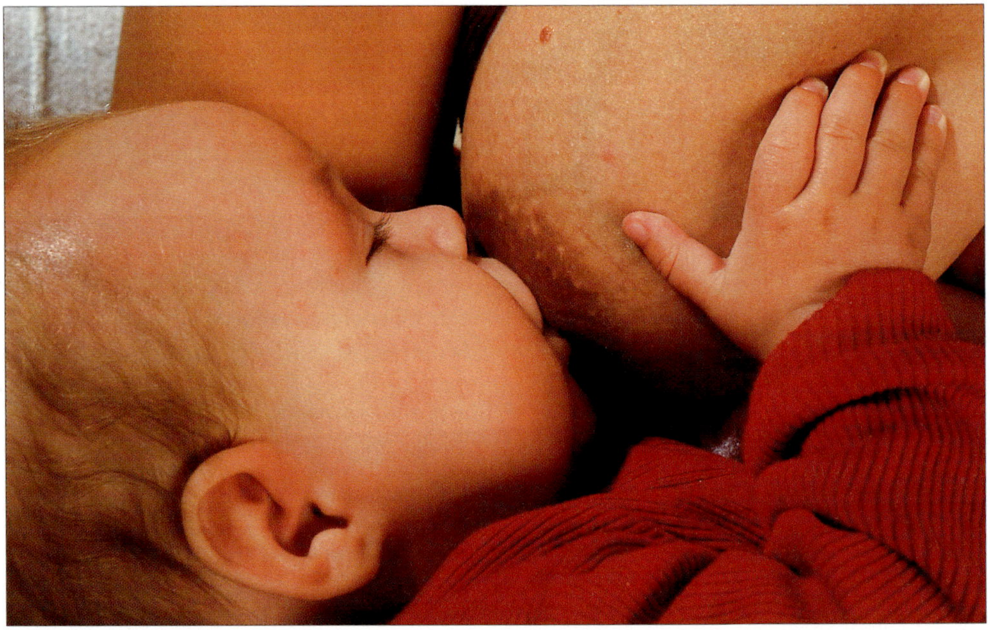

Dieses Baby saugt falsch; es nuckelt lediglich an der Warze. Der Mund ist nicht weit geöffnet und die Lippen sind nicht nach außen gestülpt.

liegenden Warzenhof. Das Kinn berührt die Brust, die Nase ist frei.

Manche Frauen haben kleine Warzenhöfe und alles verschwindet im Mund des Babys. Andere Frauen wiederum haben sehr große Warzenhöfe und es bleibt sehr viel davon sichtbar. Selbst zu beurteilen, ob das Baby mehr von dem unterhalb liegenden Warzenhof erfasst hat oder nicht, ist für Sie schwierig, es sei denn, Sie benutzen einen Spiegel. Einfacher ist es, eine andere Person wirft einen Blick darauf.

Nicht korrektes Saugen frustriert das Baby, da es zu wenig Milch bekommt.

Wenn die Zunge die Unterkieferzahnleiste bedeckt, entsteht hier keine Reibung während des Saugvorgangs. Beim Saugen machen Zunge und Unterkiefer rhythmische Bewegungen in Richtung Brust und die Zunge streicht die Milchseen aus.
Die Zunge verändert während des Saugvorgangs nicht ihre Lage. Sie streift mit wellenförmigen Bewegungen von der Zungenspitze zum Zungengrund gehend die Milchseen aus (das bedeutet atmen, saugen, schlucken, atmen – über sechzigmal pro Minute).

Lippen, Zunge und Zahnleiste dichten den Warzenhof luftdicht ab

So kann der Sog aufgebaut werden, der aus Brustwarze und Brustgewebe einen langen natürlichen Sauger bildet. Die Brustwarze macht etwa ein Drittel dieses gesamten Saugers aus. Wenn die Brustwarze den Übergang zwischen hartem und weichem Gaumen stimuliert, wird der Saugreflex ausgelöst und das Baby beginnt zu saugen.

Wenn die Milch den Mund füllt, löst dies den Schluckreflex aus – die Kehlkopfplatte schiebt sich über die Luftröhre und das Kind schluckt.

Wenn das Stillen schmerzt, lösen Sie den Unterdruck mit Ihrem Finger
Schieben Sie Ihren Finger in den Mundwinkel des Babys und drücken Sie etwas gegen das Brustgewebe. Dann können Sie einen neuen Versuch starten.

Das Baby saugt korrekt – was Sie sehen können:

1. Der Mund ist weit geöffnet.
2. Die Unterlippe ist nach außen gestülpt.
3. Das Kinn berührt die Brust.
4. Die Nase ist nahe der Brust, berührt sie eventuell, ist frei zum Atmen.
5. Von dem unter der Brustwarze liegenden Warzenhof ist mehr im Mund des Kindes als von dem Warzenhof oberhalb.
6. Die Unterkieferbewegungen beim Saugen setzen sich in einer Linie zum Ohr hin fort, sogar das Ohrläppchen bewegt sich mit.
7. Die Wangen sind beim Saugen prall gefüllt (Pustebäckchen).
8. Das Baby saugt anfangs hektisch, dann wird es ruhiger und es trinkt tiefe Schlucke. Manchmal hören Sie es schlucken.
9. Die Mutter empfindet ein zwar fremdes, doch angenehmes Gefühl, wenn das Baby die Brust erfasst und zu saugen beginnt.

Manche Babys ermüden durch die Anstrengung vom nicht korrekten Saugen und hören auf; andere lassen die Brust los, schreien oder wollen nach kurzer Zeit wieder an die Brust.

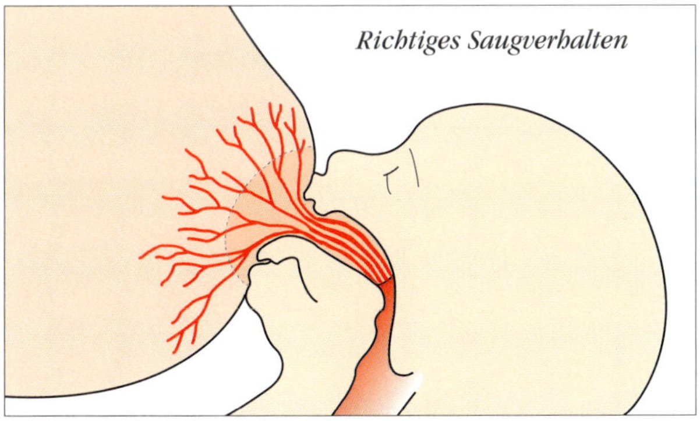

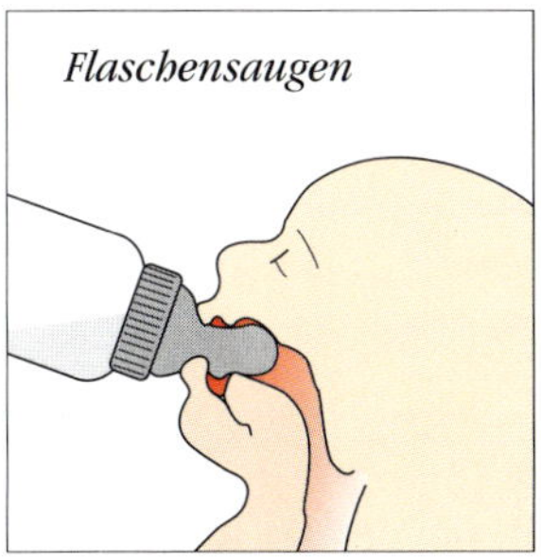

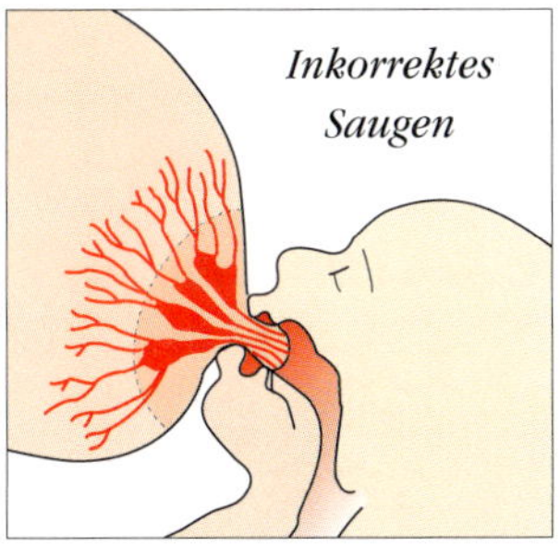

Das Baby saugt nicht korrekt – was Sie sehen können:

1. Der Mund ist nicht weit geöffnet (Fischmündchen).
2. Die Unterlippe ist eingezogen.
3. Das Kinn ist fern der Brust.
4. Die Nase kann frei sein, kann aber auch in der Brust vergraben sein.
5. Es ist kein Warzenhof mit erfasst.
6. Die Sauglinie zum Ohr ist eventuell nicht vorhanden.
7. Die Wangen werden beim Saugen eingezogen.
8. Das Baby verändert sein Saugmuster nicht, es saugt mit kurzen und hektischen Bewegungen.
9. Das unkorrekte Saugen bereitet der Mutter Schmerzen.

STILLEN IN DEN ERSTEN TAGEN

Sobald das Baby es möchte, meist innerhalb der ersten zwei Stunden nach der Entbindung, wird es das erste Mal angelegt. Die meisten Babys benötigen nach der Entbindung eine kleine Verschnaufpause, dann allerdings sind sie wach und wollen trinken. Der Saugreflex ist in dieser Zeit am stärksten ausgeprägt. Das Saugen unterstützt die Entbindung der Plazenta und hilft, die nachgeburtliche Blutung zu stoppen.

Rooming-in

Rooming-in bei Tag und Nacht, dieses ungestörte Zusammensein von Mutter und Baby sollte schon im Kreißsaal beginnen. Das hat viele Vorteile. Sie können das Baby stillen, baden, kuscheln, streicheln, wann immer Sie es möchten oder das Baby signalisiert, dass es das gerne möchte. Es ist nachgewiesen, dass Babys dann weniger schreien und die Mutter-Kind-Beziehung dadurch intensiver wird. Das Stillen nach Bedarf, Tag und Nacht, beugt Stillproblemen vor. Sie werden sich entspannter und glücklicher fühlen, das trägt dazu bei, dass die Milch fließt. Außerdem lernen Sie, das Baby zu verstehen und Berührungsängste vor dem zerbrechlich erscheinenden Wesen abzubauen.

Das Stillen bei Bedarf beugt Stillproblemen vor.

Es werden derzeit verschiedene Formen des Rooming-in angeboten. Vielleicht gibt es ein Kinderbettchen neben Ihrem Bett, oder es ist am Fußende Ihres Bettes aufgestellt. In Estland habe ich ein Bettchen kennen gelernt, bei dem die eine Längsseite zum Bett der Mutter hin offen ist, sodass es wie eine Vergrößerung des Bettes der Mutter aussieht (siehe Seite 124).

Eine weitere Form ist das Bedding-in.
Mutter und Kind sind zusammen in einem Bett. Das ist besonders nach einem Kaiserschnitt für beide hilfreich. Dabei kann man eventuell eine Bettseite an die Wand schieben oder ein Bettgitter anbringen, sodass die Mutter keine Angst haben muss, dass das Baby herausfallen kann.

Anlegen nach Bedarf

Das Baby bestimmt selbst, wann und wie viel es trinken will. Das Milchangebot stellt sich auf den Bedarf des Kindes ein. Das bringt gesundheitliche Vorteile mit sich:

- Schutz vor Neugeboreneninfektion
- Schutz vor Hypoglykämie (Unterzuckerung) und Dehydration (Austrocknung)
- Schutz vor physiologischer Neugeborenengelbsucht
- Es beugt Stillproblemen vor, wie schmerzhaftem Milcheinschuss oder Milchstau.
- Das Baby erhält alles, was es braucht an Nahrung und Flüssigkeit.

Wann schießt die Milch ein?

Das ist von Frau zu Frau unterschiedlich. Im Durchschnitt gibt man den zweiten bis vierten Tag an. Die Milch kann aber nur einschießen, wenn das Baby durch das

Saugen die Milchbildung regelmäßig anregt. Von daher ist das Anlegen nach Bedarf die beste Voraussetzung für eine ausreichende Milchbildung. Wenn bei der Entbindung Medikamente verabreicht wurden, eventuell ein Kaiserschnitt erforderlich war, kann dies die Milchbildung beeinflussen und den Milcheinschuss verzögern.
Manche Frauen bemerken keine Veränderung, andere haben geschwollene Brüste, die sich hart und heiß anfühlen, und die Brustwarzen werden oft so gespannt, dass sie flach werden. Die Beschwerden des Milcheinschusses sind vorübergehend.

Wie oft soll ich das Baby anlegen?
Das richtet sich nach dem Appetit des Babys. Innerhalb der ersten zwei Stunden nach der Entbindung möchte das Baby in der Regel das erste Mal saugen. Danach schlafen viele Babys erst mal, manche über zehn Stunden. Dann kommen sie sechs- bis fünfzehnmal innerhalb von 24 Stunden, bis die Milchbildung sich eingespielt hat. Ist das geschehen, schießt die Milch ein und die Häufigkeit des Saugenwollens reduziert sich oft. Wenn ein Wachstumsschub einsetzt, kann es sein, dass das Baby wieder häufiger an die Brust möchte. Wenn das Baby über einen längeren Zeitraum jede Stunde an die Brust möchte, sollten Sie die Anlege- und Saugposition überprüfen.

Wie lange dauert eine Stillmahlzeit?
Das ist von Mahlzeit zu Mahlzeit unterschiedlich und wird vom Baby bestimmt (so oft und so lange es möchte). Jedes Baby ist eine Persönlichkeit und hat sein eigenes Temperament. So trinken Babys auch unterschiedlich schnell und effektiv. Wenn das Baby richtig angelegt ist und korrekt saugt, werden die Warzen nicht wund und die Mahlzeit muss zeitlich nicht eingeschränkt werden. Wenn das Baby nur Durst (Vordermilch) hat, trinkt es vielleicht nur kurz, wenn es Durst und Hunger (Vordermilch und Hintermilch) hat, trinkt es länger.

Lässt die Milchbildung nach?
Hat sich die Milchbildung erst einmal eingespielt, ist es ganz normal, dass sich die Brust vor dem Stillen nicht mehr so fest anfühlt. Das bedeutet aber nicht, dass Sie zu wenig Milch haben. Wird das Baby nach Bedarf angelegt, saugt es korrekt, nimmt es an Gewicht zu und hat sechs bis acht nasse Windeln am Tag, dann bekommt es auch genug Muttermilch.

Muss ich das Baby wiegen?
Vor und nach der Mahlzeit ist das nicht nötig. Anfangs können Sie das Baby vielleicht einmal am Tag wiegen, nach Möglichkeit jeden Tag zur gleichen Tageszeit, vor dem Stillen und nackt. Später reicht es, wenn Sie das Baby einmal in der Woche wiegen oder sogar nur einmal im Monat.

Woher weiß ich, wie viel das Baby trinken soll?
Es gibt eine einfache Kalkulation der Muttermilchmenge: Sie sollte beim gesunden Neugeborenen mit einem Gewicht über 2 500 g etwa 150 ml pro Kilogramm Körpergewicht betragen. Diese Berechnungsgrundlage gilt für die ersten sechs Monate und bis zu einer Muttermilchmenge von 1 000 ml pro Tag.

Wie viel soll das Baby zunehmen?
In der ersten Lebenswoche können Babys bis zu 10 % ihres Gewichts verlieren.

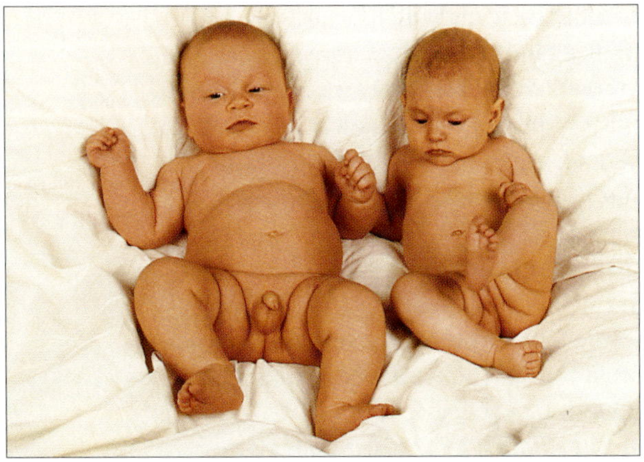

Die Gewichtsentwicklung ist bei Babys oft sehr unterschiedlich. Diese beiden Babys sind zwölf Wochen alt und normalgewichig.

Das Geburtsgewicht wieder erreichen sollen Babys innerhalb der ersten 14 bis 21 Tage.

Pro Woche sollte ein Baby in den ersten vier Monaten ca. 100–125 g (= 500 g pro Monat) zunehmen. Dann kann es sein, dass das Baby etwas weniger zunimmt; bis zum sechsten Monat 80–100 g pro Woche sind normal. Es ist immer wichtig, egal ob Sie ein leichtes oder schweres Baby haben, dass das Gewicht nicht stagniert, sondern weiter ansteigt.

Wachstumsschub

Wenn das Baby mehr Milch benötigt, als zur Verfügung steht, wird es häufiger trinken wollen. Solche so genannten Wachstumsschübe wurden um den zehnten Tag herum und nach sechs und zehn bis zwölf Wochen beobachtet. Das Baby will dann plötzlich wieder häufiger an die Brust. Es kann einige Tage dauern, bis die Milchbildung sich auf den Mehrbedarf einstellt. Gönnen Sie sich Ruhe und legen Sie das Baby nach Bedarf an. Wachstumsschübe verunsichern viele Mütter so sehr, dass sie denken, die Milch reicht nicht, und sie beginnen zuzufüttern. Das ist nicht nötig, sinnvoller wäre es hier, Milch zusätzlich abzupumpen, um damit die Milchbildung anzuregen.

Woran merke ich, dass das Baby genug trinkt?

Das Baby ist nach der Stillmahlzeit zufrieden. Es hat sechs bis acht nasse Windeln am Tag. Wenn es nicht genug trinkt, hat es weniger nasse Windeln, der Urin ist dunkel gefärbt und riecht stark. Die Fontanelle (Knochenlücke in der Schädeldecke) ist eingezogen. Die Haut wird schlaff und faltig. Das Baby nimmt nicht zu.

Und was ist mit Stuhlgang?

Ausschließlich gestillte Babys können mehrmals am Tag Stuhlgang haben oder auch nur einmal in der Woche. Das ist ein Zeichen dafür, dass die Muttermilch optimal verwertet wird. In den ersten Tagen ist der Stuhlgang schwarz gefärbt und wird deshalb als Kindspech bezeichnet. Dieser Stuhlgang hat einen hohen Anteil an Sterkobilin (Bilirubinausscheidungsprodukt) und es ist wichtig, dass dieser Stuhlgang so bald wie möglich ausgeschieden wird. Auch daran erkennen Sie, ob Ihr Baby genug und richtig saugt, denn das Kolostrum enthält abführende Stoffe, die diese Ausscheidung beschleunigen.

Danach ist der Muttermilchstuhl in der Regel dünnflüssig, gelb und riecht säuerlich mild. Ausschließlich gestillte Kinder haben keine Verstopfung. Tritt Verstopfung auf, ist es oft ein Zeichen dafür, dass das Baby zusätzlich Tee oder Saft bekommt oder zu wenig und nicht effizient saugt.

Soll ich eine Brust oder zwei Brüste geben?
In den ersten Tagen wird zur Anregung der Milchbildung bis zum Milcheinschuss oft empfohlen, an beiden Seiten anzulegen. Danach bestimmt das Baby das Ende der Mahlzeit an einer Brust oder ob es noch an die andere möchte. Das Anbieten von einer Brust bei der einen Mahlzeit und der anderen bei der nächsten regelt die Balance bei der Milchbildung. Manche Babys sind mit einer Brustmahlzeit zufrieden, andere möchten an beiden Seiten angelegt werden – beides ist in Ordnung. Das Baby soll aber erst eine Mahlzeit beendet haben, damit es Vordermilch und Hintermilch trinkt, bevor es die andere Seite bekommt.

Das Baby bestimmt das Ende der Stillmahlzeit an einer Brust und ob es noch an die andere möchte.

Warum soll ich nachts stillen?
Wenn Sie das Baby nach Bedarf stillen, wird es auch nachts trinken wollen. Wenn es bei Ihnen ist, werden Sie es hören, denn es signalisiert, wann es angelegt werden möchte. Nach den ersten Nächten wissen Sie, dass Sie es hören, und können beruhigt schlafen. Manche Mütter werden schon wach, bevor das Baby sich meldet, so innig ist das gefühlsmäßige Band.
Der Prolaktinspiegel, der für die Milchbildung wichtig ist, ist nachts am höchsten. Aber auch andere Hormone wirken mit dem Prolaktin zusammen, die für Erholung und Entspannung verantwortlich sind.

Zufüttern von Glukose, Tee oder Milchnahrung
Das Zufüttern ist nicht nötig, denn das Baby erhält von Anfang an, was es braucht, wenn es richtig angelegt wird, die Brust korrekt erfasst und nach Bedarf trinken darf (so oft und so lange es möchte). Nach der Geburt ist das Baby von Natur aus auf Dursttage eingerichtet, denn das erleichtert ihm die Umstellung und Anpassung an die neuen Lebensbedingungen.

Was geschieht, wenn doch zugefüttert wird?
Das Baby ist dann oft zu müde, um an der Brust zu saugen, da es noch satt von der Zufütterung ist. Dadurch erhält es kein Kolostrum oder nur in unzureichender Menge. Dies wiederum bewirkt, dass sich die Ausscheidung des Kindspechs verzögert. Die Folge davon ist die physiologische Neugeborenengelbsucht. Zugefütterte Babys sind auch infektanfälliger.
Manche Kinder können keine zwei Saugtechniken handhaben und reagieren verwirrt, andere entwickeln eine Allergie. Bei Gabe von Muttermilchersatznahrung auf Kuhmilch- oder Sojabasis, auch hypoallergener Nahrung, kann eine Sensibilisierung auf Fremdeiweiß erfolgen. Die Milchbildung wird bei Zufütterung nicht optimal angeregt. Dadurch verzögert sich der Milcheinschuss. Es kommt zu Milchstau und Brustentzündung, wenn das Baby die Brust nicht entleert. Der Stillbeginn ist dann außerdem schwieriger und die Mütter neigen dazu, eher aufzugeben.

Mein Baby ist gelb – muss ich Glukose oder Wasser zufüttern?
Fast jedes zweite Neugeborene entwickelt eine mehr oder weniger ausgeprägte physiologische Neugeborenengelbsucht. Die beste Vorbeugung, um den Stoffwechsel richtig anzukurbeln und den natürlichen

Abbau des für die Gelbsucht verantwortlichen Bilirubins zu beschleunigen, ist das häufige und richtige Saugen des Babys. Kolostrum nimmt eine bedeutende Rolle bei der Vorbeugung der Gelbsucht ein, da es abführende Stoffe enthält. Das Bilirubin wird über den Darm ausgeschieden, deshalb ist es ganz wichtig, dass der Stuhlgang nicht so lange im Darm bleibt. Immer, wenn das Baby Anzeichen von Hunger zeigt, sollte es an die Brust genommen werden und nicht mit Tee- oder Glukosefläschchen gefüttert werden. Bilirubin ist nicht wasserlöslich, das heißt nicht ausscheidbar über den Urin, daher nützt zusätzliche Flüssigkeit nichts. Wenn die Phototherapie zum Einsatz kommt, ist auch ein Ausscheiden über den Urin möglich, wobei eine Flüssigkeitszugabe einer medizinischen Indikation bedarf.

»Speikinder sind Gedeihkinder«, heißt es im Volksmund.

Muss das Baby aufstoßen?
Nicht jedes Baby stößt während oder nach den Mahlzeiten auf. Das kommt auf den Trinktyp an. Hastige und gierige Trinker schlucken oft mehr Luft als ruhige und gemächliche.
Setzen Sie das Baby aufrecht hin, sodass es gerade sitzt, oder legen Sie es über die Schulter und warten Sie, ob es aufstößt. Wenn es zufrieden nach der Mahlzeit einschläft, können Sie es auch seitlich oder auf den Bauch ins Bettchen zurücklegen.

Spucken
Manchen Babys läuft die Milch aus dem Mund, andere spucken im Schwall aus. Man sagt, das Baby spuckt das aus, was es zu viel getrunken hat.

Wenn das Baby »Blut spuckt«
In diesem Fall sollten Sie abklären, ob Ihre Muttermilch Blutbeimengungen enthält. Beim Milcheinschuss ist die Brust so geschwollen und angespannt, dass Blutgefäße platzen können. Aber auch die Warzen können wund sein und bluten. Blut in der Muttermilch ist für das Baby unbedenklich, man sollte aber die Ursache dafür kennen. In den genannten Fällen können auch Blutbeimengungen im Stuhlgang sein.

Erbrechen
Kaum, dass das Baby getrunken hat, schießt die Milch manchmal in einem kräftigen Schwall wieder heraus. Der ganze Mageninhalt entleert sich. Wenn dies häufiger vorkommt, sollten Sie den Kinderarzt zurate ziehen. Kommt es nur einmal oder ganz selten vor, ist es nicht bedenklich.

Wenn es sich verschluckt
Legen Sie das Baby über Ihre Schulter. Klopfen Sie ihm fest auf den Rücken, bis es aufstößt. Oder legen Sie das Baby über Ihre Knie und üben einen leichten Druck auf den Rücken in Richtung Brustkorb aus.

Wie soll ich die Brust pflegen?
Das Abwaschen der Brust mit Wasser genügt. Lassen Sie nach dem Stillen einen Tropfen Muttermilch antrocknen. Weitere Hygienemaßnahmen sind nicht nötig.

Muss ich Diät essen?
Prinzipiell können Sie essen, was Sie möchten. Sie benötigen in der Stillzeit etwa 700 Kalorien mehr (500 Kalorien mobilisiert der Körper aus Fettreserven!). Ausgewogen zusammengesetzte Nahrung bedeutet:

- 30 % Vollkornprodukte (Getreide, Brot)
- 15 % gesäuerte Milchprodukte (Käse)
- 30 % Gemüserohkost
- 20 % gekochtes Gemüse
- 5 % Fette und Öle
- ein- bis zweimal in der Woche Fleisch oder Fisch

Achten Sie beim Einkauf auf schadstoffkontrollierte Nahrungsmittel. Stark blähende Speisen sollten Sie erst vorsichtig ausprobieren. Es gibt Babys, die empfindlich darauf reagieren.

Allergieneigung
Sind bei Ihnen Allergien bekannt, so besteht die Gefahr, dass das Kind auch allergisch reagiert. Allergiegefährdete Kinder können bereits auf wenig Fremdeiweiß (Kuhmilch, Soja, Eier oder Nüsse) reagieren. Schon eine Flasche Säuglingsnahrung in den ersten Tagen kann eine Sensibilisierung hervorrufen. Auch »hypoallergene« Säuglingsmilchnahrung enthält Eiweißkörper und kann Allergien verursachen. Daher sollten Sie damit vorsichtig sein. Manchmal reagieren Kinder auf bestimmte Früchte wie Erdbeeren oder auch auf Kaffee, Nikotin und Schokolade. Wenn das Baby auf ein Nahrungsmittel allergisch reagiert, lassen Sie dieses strikt weg.

Wie viel Liter am Tag soll ich trinken?
Trinken Sie nach Bedarf, aber mindestens pro Mahlzeit ein Glas. Es ist ganz wichtig, dass Sie auf Ihren Körper »hören«. Manche Mütter meinen, dass sich durch viel Trinken die Milchmenge steigern lässt. Das stimmt so nicht. Vermehrtes Saugen des Babys (oder das Abpumpen) steigert die Milchmenge. Wenn Sie sich zwingen, zu viel zu trinken, wird eher der Gegeneffekt ausgelöst, und der Stoffwechsel kommt aus dem Gleichgewicht. Das antidiuretische Hormon, das mit für den Flüssigkeitshaushalt verantwortlich ist, steht in enger Beziehung zum Oxytozin, das heißt, während des Stillens werden Sie durstig. Trinken Sie dann so viel, bis der Durst gelöscht ist, und das reicht. Ein weiterer Faktor darf nicht übersehen werden: Auch Nahrungsmittel enthalten Flüssigkeit.

Eine Diät zur Fettreduzierung sollten Sie auf die Zeit nach dem Stillen verschieben. Die beim Fettabbau freigesetzten Schadstoffe erhält das Kind sonst über die Muttermilch.

Geeignete Getränke:
Kohlensäurearmes Mineralwasser, Tees, zum Beispiel Milchbildungstee (zwei bis drei Tassen innerhalb von 24 Stunden), Mineralwasser mit Fruchtsaft gemischt, Buttermilch, Trinkjoghurt oder Malzkaffee.

Kräutertee
Ein weiterer Aspekt, den es zu beachten gilt, ist die Zusammensetzung von Getränken. Auch Kräutertees können sich auf die Milchbildung auswirken. So weiß man, dass Salbeitee und auch Pfefferminztee die Milchbildung hemmen, Brennnesseltee ausschwemmt und somit auch nicht die Milchbildung fördert. Matetee senkt den mütterlichen Appetit und macht das Baby schläfrig. Spezielle Kräutermischungen, zum Beispiel Milchbildungstee, wirken entspannend und fördern die Milchbildung, solange sie in Maßen getrunken werden. Das bedeutet ein bis zwei Tassen täglich.

Kaffee und koffeinhaltige Getränke
Es wurde beobachtet, dass gestillte Kinder von Müttern, die sechs bis acht Tassen

Kaffee innerhalb von 24 Stunden zu sich nahmen, nicht schliefen, unruhig und überaktiv waren. Auch koffeinschwächere Getränke wie Cola verursachten diese Erscheinungen, denn das Koffein wurde im Körper angesammelt. Es gibt Kinder, die vermehrt auf Koffein reagieren als andere. Untersucht wurde auch die Gabe von koffeinhaltigen Medikamenten (Theophylline, die zum Beispiel bei Asthma der Mutter eingesetzt werden). Auswirkungen auf das Kind wurden nicht nachgewiesen.

Theobromine

Auch der Einfluss von Theobrominen wurde untersucht. Diese sind in hoher Konzentration in Schokolade und Kakao enthalten. Dieser Stoff unterstützt die Anhäufung von Koffein, war allerdings in der Muttermilch, nach Genuss von 1,68 g Schokolade, kaum nachweisbar.

Was ist mit Alkohol?

Gegen ein gelegentliches Glas Alkohol, zum Beispiel bei einer Familienfeier, ist sicherlich nichts einzuwenden. Sie sollten allerdings keine harten alkoholischen Getränke wie Schnaps zu sich nehmen. Ein Glas Bier (max. 0,33 l), ein Glas Wein (max. 0,25 l) oder ein Glas Sekt (max. 0,1 l) können Sie sich schon mal an einem Tag erlauben.
Als Folgen von regelmäßigem täglichem Alkoholkonsum wurde beobachtet, dass die Milchmenge zurückgeht und dass die Babys schläfriger sind, schlechter saugen, zu wenig zunehmen und eine verzögerte motorische Entwicklung aufweisen.

Darf ich Medikamente nehmen?

Jedes Medikament hat einen heilenden Effekt wie auch Nebenwirkungen. Sie sollten sich weder in der Schwangerschaft noch in der Stillzeit medikamentös selbst behandeln. Das gilt für die schulmedizinischen Präparate wie auch für die homöopathischen Mittel. Viele Medikamente gehen auch in die Muttermilch über, daher sollte Ihr Arzt sich informieren, ob das Präparat in der Schwangerschaft und Stillzeit angewendet werden kann oder ob eine Alternative gesucht werden muss (siehe Seite 174).

Wie ist es mit dem Rauchen?

Ein Säugling kann Nikotin sowohl über die Atemluft aufnehmen (passiv) als auch über die Muttermilch, wenn die Mutter raucht (aktiv). Diese beiden Übertragungswege lassen sich bei Untersuchungen nicht genau unterscheiden.
Passivrauchen wie Aktivrauchen gefährdet die Gesundheit des Kindes, und Sie sollten Ihre Zigarettenmenge ziemlich reduzieren, maximal vier Zigaretten täglich, und eine leichtere Zigarettenmarke wählen, wenn Sie nicht ganz auf das Rauchen verzichten können. Nikotin hat eine kurze Halbwertszeit (95 Minuten), es baut sich relativ schnell ab. Wenn Sie rauchen, dann tun Sie das am besten nach dem Stillen, sodass sich das Nikotin bis zur nächsten Stillmahlzeit schon vermindert hat.

Rauchen ist immer schädlich für die Mutter wie für das Baby – ob Sie stillen oder nicht. Vielleicht kann die Stillzeit den Impuls geben, in Zukunft ganz darauf zu verzichten?

Frauen, die mehr als zwanzig Zigaretten täglich rauchen, wird vom Stillen oft abgeraten. Hier gehen die Meinungen auseinander.
Denn das mit der Flasche gefütterte Baby wird dann durch das Passivrauchen gesundheitlich beeinträchtigt.

Das gestillte Kind einer rauchenden Mutter profitiert von den Vorteilen der Muttermilch und erhält Schutz vor Infektionen der Atemwege und des Magen-Darm-Trakts. Nikotin kann beim Säugling zu Unruhe, Durchfall, Erbrechen und schnellem Puls führen und bei der Mutter die Milchproduktion vermindern, da Nikotin im mütterlichen Blut das Milchbildungshormon Prolaktin ebenfalls hemmt.

Wenn Sie auf das Rauchen nicht verzichten können, sollten Sie die Zigarettenmenge drastisch reduzieren und nach dem Stillen rauchen.

Wussten Sie, dass es nikotinhaltige Nahrungsmittel gibt?
Dazu zählen: Blumenkohl, grüne Tomaten und pürierte Auberginen und Tomaten. Zum Beispiel enthalten 10 g Auberginen 1 Mikrogramm Nikotin, das entspricht einem Aufenthalt von drei Stunden in einem leicht verrauchten Raum.

Drogen
Bei Einnahme von Drogen wie Amphetaminen, Heroin, Kokain, Marihuana, Cannabis oder Morphium ist vom Stillen abzuraten.

Was ist mit Sex?
Mit dem Geschlechtsverkehr sollten Sie warten, bis der Wochenfluss abgeklungen ist und der Rückbildungsprozess abgeschlossen ist. Vielleicht haben Sie auch erst mal nur das Bedürfnis zu kuscheln. Versuchen Sie mit Ihrem Partner herauszufinden, was Ihnen beiden gut tut.

Oft sind Sie durch die Belastung rund um die Uhr einfach müde und verspüren gar kein Bedürfnis nach Sex. Vielleicht haben Sie auch einfach Angst, dass es wehtun könnte, Angst vor einer neuen Empfängnis, Angst, dass das Baby Sie stören könnte.

Durch die Hormoneinflüsse wird die Scheide trockener, so kann es beim Verkehr wehtun, da nicht genügend Schmierflüssigkeit gebildet wird. In diesem Fall kann der Partner den Weg durch ausgiebige Stimulation vorbereiten oder Sie können ein Gleitgel verwenden. Seien Sie darauf vorbereitet, dass der Orgasmus den Milchspendereflex auslösen kann. Vielleicht schießt Ihrem Partner dann die Milch entgegen.

Empfängnisverhütung

Es ist von Frau zu Frau verschieden, wann der Eisprung wieder einsetzt. Ausschließliches Stillen kann eine Empfängnis verhindern, aber in der Regel wird in Deutschland empfohlen, etwa ab der sechsten Woche ein zusätzliches Verhütungsmittel zu nehmen.
Ihr Gynäkologe kann Sie bei der Wahl beraten. Sie müssen das für Sie angenehmste Verhütungsmittel finden, sei es Kondom, Diaphragma, Spirale, chemische Mittel oder Pille. Bei der Pille sollten Sie nach Möglichkeit eine gestagenhaltige Minipille nehmen.

Die Lakto-Amenorrhoe-Methode
Stillen kann die Empfängnis verhüten. Eine wissenschaftliche Studie hat diese Methode der Empfängnisverhütung untersucht. Die Voraussetzung dafür ist, dass das Baby sechs Monate ausschließlich gestillt wird (es bekommt keine andere Flüssigkeit oder Nahrung in dieser Zeit) und es nach Bedarf trinkt, so oft und so lange es möchte.

Außerdem darf über 24 Stunden keine längere Nachtpause als maximal sechs Stunden entstehen. Kein Schnuller! Wenn all dies beachtet wird, verhütet diese Methode in den ersten sechs Monaten zu 98 %. Wenn die Menstruation allerdings wieder einsetzt, ist der Empfängnisschutz auf diesem Wege nicht mehr gewährleistet.
(Labbok: Guidelines. Breastfeeding, Family Planning ..., Washington DC, IRH, 1994)

Ich würde so gern ausgehen – aber in der Öffentlichkeit stillen?
Auch dem steht nichts im Wege. Wenn Sie ein paar Stunden ohne Kind fortgehen möchten, sollten Sie etwas Muttermilch abpumpen. Der Vater kann dann dem Baby eine Mahlzeit mit dem Becher geben. Das klappt erfahrungsgemäß ganz gut. Das Gute am Stillen ist, Sie können das Baby ohne großen Aufwand überall mit hinnehmen. Muttermilch ist immer dabei: frisch, richtig temperiert und hygienisch einwandfrei verpackt. Sie müssen keine Flaschen mitschleppen und die Milch kann nicht ausgehen.

Tragen Sie bequeme Kleidungsstücke, am besten zweiteilige. So können Sie sich im Restaurant oder auf der Parkbank hinsetzen, den Pullover diskret nach oben schieben und das Baby anlegen. Das kann so unauffällig vor sich gehen, dass keiner sich dadurch gestört fühlt. Manche Kaufhäuser und Geschäfte haben auch einen extra eingerichteten Still- und Wickelraum. Fragen

Sie an der Kasse danach. Es kann Ihnen natürlich auch passieren, dass Sie angesprochen werden, dann stehen Sie zu Ihrer Entscheidung zum Stillen.
In Toronto wurde eine Mutter aus einem großen Einkaufsmarkt verwiesen, weil sie ihr Kind dort stillte. Sie klagte und die Firma musste eine recht hohe Entschädigung bezahlen. Eine Mutter hat ein Recht darauf, ihr Kind in der Öffentlichkeit zu stillen. Auch ein Theaterbesuch ist möglich, wenn das Baby noch klein ist. Probieren Sie es einfach aus.

Sport in der Stillzeit

Rückbildungsgymnastik

In den ersten Wochen nach der Entbindung sind tägliche Rückbildungsübungen ungemein wichtig. Dies kräftigt die Beckenboden- und Bauchmuskulatur und hilft bei der Rückbildung der Gebärmutter. Falls Sie im letzten Schwangerschaftsdrittel oder nach der Entbindung eine leichte Inkontinenz bemerkt haben, lässt sich dies mit kontinuierlicher Beckenbodengymnastik in den Griff bekommen.

Rückbildungsgymnastik trägt zur Stärkung der Beckenboden- und Bauchmuskulatur und zur Rückbildung der Gebärmutter bei.

Langsam können Sie nun auch Ihre sportlichen Aktivitäten wieder in Angriff nehmen. Es wurde beobachtet, dass der Milchsäuregehalt ansteigt und der Geschmack der Milch sich verändert, wenn die Mutter in der Stillzeit sportlich aktiv ist. Falls Ihr Kind zu den wenigen Babys gehört, die dies nicht mögen, legen Sie es nicht direkt nach der sportlichen Anstrengung an, sondern davor – oder warten Sie eine Weile danach.

Rad fahren

Sobald Sie sich fit genug fühlen, können Sie damit wieder anfangen.

Fitnesstraining

Damit können Sie nach sechs bis acht Wochen wieder beginnen. Fangen Sie mit einem leichten Stretching an und steigern Sie den Anstrengungsgrad dann langsam. Der Kalorienverbrauch beträgt bei einem 45-Minuten-Training ca. 500 Kalorien. Ausreichend trinken ist wichtig.

Jogging

Nach sechs bis acht Wochen können Sie damit starten. Allerdings setzt Jogging eine gut gefestigte Beckenbodenmuskulatur voraus. Durch die einseitige Belastung besteht die Gefahr einer Gebärmuttersenkung.

Tennis, Badminton, Squash

Nach sechs bis acht Wochen kann wieder damit begonnen werden. Allerdings wird der Armbereich dabei einseitig belastet und es kann zu einem Lymph- oder Milchstau kommen.

Schwimmen

Sobald der Wochenfluss abgeklungen und der Muttermund wieder fest verschlossen ist, können Sie wieder schwimmen gehen. Zum Schutz der Brustwarzen ist es ratsam, eine fetthaltige Salbe aufzutragen.

Sauna

Sobald Sie es möchten und sich fit genug fühlen. Dabei kann Milch ausfließen. Drücken Sie mit der Handfläche gegen die Brust, das stoppt den Milchfluss. Wichtig ist, ausreichend zu trinken.

MUTTERMILCH ABPUMPEN UND AUFBEWAHREN

Wie man Milch abpumpt, sollten Sie in den ersten Tagen gezeigt bekommen und auch ausprobieren. Es ist sinnvoll, zwei Methoden zu erlernen: abpumpen mit einem Hilfsmittel und abdrücken mit der eigenen Hand.

Es gibt Situationen, in denen es ganz wichtig ist, Milch abzupumpen

- Das Baby liegt in der Kinderklinik.
- Es treten Stillprobleme auf.
- Sie müssen für ein paar Stunden ohne das Kind fort.
- Sie möchten wieder berufstätig werden.

Muttermilch mit der Hand abdrücken

Der Vorteil dieser Methode ist, dass Sie Ihre Hand immer dabei haben und daher überall und zu jedem Zeitpunkt abpumpen können. Außerdem können Sie den Druck gut korrigieren.

Die Technik ist ganz einfach und bedarf nur einiger Übung. Vielleicht hilft es Ihnen, Ihre ersten Versuche unter der Dusche oder in einem warmen Bad zu machen, da hier die Milch leichter fließt. Versuchen Sie herauszufinden, wie das Abpumpen für Sie am besten klappt. Sie benötigen ein Auffanggefäß mit einem weiten Hals, eine Schüssel ist zum Beispiel gut geeignet. Legen Sie eine Mullwindel oder ein Handtuch darunter.
Alles, was Sie entspannt, hilft, dass die Milch fließen kann. Vielleicht können Sie auch das Baby auf ihren Schoß nehmen, um es Haut auf Haut zu spüren.

Tasten Sie Ihre Brust ab – finden Sie die Milchseen
Ganz wichtig ist es, die acht bis fünfzehn Milchseen zu finden. Daumen und Zeigefinger liegen sich gegenüber und werden

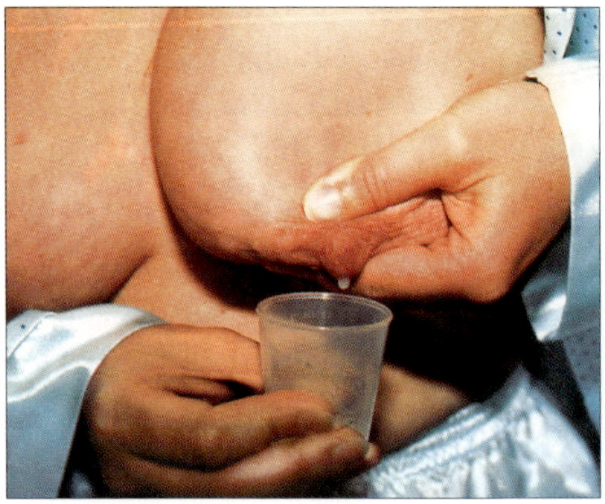

Abdrücken von Hand

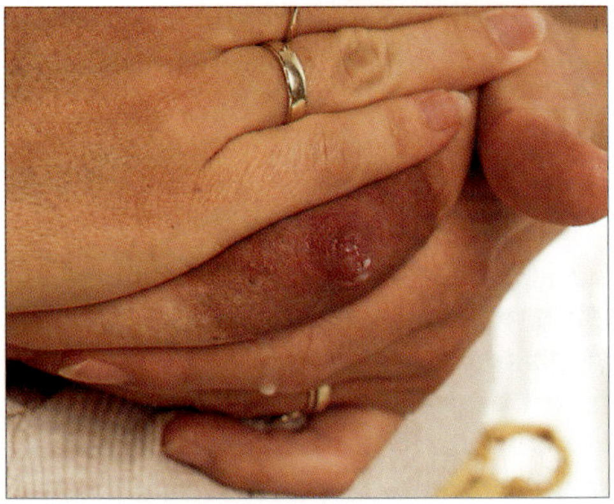

Ausstreichen der Milch von Hand

ca. drei bis vier Zentimeter von der Brustwarze entfernt aufgesetzt, die restlichen Finger stützen die Brust. Der Daumen dient als Fühler, der Zeigefinger stützt. Tasten Sie nun die Brust rundherum ab.

Wenn Sie nicht hinschauen, erhöht dies die Sensibilität und Wahrnehmungsfähigkeit. Milchseen fühlen sich wie kleine Erbsen, Trauben oder verdickte Stränge an. Da Warzenhöfe nicht genormt sind, kann der Warzenhofrand nur als grobe Orientierungshilfe dienen. Sie müssen selbst erfühlen, wo Ihre Milchseen liegen.

Wenn Sie die Milchseen fühlen, setzen Sie den Daumen hinter einem Milchsee an und beginnen abzupumpen

- Ein warmes Handtuch, eine Brustmassage oder Rückenmassage oder das Stimulieren der Brustwarze helfen, den Milchspendereflex auszulösen.
- Waschen Sie Ihre Hände mit Wasser und Seife und tupfen Sie Warzenhof und Brustwarze mit abgekochtem Wasser ab.
- Setzen Sie den Daumen oberhalb eines Milchsees und den Zeigefinger gegenüberliegend an.
- Nun pressen Sie Daumen und Zeigefinger in Richtung Brustkorb und rollen beide nach vorn hin ab. Dadurch erreichen Sie die tiefer liegenden Bereiche und der Milchsee wird ausgemolken.
- Gehen Sie nach dem Rhythmus pressen – loslassen, pressen – loslassen vor.
- Sie sollten die Brust nicht rubbeln oder quetschen. Die Abpumpbewegung ist eine rollende Bewegung. Ganz wichtig ist der gleichzeitige Druck in Richtung Brustkorb.
- Gehen Sie so rund um die Brust

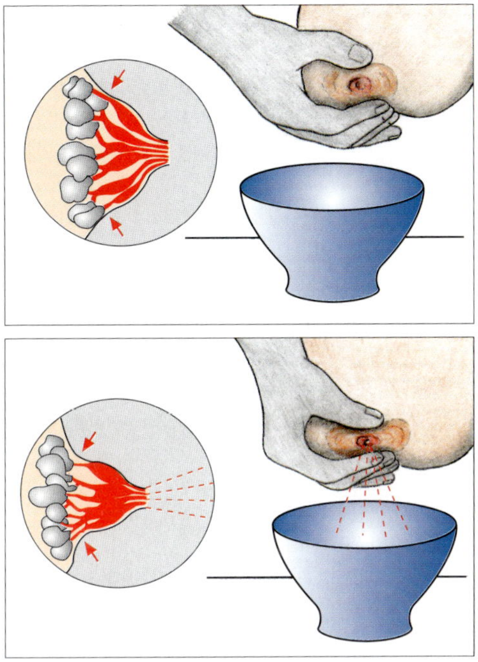

Abdrücken von Hand

- Pumpen Sie drei bis fünf Minuten pro Seite im Wechsel oder beide Brüste gleichzeitig. Insgesamt brauchen Sie 20–30 Minuten Gesamtpumpzeit.
- Vielleicht hilft es auch, wenn Sie zwischendurch die Brust nochmals massieren. Wenn Sie richtig abpumpen, ist es schmerzfrei und nicht unangenehm.

Die Qualität der Muttermilch ist beim Abpumpen von Hand besser als beim elektrischen Abpumpen.

Faszinierend ist, dass die Milchmenge sich beim Abpumpen mit der Hand auf den Bedarf des Babys einstellt. Beim elektrischen Abpumpen steigt die Milchmenge weiter an. Auch wurde ein Unterschied in der Zusammensetzung der Muttermilch beobachtet, die Quantität ist beim Abpumpen von Hand geringer, die Qualität aber besser. Das Mischverhältnis Vordermilch – Hintermilch ist effektiver und der Natriumgehalt konzentrierter. Bei Frühgeborenen wurde beobachtet, dass bei Fütterung mit von Hand abgepumpter Muttermilch keine Anreicherung der Milch erforderlich war und die Kinder besser an Gewicht zunahmen als bei der Fütterung mit elektrisch abgepumpter Muttermilch.

Worauf Sie prinzipiell bei einer Pumpe achten sollten

Handpumpen

Handpumpen sind gut geeignet, um kleinere Mengen Muttermilch abzupumpen, etwa unterwegs oder bei Stillproblemen. Sie brauchen dabei aber viel Geduld und auch hier gilt, Entspannung hilft, dass die Milch fließen kann.

Ballonpumpen

Sie sind die billigsten Pumpen und bestehen aus einem Gefäß aus Glas oder Plastik sowie einem Gummiballon. Der Sog entsteht durch das Zusammendrücken des Ballons. Meist haben die Ballonpumpen keinen extra Ausguss, das heißt die Milch muss über den Ansaugtrichter ausgegossen werden. Die Milch kann aber auch in den Ballon spritzen.

Da der Ballon nicht ausgekocht oder sterilisiert werden kann, kommt es oft zu Keimbesiedelungen der Muttermilch, und eine hygienisch einwandfreie Milchgewinnung ist nicht möglich. Außerdem fangen Ballonpumpen oft nur wenig Muttermilch auf, das Abpumpen ist mühselig. Sie sind daher nicht zu empfehlen! Neuere Modelle haben ein getrenntes System mit Flasche.

Hubkolbenpumpen (Zylinderpumpen)

Auch diese Pumpen sind kostengünstig. Sie sind aus Glas oder Plastik und sehr lang. Der Druck wird durch das Auseinanderziehen zweier eng ineinander passender Zylinder erzeugt. Die Handhabung dieser Pumpen ist schwierig, oft sind die Zylinder

Ballonpumpe ohne Flasche und Kolbenpumpe

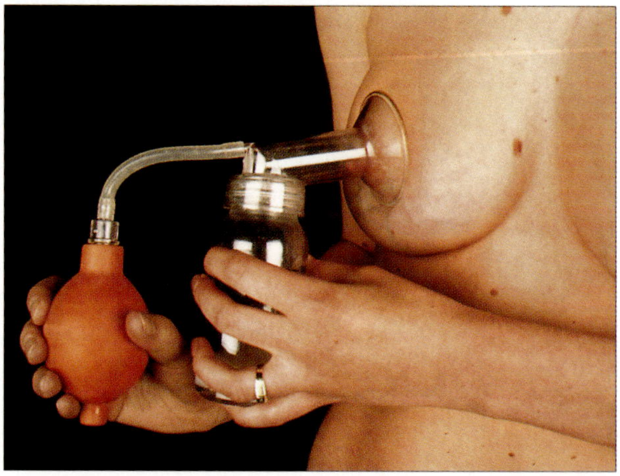

Ballonpumpe mit Flasche (neueres Modell)

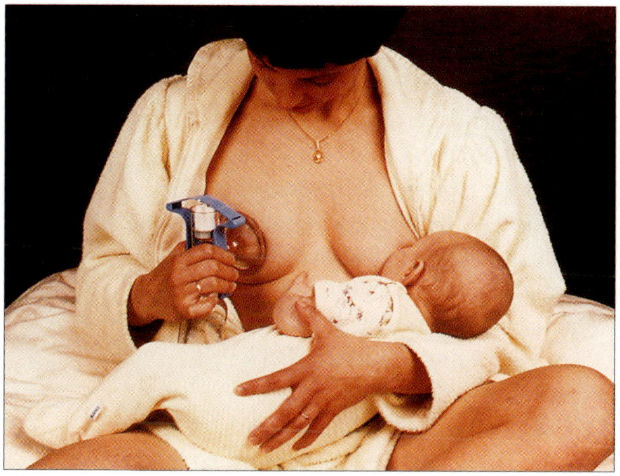

Einhandpumpe

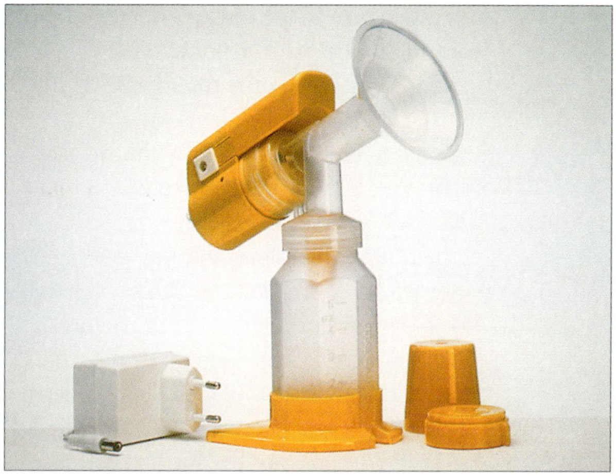

Minielektrik mit Netzanschluss

ineinander wackelig und sie sind nicht standfest. Sie sind nicht zu empfehlen!

Kolbenpumpen
Diese Pumpen sind etwas teurer, aber der Kauf lohnt sich. Sie sind aus Kunststoff und der Druck entsteht durch das Herausziehen des Kolbens. Gute Kolbenpumpen zeichnen sich durch folgende Merkmale aus:

- Sie haben einen großen Ansaugtrichter mit Einsatz zum Verkleinern.
- Die Milch fließt in einen Extrabehälter und muss nicht über den Ansaugtrichter gegossen werden.
- Sie sind bruchsicher und standfest.
- Die einzelnen Teile sind auskochbar und sterilisierbar.
- Abpumpteil und Kolben sind voneinander getrennt, sodass die Milch nicht in den Kolbenbereich fließen kann.
- Der Auffangbehälter fasst mindestens 150 ml.
- Sie haben ein Rückschlagventil.
- Die Saugstärke ist verstellbar (nur bei der Medela Kolbenpumpe).

Minielektrik
Diese Pumpe entspricht einer Kolbenpumpe und wird mit Batterie betrieben. Es gibt welche mit Intervallschaltung, die auch eine gute Saugleistung haben. Auch ein Netzanschluss ist möglich.

Elektrisch abpumpen

Wenn Sie viel Milch über einen längeren Zeitraum gewinnen müssen, werden Sie vielleicht eine elektrische Pumpe bevorzugen. Der Vorteil dieser Methode ist eine schnellere Milchgewinnung. Außerdem übernimmt die Krankenkasse die Mietkosten für eine elektrische Pumpe. Sie können diese in der Apotheke, im Sanitätshandel oder auch in einer Stillgruppe ausleihen.

Sie brauchen eine gute elektrische Pumpe, bei der sich die Saugstärke regulieren lässt, da sonst das Brustgewebe verletzt werden kann. Lesen Sie die Gebrauchsanleitung auf alle Fälle genau durch.

Worauf beim Kauf einer elektrischen Pumpe prinzipiell zu achten ist:

- Die Pumpstärke sollte regulierbar sein, gut ist eine Intervallschaltung.
- Sie sollte eine Absaughaube mit Einsatz zum Verkleinern haben. Optimal ist ein Flexischild aus Silikon.
  – Je kleiner die Absaughaube, desto größer ist der Druck auf die Warzenspitze.
  – Je breiter und tiefer die Auflagefläche der Haube ist, desto größer ist die Anregung des Warzenhofes und des Milchspendereflexes.
  – Je länger und breiter der Schaft der Haube ist, desto besser können Brustwarze und Warzenhof gedehnt werden und die Milchseen können sich entfalten.
- Teile, die mit Muttermilch in Berührung kommen, sollen auskochbar oder sterilisierbar sein.

Wenn das Baby von Ihnen getrennt ist

Liegt das Baby in der Kinderklinik, ist peinlichste Sauberkeit und Hygiene beim Abpumpen notwendig, da bei erhöhter Keimzahl die Muttermilch sonst wegschüttet werden muss. Damit die Milch fließen kann, hilft es sicherlich, wenn Sie die Brust vorher massieren.

- Waschen Sie Ihre Hände mit Seife.
- Tupfen Sie Warzenhof und Brustwarze mit abgekochtem Wasser ab.
- Drücken Sie etwas Milch ab, da in den ersten Milchstrahlen die Keimzahl oft etwas höher ist. (Bei gesunden, größeren Neugeborenen ist dies nicht mehr erforderlich.)
- Setzen Sie dann die Absaughaube an.
- Pumpen Sie abwechselnd etwa fünf Minuten pro Seite. Das so genannte Doppelabpumpset hilft Ihnen, an beiden Brüsten gleichzeitig abzupumpen und so das Milchangebot zu erhöhen. Manche Mütter pumpen auch mit ihrer Hand gleichzeitig an beiden Brüsten ab. Insgesamt sollten Sie mindestens zwanzig Minuten pumpen. Wie beim Stillen ist es wichtig, bei jedem Abpumpen ein Glas Flüssigkeit zu trinken.
- Pumpen Sie so oft ab, wie das Kind normalerweise gestillt werden würde (sechs- bis achtmal innerhalb von 24 Stunden), auch einmal nachts.
- Beginnen Sie mit dem Abpumpen so bald wie möglich nach der Entbindung.
- Verwenden Sie bei jedem Abpumpen eine neue sterilisierte Flasche und schütten Sie keine Portionen zusammen.
- Jede Milchflasche muss mit Namen, Datum und Uhrzeit versehen werden.
- Stellen Sie die abgepumpte Milch in den Kühlschrank. Tür- und Gemüsefach sind nicht geeignet. Die Milch sollte bei ca. 4 °C gekühlt werden.
- Wenn Sie die Muttermilch in die Klinik bringen, verwenden Sie eine Kühltasche, damit die Kühlkette nicht unterbrochen wird.
- Reinigen Sie die Teile der Pumpe, die mit der Milch in Berührung gekommen sind, nach Gebrauch erst mit kaltem Wasser und danach mit heißem Wasser und Geschirrspülmittel. Anschließend müssen alle Teile mindestens zehn Minuten ausgekocht und in einem gebügelten Tuch zum Auskühlen eingeschlagen werden. Der Pumpschlauch sollte sterilisiert werden. Es empfiehlt sich die Anschaffung eines Dampfsterilisiergerätes. Chemische Sterilisierbäder werden nicht mehr empfohlen.

Wie lässt sich Muttermilch aufbewahren?

Pro Mahlzeit verwenden Sie ein frisches, geschlossenes, steriles Gefäß. Wenn Muttermilch gleich nach dem Abpumpen gefüttert werden soll, sollten Sie ein Gefäß aus Pyrex oder Polypropylen verwenden.
Glas hat den Nachteil, dass lebende Zellen daran hängen bleiben. Milch, die mit dem Speichel des Babys in Kontakt gekommen ist, sollte nicht aufbewahrt werden.

Laut Wellstart International, San Diego, kann Muttermilch wie folgt aufbewahrt werden:

Bei Raumtemperatur

Bei Raumtemperatur kann Kolostrum zwölf bis 24 Stunden, reife Muttermilch sechs bis acht Stunden aufbewahrt werden. In Deutschland empfehlen wir für den Klinikgebrauch als Aufbewahrungszeit für reife Muttermilch allerdings nur ein bis zwei Stunden.

Gekühlt

Im Kühlschrank kann reife Muttermilch bei einer Temperatur von 4 °C bis zu fünf Tage aufbewahrt werden. Allerdings sollte sie nicht ins Gemüsefach oder ins Türfach gestellt werden, da die Temperatur hier niedriger ist. Stellen Sie abgepumpte Muttermilch sofort in den Kühlschrank. In Deutschland empfehlen wir eine Aufbewahrungszeit im Kühlschrank von 24–48 Stunden, insbesondere bei Milchgewinnung für kranke oder frühgeborene Babys.

Das Erwärmen von Muttermilch in der Mikrowelle ist nicht empfehlenswert.

Tiefgekühlt

Im Dreisternegefrierfach des Kühlschrankes kann die Muttermilch bis zu zwei Wochen aufgehoben werden, im Tiefkühlschrank beträgt die Zeit bei Muttermilch für Frühgeborene bis zu drei Monate, bei Muttermilch für Reifgeborene bis zu sechs Monate.
Auf eine Portion gefrorene Milch kann frische, abgekühlte geschüttet werden. Im Tiefkühlschrank sollte die Einfriertemperatur bei - 18 °C liegen. Ab - 18 °C werden die Enzyme deaktiviert. Ist die Temperatur höher, kann das Milchfett trotz des Einfriervorgangs gespalten werden. Das hat zur Folge, dass die Milch einen seifigen Geschmack bekommt oder ranzig wird.

Auftauen und Erwärmen von Muttermilch

Es ist ganz wichtig, dass Muttermilch schonend aufgetaut wird. Auftauen bei Raumtemperatur oder im Kühlschrank sind zwei Möglichkeiten. Bei Raumtemperatur aufgetaute Milch sollten Sie innerhalb von vier Stunden verbrauchen. Wenn es mit dem Auftauen schneller gehen soll, können Sie die Muttermilch auch im Wasserbad auftauen. Erwärmen Sie die Milch im Wasserbad auf 37 °C. Wenn Sie die Milch direkt im Kochtopf erhitzen, gerinnt sie.

Die Erwärmung in der Mikrowelle ist nicht empfehlenswert, da die Mikrowellen die Bestandteile der Milch verändern und diese so an Nährwert verliert. Außerdem wärmt sich die Milch ungleichmäßig auf, innen wird sie heiß und außen bleibt sie kalt.

ALTERNATIVE FÜTTERMETHODEN

Weil die Verwendung eines künstlichen Saugers, Schnullers oder Stillhütchens manche Babys so verwirrt, dass sie nicht mehr richtig an der Brust saugen können, werden alternative Füttermethoden empfohlen, wenn eine Zufütterung erforderlich ist.

Eine interessante Untersuchung von einem englischen Krankenhaus:
Bei dieser Studie wurden die Stillraten des Monats Juli in drei aufeinander folgenden Jahren, 1992, 1993 und 1994, miteinander verglichen. Der einzige Unterschied in der Fütterungspraxis war die Einführung des Becherfütterns anstelle der Verwendung von Flaschen, wenn eine Zufütterung erforderlich war. Ergebnis: Bei der Entlassung stillten doppelt so viele Mütter (1992: 23 %; 1993: 19 %; 1994: 46 %)! 1994 wurde keine Mutter entlassen, die stillte und zusätzlich mit der Flasche fütterte. In den Jahren zuvor war der Prozentsatz relativ hoch, und viele Mütter stellten schon in der Klinik komplett auf Flasche um.

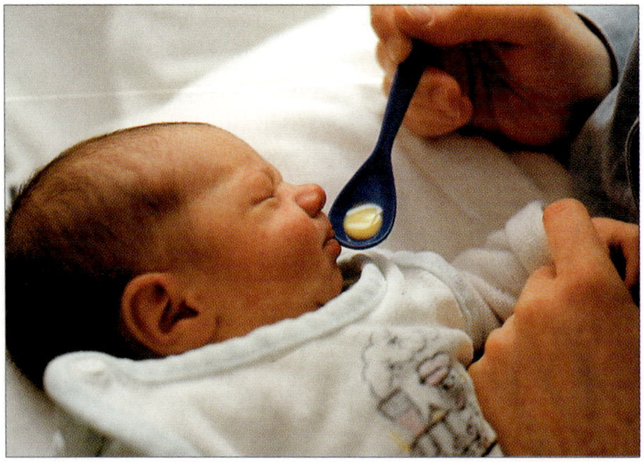

Füttern mit dem Löffel ist eine Alternative zur Flaschenfütterung.

Statt mit einer Flasche kann auch gefüttert werden mit:
- der Pipette (in den Mund träufeln)
- einer Spritze (in den Mund träufeln)
- dem Löffel
- dem Becher
- dem so genannten »Fingerfeeder«
- dem Brusternährungsset
- der Magensonde (Methode zeigen lassen)

In manchen Kliniken in Deutschland wird die eine oder andere Methode schon praktiziert. Wenn in Ihrer Region keiner Hilfe leisten kann, sollten Sie sich an eine der Stillorganisationen wenden oder an den Hebammenverband. Weltweit werden das Becherfüttern und das Füttern mit dem Becher und einem kleinen Schlauch daran angewendet.

Es ist nicht schwer, das Baby mit einer alternativen Methode zu ernähren. Sie sollten es sich zeigen lassen.

Das Becherfüttern

In früheren Zeiten wurden Babys schon immer auf diese Art und Weise zugefüttert. Es gibt sogar Berichte über die Verabreichung der Nahrung mit der hohlen Hand. In vielen Kulturen wird Becherfütterung generell eingesetzt.

Grundsätzlich soll das Kind die Flüssigkeit selbst aufnehmen, sie wird ihm nicht in den

Mund geschüttet, denn sonst besteht die Gefahr, dass es sich verschluckt und Milch in die Lunge gerät. Allerdings weiß man, dass Muttermilch in der Lunge einfach resorbiert wird und keine Abwehrreaktionen des Körpers, also keine Entzündungen auslöst.

Man hat festgestellt, dass Frühgeborene und kranke Kinder schon viel eher aus einem Becher trinken können als an der Brust und aus der Flasche. So kann die Entwöhnung von der Magensonde zu einem früheren Zeitpunkt erfolgen. (Es sollten mindestens drei Mahlzeiten per Becher gegeben worden sein, bevor sie gezogen wird.)

Wann kann mit dem Becher zugefüttert werden?

Becherfütterung ist immer eine Überbrückungsmaßnahme, die auf das Stillen hinführen soll!
Als alleinige Ernährungsmethode über Monate hinweg ist sie nicht geeignet. Bei Frühgeborenen, etwa ab der 30. Schwangerschaftswoche, funktioniert die Koordination Zungenbewegung, Schlucken und Atmen schon recht gut und die Becherfütterung kann neben der Magensondenernährung eingeführt werden.

In folgenden Fällen eignet sich die Becherfütterung ganz besonders gut:
- bei kranken Neugeborenen, die saugschwach und schläfrig sind oder Probleme mit der Koordination von Saugen, Schlucken und Atmen haben
- bei herzkranken Kindern
- bei Kindern mit neurologischen Störungen

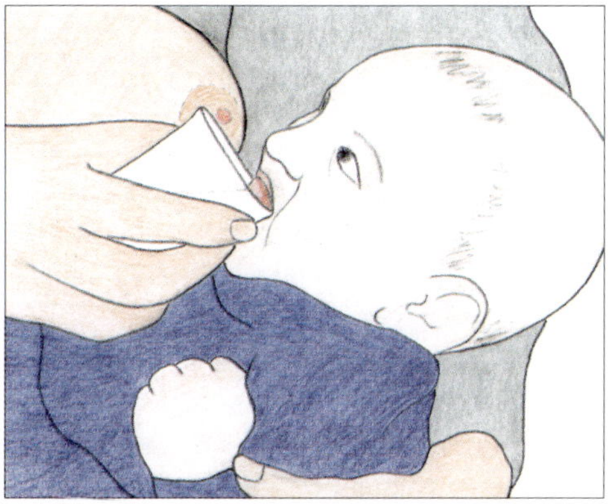

Ein großer Vorteil des Becherfütterns ist die einfache Handhabung.

- bei untergewichtigen Babys
- um eine Mahlzeit zu überbrücken
- nach einem Kaiserschnitt, bei einem Stillstreik, bei spätem Stillbeginn
- bei behinderten Kindern, zum Beispiel mit Lippen-Kiefer-Gaumenspalte oder Downsyndrom

Vorteile der Becherfütterung
- Der Aufbau der Mutter-Kind-Beziehung wird unterstützt, denn das Kind kann nicht mit dem Becher allein in die Ecke gelegt werden.
- Das Kind kann Tempo und Menge selbst bestimmen.
- Ein früheres Entwöhnen von der Magensonde wird möglich.
- Später treten weniger Essstörungen auf.
- Die Atmung lässt sich leichter kontrollieren.
- Beim Trinken aus dem Becher ist weniger Energie erforderlich, dadurch bleibt der Herzkreislauf auch bei dreißig Wochen alten Kindern konstant.
- Zunge und Kieferbewegungen werden stimuliert. Das Kind lernt, den Mund weit

zu öffnen, die Zunge weit herauszuschieben, was für korrektes Saugen wichtig ist.

- Die Verdauung der Muttermilch beginnt im Mund, zum Beispiel die Fettverdauung (Bauchspeicheldrüsenfermente sind erst im späten Säuglingsalter ausreichend vorhanden), dadurch wird Verdauungsstörungen vorgebeugt.
- Schutzfaktoren gegen Bakterien, Viren und Pilze werden gebildet.
- Erste sinnliche Stimulation des Babys erfolgt über Lippen und Geruchssinn, die Zungenaktivität setzt ein. Der Geruch der Muttermilch wirkt stimulierend und beruhigend auf ein Baby. Die Babys werden wacher, aufmerksamer und aktiver. Wechselnder Gesichtsausdruck wurde beobachtet: Blinzeln, Lächeln, Stirnrunzeln und Zunge herausstrecken.

So gehen Sie vor:

- Wickeln Sie das Baby in ein Tuch, sodass es den Becher nicht mit seinen Händen umstoßen kann.
- Legen Sie ein Tuch oder Lätzchen unter das Kinn, damit auslaufende Muttermilch aufgefangen werden kann.
- Setzen Sie das Baby in einer aufrechten Haltung hin, neigen Sie es etwas nach vorne.
- Der Becher wird halb mit Muttermilch gefüllt.
- Der Becher wird nun so auf der Unterlippe aufgesetzt, dass er die Mundwinkel berührt. Sie sollten keinen Druck auf die Unterlippe ausüben.
- Neigen Sie den Becher, bis die Flüssigkeit die Lippen erreicht.
- Das Baby wird aktiv und öffnet den Mund weit, schiebt die Zunge heraus und beginnt zu lecken oder zu schlürfen. Reifgeborene Kinder sabbern etwas, weil sie die Milch in Schlückchen nehmen. Frühgeborene Babys lecken die Milch heraus wie Kätzchen.

Ganz wichtig:

- Keine Milch in den Mund schütten! Den Becher so halten, dass das Baby die Milch selbst herausnehmen kann.
- Halten Sie den Becher in dieser korrekten Haltung während der ganzen Mahlzeit, auch während der Trinkpausen, damit das Baby selbst bestimmen kann, wie viel es trinken möchte.
- Wenn das Baby satt ist, hört es auf zu trinken, oft schläft es ein.

Es kann sein, dass das Kind nicht immer die gleiche Menge trinkt, je nach Appetit ist es das eine Mal mehr, das nächste Mal weniger. Wenn der Becher weggenommen wird, bevor das Baby satt ist, kann man das daran erkennen, dass es die Zunge herausstreckt und ein aktives Suchen beginnt.

Zuerst anlegen?

- Wenn das Baby in der Lage ist, an der Brust zu saugen, sollten Sie es erst anlegen und dann den Becher geben. Auch Babys, die leicht ermüden, sollten zuerst angelegt werden.
- Wenn das Baby sehr unruhig ist, an der Brust kämpft, sehr gierig ist und leicht frustrierbar, kann es helfen, den Becher erst zu geben, um den ersten Hunger zu stillen, und es dann anzulegen.

Die Reinigung des Bechers ist ganz unkompliziert

Spülen Sie den Becher erst mit kaltem Wasser aus und waschen Sie ihn dann mit heißem Wasser und Spülmittel. Bei Babys, die in der Kinderklinik liegen, sollte der Becher zehn Minuten lang ausgekocht oder sterilisiert werden.

Füttern mit dem Brusternährungsset

Das Brusternährungsset sollte vor allem verwendet werden, wenn die Milchbildung gesteigert werden soll.

Das Prinzip ist einfach:

- Benötigt wird ein Becher und eine feine Magensonde.
- Am Schlauchende, das zum Mund des Babys führen soll, wird, falls nicht vorhanden, seitlich ein Loch hineingeschnitten.
- Den Becher mit abgepumpter Muttermilch halb füllen.
- Das Schlauchende, das in den Mund des Babys gehen soll, wird seitlich an der Brust festgeklebt, sodass die Spitze etwa 2 cm übersteht, da das Baby Brustwarze und Brustgewebe dehnt.
- Das andere Ende wird in den Becher mit der Muttermilch gesteckt.
- Wenn Sie keine feine Magensonde haben, können Sie den Durchmesser durch einen Knoten oder eine Büroklammer verändern, damit die Milch nicht zu schnell fließt.
- Kontrollieren Sie den Milchfluss, sodass das Baby etwa dreißig Minuten pro Mahlzeit saugt. Wenn der Becher höher gehalten wird, fließt die Milch schneller, wird er tiefer gehalten, fließt die Milch langsamer, und das Baby saugt erst die Milch aus der Brust und dann die Milch aus dem Becher.

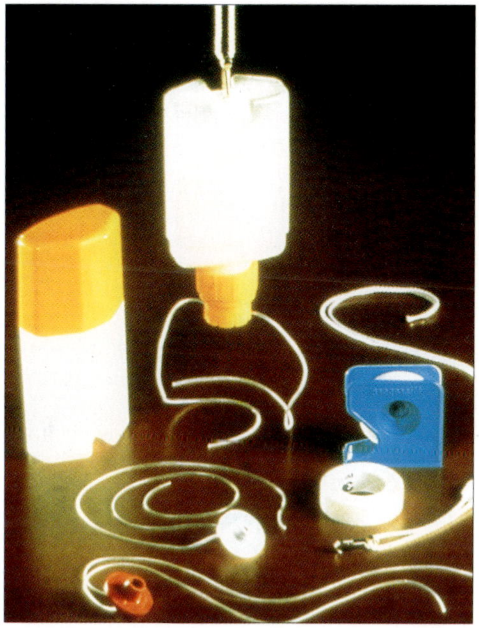

Das Brusternährungsset

- Alle Teile sind nach Gebrauch zu reinigen und zu sterilisieren.

Nach dem gleichen Prinzip funktioniert ein gekauftes Brusternährungsset. Wenn Sie das Kind über einen längeren Zeitraum damit ernähren müssen, empfiehlt sich diese Anschaffung. Das gekaufte Set besteht aus einem Beutel zum Umhängen mit höhenverstellbarer Kordel, einem Ring mit zwei feinen Schläuchen, zwei Set Ersatzschläuchen, Halteplättchen, Haltering, Schutzkappe und hautfreundlichem Klebeband. Sie können sich natürlich nach dem gleichen Prinzip ein eigenes Modell bauen.

So handhaben Sie das Brusternährungsset:

- Hängen Sie sich den zum Stillen gefüllten Beutel um. Die Trinktemperatur der

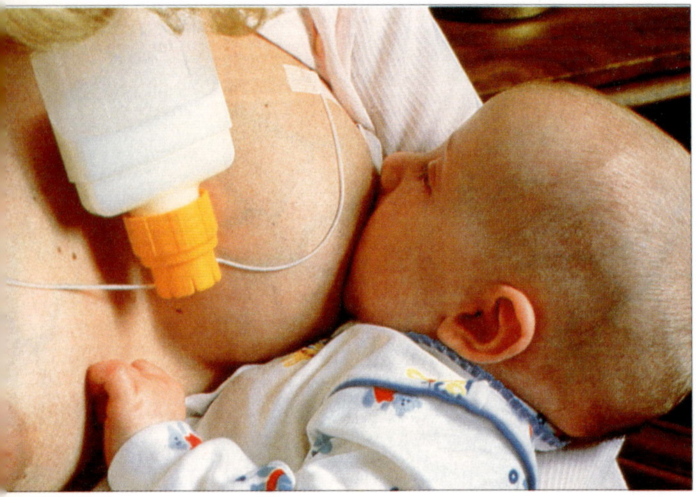

Vorteil des Brusternährungssets ist die Stimulation der Brust durch das Saugen.

Muttermilch wird durch die Körpertemperatur der Mutter gehalten.

- Befestigen Sie je einen der Schläuche am Brustwarzenhof mit einem Pflaster, sodass das Schlauchende über die Mundwinkel eingesogen werden kann. Das Pflaster soll weit genug vom Warzenhof entfernt sein, sodass es nicht mit dem Mund des Babys in Kontakt kommt.
- Das Schlauchende soll ca. zwei Zentimeter überstehen, damit es bei der Dehnung der Brust weit genug hineinreicht.
- Je nach Höhe des Beutels fließt die Milch schneller oder langsamer.
- Zuerst saugt das Baby die Milch aus der Brust, dann holt es sich, was es noch braucht, aus dem Beutel.

Reinigung

Alle Teile mit klarem kaltem Wasser ausspülen, dann mit heißem Wasser und Spülmittel nachspülen. Wenn Sie den Beutel mit Wasser füllen und dann etwas Druck ausüben, lassen sich die hauchdünnen Schläuche ganz gut reinigen. Auch mit einer Spritze können Sie die Schläuche durchspülen. Zum Schluss sollten Sie immer Luft durchspritzen.

Fingerfüttern

Durch das Füttern mit dem Finger lassen sich der Saugreflex stimulieren und die Zungenbewegungen kontrollieren. Es besteht daher die Möglichkeit, dem Baby korrektes Saugverhalten beizubringen genauso wie unkorrektes, wenn das Fingerfüttern falsch gehandhabt wird. Manche Babys werden auch durch den Fingerfeeder saugverwirrt. Ein Nachteil ist, dass das Baby die Milchmenge nicht selbst bestimmen kann. Es bekommt pro Vorgang ein bis zwei Milliliter Milch in den Mund gespritzt, in Verbindung mit dem Saugen am Finger. Auch das Fingerfüttern ist eine Methode, die in einigen Krankenhäusern schon angewendet wird und leicht erlernt werden kann. Wichtig ist, dass Sie eine fachgerechte Anleitung erhalten. Auch hier gilt,
es soll nicht einfach eine größere Menge in den Mund gespritzt werden, da das Baby sich sonst verschluckt.

Vorbereitung:

- Hände mit Seife waschen; manche Kliniken empfehlen die Verwendung eines Fingerlings
- Fingernägel kurz schneiden und säubern
- Spritze vorbereiten

Gut geeignet ist eine 20-ml-Spritze, die bis zur oberen Markierung mit Muttermilch luftleer aufgezogen wird. Wenn Luft in die Spritze gerät, halten Sie diese nach oben, weg vom Kind, klopfen Sie dagegen. Die Luftblase rutscht nach oben, und Sie können sie herausdrücken. Eventuell ist es hilfreich, wenn Sie mehrere vorbereitete Spritzen in einen Behälter mit warmem Wasser stellen.

Wie gehen Sie vor?

- Nehmen Sie das Kind auf Ihren Schoß oder setzen Sie es aufrecht in eine Babywippe. Wenn Sie im Bett sitzen, können Sie das Baby auch auf Ihre angewinkelten Beine vor sich hinsetzen.
- Streichen Sie mit Ihrem Finger über die Wangen und den Mund des Kindes, das löst den Suchreflex aus. Das Baby öffnet den Mund weit, die Zunge wird über die untere Zahnleiste geschoben.
- Nun streichen Sie mit dem Finger außen über Unterkieferzahnleiste und Oberkieferzahnleiste, drehen den Finger mit der Fingerkuppe nach oben und führen ihn langsam über den Mundwinkel bis zum Übergang zwischen hartem und weichem Gaumen. Schieben Sie nun den Spritzenaufsatz entlang des Fingers langsam ein.
- Stimulieren Sie mit der Fingerkuppe leicht die Saugzone. Wenn das Baby zu saugen beginnt, können Sie die Zungenbewegung fühlen.
- Nun ein bis zwei Milliliter Milch in den Mund geben. Das Baby schluckt, atmet, und Sie können den Vorgang wiederholen, bis die ganze Mahlzeit verabreicht ist.

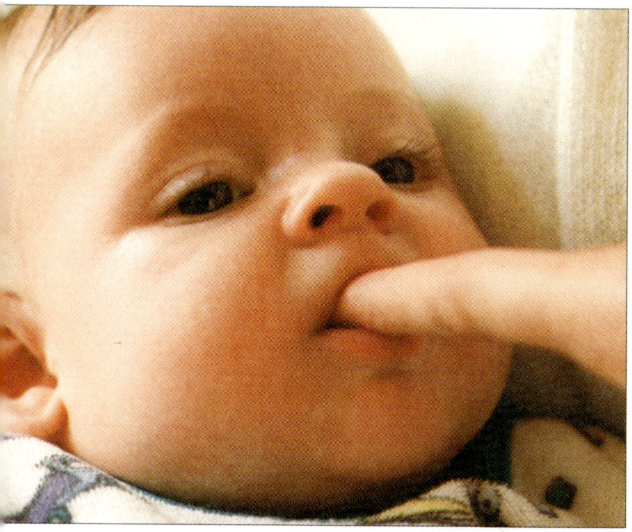

In Verbindung mit dem Saugen am Finger wird dann der Fingerfeeder eingeführt.

Wenn das Baby versucht, die Milch aus der Spritze herauszuziehen wie aus einem Strohhalm und Sie keine wellenförmige Zungenbewegung fühlen, brechen Sie den Vorgang ab, da das Baby sich sonst eine falsche Saugtechnik angewöhnt. Es muss mit der Zunge an Ihrem Finger »melken«, um Milch zu bekommen. Nur so lernt es, richtig zu saugen.

Auch der Fingerfeeder (Silikonaufsatz) kann mithilfe eines Infusionsschlauches oder einer Magensonde nachgebildet werden.

Wenn der Kolben in der Spritze klemmt, nicht mit Druck Milch in den Mund spritzen. Brechen Sie auch dann den Vorgang ab.

STILLHILFSMITTEL UND DEREN ALTERNATIVEN

Da der Markt in diesem Bereich in den letzten Jahren sehr umfangreich geworden ist, hier eine Übersicht über die gängigsten Hilfsmittel und Alternativen dazu. Stillhilfsmittel sollten keine Modeerscheinung sein. In der Regel sind sie nicht notwendig.

Brustschilder
Brustschilder sollen die Brustwarzen zum Hervortreten bringen – in der Schwangerschaft und in der Stillzeit. Manche Frauen fühlen sich unterstützt. Studien stellen die Vorbereitung in der Schwangerschaft und den Nutzen in der Stillzeit infrage.
Nicht notwendig

Milchauffangschale
Die Milchauffangschale soll auslaufende Milch zwischen und während der Mahlzeiten auffangen. Während des Stillens kann die auslaufende Milch auch mit einem anderen Gefäß aufgefangen werden. Ein sanfter Druck gegen die Brustwarze stoppt den Milchfluss. Zwischen den Mahlzeiten kann die Milch mit Stilleinlagen aufgefangen werden.
Nicht notwendig

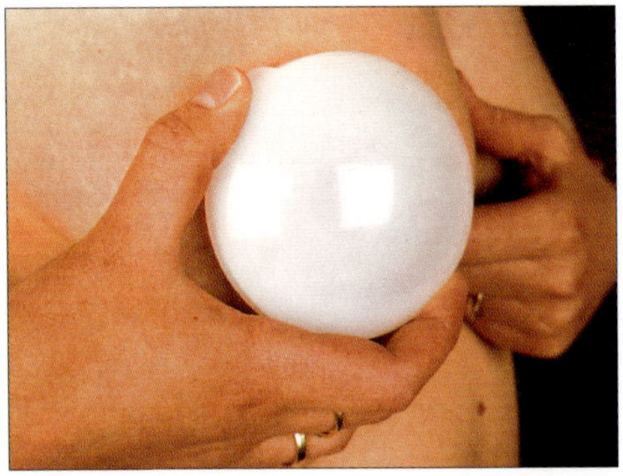

Brustschild

Brustwarzenschutz
Der Brustwarzenschutz soll Luft an die Warze lassen, sie trocken halten. Ein Teesieb kann dies übernehmen. Oder lassen Sie Ihre Brust ab und zu unbekleidet, damit Sonne und Luft daran kommen können.
Nicht notwendig

Softcup (Flasche mit Silikonlöffel)
Der Softcup soll sich zur alternativen Ernährung, zum Beispiel bei Frühgeborenen eignen. Becher, Tasse oder Medikamentenbecher sind genauso gut geeignet.
Nicht notwendig

Habermannfeeder
Der Habermannfeeder eignet sich gut bei einer Lippen-Kiefer-Gaumenspalte, da sich der Milchfluss über ein Ventil regulieren lässt. Ein Becher ist auch möglich.
Nach Indikation notwendig

Becher
Füttern mit dem Becher eignet sich für die alternative Ernährung.
Bequem

Fingerfeeder
Der Fingerfeeder ist ein Silikonaufsatz für die alternative Ernährung. Kann nachgebildet werden mit Magensonde, Venenkatheter. Becherfütterung ist besser.
Nach Indikation notwendig

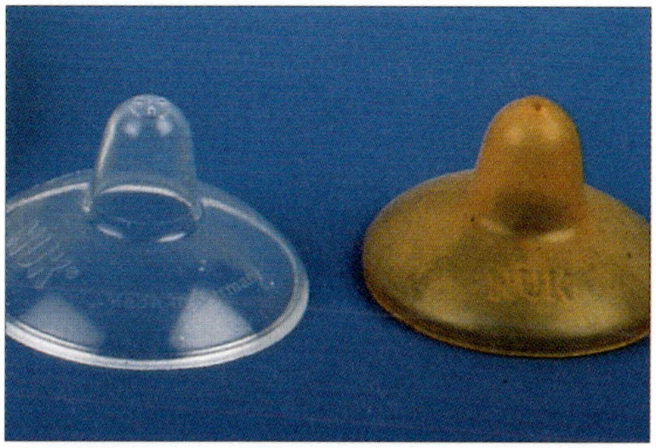

Stillhütchen sind nur für Notfälle zu empfehlen.

Brusternährungsset
Das Brusternährungsset eignet sich für die alternative Ernährung bei Gedeihstörungen, zu wenig Milch oder Relaktation. Nachbildbar mit Becher und Magensonde.
Hilfreich

Handmilchpumpe
Handmilchpumpen zur Milchgewinnung eignen sich zum Abpumpen mit der Hand.
Je nachdem notwendig

Elektrische Milchpumpe
Elektrische Milchpumpen eignen sich für die Milchgewinnung über einen längeren Zeitraum hinweg.
Bei Bedarf notwendig

Stillhütchen

In den vergangenen Jahren ist das Stillhütchen zum Allheilmittel bei wunden Warzen und im Frühgeborenenbereich geworden. Allerdings wissen wir nun auch mehr über die Nachteile des Stillhütchens Bescheid: Das Stillhütchen bringt einen anderen Saugreiz mit sich und erfordert ein anderes Saugverhalten. Geschmack und Geruch sind anders als bei der Brust ohne Stillhütchen. Wenn sich ein Baby an das Hütchen gewöhnt hat, lehnt es die Brust ab, und es kommt zu Problemen beim Anlegen. Kinder lassen sich schlecht von Stillhütchen entwöhnen.

Die künstliche Haut zwischen der Brust und dem Mund des Babys vermindert die Stimulation, dadurch geht die Milchmenge zurück. Beim Glashütchen beträgt der Rückgang etwa 60 %, beim Latexhütchen um 40 % und beim Silikonhütchen um 30 %. Die Folge davon ist oft, dass das Kind schlecht zunimmt.
Eine ungenügende Entleerung der Brust führt oft zum Milchstau und zu einer unzureichenden Prolaktinausschüttung, was dann wiederum die Milchmenge reduziert.

Stillhütchen sind ein optimales Milieu für Pilze und Bakterien. Sie müssen nach jeder Benutzung gereinigt und sterilisiert werden. Außerdem wird die Kolonisation der mütterlichen Keime beim Kind verhindert, was Einfluss auf den Aufbau des Immunsystems nimmt. Das Kind ist infektanfälliger.

Kinder, die an Stillhütchen saugen, verschlucken oft mehr Luft oder trinken vermehrt Vordermilch und neigen dadurch zu mehr Koliken.

Wie entwöhne ich das Kind vom Stillhütchen?
Das Beste ist: Sie verwenden kein Stillhütchen! Beim Latexhütchen kann die Spitze mehr und mehr abgeschnitten werden. Darüber hinaus können Sie Folgendes tun:
- das Kind mit Hütchen anlegen und dann schnell in einer Pause das Hütchen wegziehen

- das Hütchen ausstopfen, sodass keine Milch mehr durchfließt und dann das Kind ohne Hütchen an die Brust legen
- das Hütchen mit Muttermilch einreiben – gleicher Duft wie die Brust – und dann versuchen, es wegzulassen und das Kind an die Brust legen
- abpumpen und Becherfütterung, langsames Gewöhnen an die Brust
- Brustwarze stimulieren, bis sie sich aufrichtet, dann mit dem Daumen oberhalb einen leichten Druck ausüben, so bleibt die Brustwarze aufgerichtet. Nun das Baby ansetzen, die Brustwarze erreicht so leichter den Saugreflexpunkt. Das Kind erfährt eine ähnliche Stimulation wie mit dem Stillhütchen. Wenn das Baby die Brust gut erfasst hat, kann der Daumen den Druck weglassen.

Ein weiteres Hilfsmittel in der Schwangerschaft ist die Niplette

Die Niplette besteht aus einem Plastikfingerhut – dem Brustwarzenhut –, der mit einem dünnen Schlauch verbunden ist. An dessen unterem Ende befindet sich ein Ventil, das den Sog aufrechterhält. Wenn die Niplette aufgesetzt ist, wird mit der Spritze so viel Luft abgezogen, dass ein Sog entsteht, der die Brustwarze hervorholt. Der Druck lässt sich regulieren, es soll angenehm für Sie sein. Die Spritze wird dann entfernt. Die Niplette passt genau in den BH. Es wird empfohlen, die Niplette einige Wochen lang Tag und Nacht zu tragen, sodass die Brustwarzen sich an ihre neue Stellung gewöhnen. Dies sollte zwischen dem vierten bis siebten Schwangerschaftsmonat geschehen, danach können vorzeitige Wehen ausgelöst werden. Sobald Milch fließt ist die Niplette nicht mehr anwendbar, da sich kein Sog mehr aufbaut!

Die Niplette soll Hohlwarzen zum Hervortreten bringen.

»Mein erstes Kind konnte ich nicht stillen. Als das Pflegepersonal auf der Wochenstation meine Hohlwarzen sah, rieten sie mir vom Stillen ab. Ich war sehr enttäuscht und fühlte mich als Mutter völlig unfähig. Bei meinem zweiten Kind habe ich dann mehr Leute zurate gezogen. Eine Stillberaterin und eine Hebamme erklärten mir, wie das Baby saugt, dass es nämlich nicht ausschließlich an der Brustwarze saugt, sondern Brustwarze und einen Mund voll Brustgewebe einsaugt. Die Brustwarze macht dabei nur ein Drittel aus. Sie versprachen mir, in den ersten Tagen mit dem Anlegen behilflich zu sein. Ich pumpte regelmäßig Milch ab und gab diese meinem Baby mit dem Becher. Aber

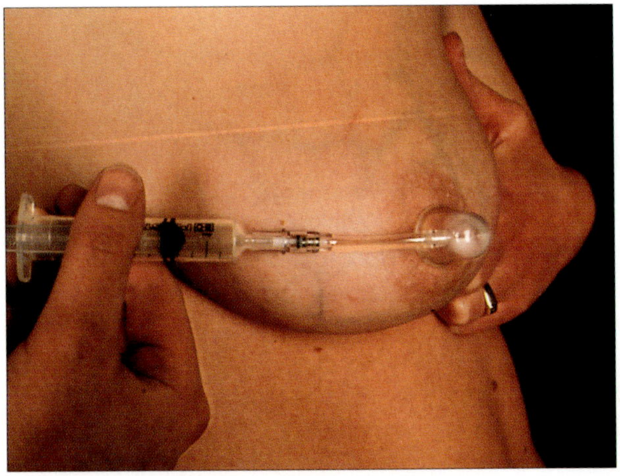

Die Niplette kann bei ausgeprägten Hohlwarzen hilfreich sein. Sie sollte einige Wochen lang Tag und Nacht getragen werden. Nur in der Schwangerschaft anwenden!

nach zwei Wochen war es in der Lage, die Brust richtig zu erfassen – und ich konnte voll stillen. Allerdings bevorzugte es ausschließlich die rechte Seite. Fazit: Nun habe ich eine Hohlwarze links und eine normale Warze rechts. Beim nächsten Baby werde ich weniger Probleme haben und versuchen, auch links zu stillen.«

»Nachdem ich beim ersten Kind das Stillen ziemlich gleich am Anfang aufgegeben habe, weil ich einfach zu wenig Milch hatte und das Baby nicht richtig an der Warze saugen konnte, da diese nach innen eingezogen war, versuchte ich es beim zweiten Kind erneut. Ausschlaggebend waren für mich Erfahrungsberichte von Frauen, die es trotz Hohlwarzen geschafft hatten, ihr Baby zu stillen. Ich entschloss mich im fünften Monat dazu, die Niplette auszuprobieren. Mein Mann brachte mir großes Verständnis entgegen, denn dass Muttermilch das Beste für unser Kind ist, davon waren wir beide überzeugt. So trug ich die Niplette bis auf wenige Ausnahmen sechs Wochen rund um die Uhr, an beiden Seiten je eine. Der Erfolg war überwältigend – die Brustwarzen gewöhnten sich an ihre neue hervorstehende Form. Nun wuchsen mein Selbstvertrauen und meine Überzeugung, dass es diesmal mit dem Stillen klappen würde. Und wirklich – von der ersten Stillmahlzeit an, noch im Kreißsaal, klappte das Stillen. Ich war überglücklich und stolz.«

»Ich wusste in der Schwangerschaft nichts von meinen Hohlwarzen. Für mich war ganz klar, dass ich mein Kind stillen möchte. Die ersten Stillversuche waren nicht besonders erfolgreich, doch mithilfe des Teams auf der Wochenstation schafften wir es nach einigen Tagen, meiner kleinen Tochter beizubringen, wie sie Brustwarze und einen Mund voll Brust erfassen kann. Ich pumpte regelmäßig Milch ab, erstens um die Milchbildung optimal anzuregen, zweitens weil dadurch auch die Brustwarze besser hervortrat. Ich lernte, anzupumpen und dann recht schnell das Baby anzulegen. Zu jeder Stillmahlzeit hatte ich seitens des Pflegepersonals Unterstützung. Das war richtig toll, denn ich erhielt nicht 150 verschiedene Meinungen, sondern jeder auf der Station folgte den gleichen Prinzipien.«

VERSCHIEDENE MASSAGEMÖGLICHKEITEN

Es gibt verschiedene Möglichkeiten, die Brust zu massieren. Ziel ist immer eine Lockerung des Brustgewebes und das Fließen der Milch. Unterstützen können Sie eine Brustmassage auch durch Abduschen mit warmem Wasser oder durch einen warmen Umschlag. Wichtig ist: Die Massage soll angenehm sein und keine Schmerzen auslösen.

Brustmassage mit der Faust
Diese Massage ist ausgesprochen praktisch, da sie zu jeder Zeit relativ unauffällig durchführbar ist. Sie kann direkt auf der Haut oder auf der Kleidung durchgeführt werden. Bilden Sie eine Faust. Setzen Sie den Daumen längs der Brust auf und rollen Sie die Faust seitlich ab. Wieder aufsetzen und abrollen, rund um die Brust. Das hilft besonders gut, wenn sie spannt.

Brustmassage mit einem Dauerwellenkamm
Auch diese Massage hat sich sehr bewährt und kann über der Kleidung durchgeführt werden. Sie hilft, den Milchspendereflex auszulösen. Setzen Sie den Dauerwellenkamm außen an der Brust an und streichen Sie vorsichtig in Richtung Brustwarze. Fahren Sie so rund um die Brust fort.

Brustmassage mit der Handfläche
Diese Massage kann Ihnen helfen, wenn die Brust stark angeschwollen und gestaut ist. Eine Wärmeanwendung zuvor ist hier besonders hilfreich. Setzen Sie die Handkante am äußeren Rand der Brust quer auf und rollen Sie die Handfläche mit sanftem Druck in Richtung Brustwarze ab. Der Druck soll kurz bestehen bleiben. Nehmen Sie die Hand hoch, setzen Sie sie an der angrenzenden Fläche an und rollen die Handfläche wieder zur Brustwarze hin ab.

Brustmassage-Schaufelrad
Diese Massage hilft bei Milcheinschuss und Schwellung der Brust. Ähnlich wie bei der Brustmassage mit der Faust wird hier die Handkante mit dem Daumen schräg aufgesetzt und die Handfläche abgerollt. Dies wird rund um die Brust durchgeführt.

Punktmassage der Brust
Auch hier hilft es, die Brust vorher gut zu durchwärmen. Eventuell empfinden Sie es als angenehm, ein Öl zu verwenden. Beginnen Sie außen an der Brust. Setzen Sie zwei Finger an einem Punkt auf und beschreiben Sie mit etwas Druck Kreise. Finger abnehmen, an der Stelle daneben ansetzen, Kreise beschreiben. Massieren Sie so spiralförmig um die Brust herum, bis zur Brustwarze. Bearbeiten Sie nacheinander beide Brüste, dann beugen Sie sich vor und schütteln Sie sie aus. Diese Massage hilft, einen gestauten Milchgang zu lösen.

Punktmassage der Brustwarze
Diese Massage fördert bei wunden Brustwarzen die Durchblutung und beschleunigt

damit den Heilungsprozess. Ein Tropfen Muttermilch oder Öl wird als Gleitmittel auf die Brustwarze aufgetragen, dann wird ein Finger am Warzenhofrand aufgesetzt und die Stelle mit kreisenden Bewegungen massiert. Finger abnehmen, neu ansetzen, kreisen.

Brustwarzenstimulation
Zeigefinger und Daumen liegen sich gegenüber und drehen und ziehen an der Brustwarze. Sie richtet sich in der Regel auf. Eine Stimulation ist aber auch möglich, wenn Sie mit der Handfläche über die Brustwarze reiben oder einen Kältereiz einsetzen.

Flach- und Schlupfwarzen
Flach- und Schlupfwarzen lassen sich aufrichten. Setzen Sie zwei Finger gegenüberliegend am Warzenhofrand an und ziehen Sie diesen auseinander, die Warze richtet sich auf. Wenn Sie mit Ihrer Hand auf den unteren Warzenhofbereich einen leichten Druck ausüben, bringen Sie damit die Brustwarze auch zum Hervortreten.

Rückenmassage
Die Rückenmassage dient der Unterstützung des Milchspendereflexes. Auch hier gibt es verschiedene Techniken. Wir wissen, dass im Rückenbereich Nervengeflechte verlaufen, die den Oxytozinreflex unterstützen. Auch eine Wärmeanwendung am Rücken unterstützt den Milchfluss. Setzen Sie sich mit entkleidetem Oberkörper auf einen Stuhl vor einen Tisch. Legen Sie sich ein Handtuch auf den Schoß, um auslaufende Milch aufzufangen. Beugen Sie sich vor und legen Sie Ihren Kopf auf die Ellbogen. Entspannen Sie sich. Ihr Partner oder eine Helferin beginnt mit der Massage.

Punktmassage des Rückens
Diese Massage wird mit den Daumen durchgeführt. Bilden Sie Fäuste und setzen Sie die Daumen rechts und links der Wirbelsäule im Lendenwirbelbereich fest auf. Führen Sie nun feste kreisende Bewegungen aus. Dann die Daumen abnehmen und neu ansetzen. Massieren Sie so nach oben bis zu den Schulterblättern und dem Nacken. Dann streichen Sie mit den Handflächen seitlich in Richtung Brust aus.
Sie können mit der Punktmassage auch von oben anfangen, vom Nacken beginnend, über die Schulterblätter der Wirbelsäule entlang. Diese Rückenmassage sollte drei bis fünf Minuten dauern.

Rückenmassage mit Handknöcheln
Auch diese Massage wird als angenehm empfunden. Sie kann auf der Kleidung durchgeführt werden. Bei der Durchführung auf der Haut sollten Sie ein Öl als Gleitmittel verwenden, um Zerrung und Rötung der Haut zu vermeiden.
Bilden Sie mit Ihren Händen Fäuste und setzen Sie diese entgegengesetzt rechts und links neben der Wirbelsäule auf. Nun fahren Sie mit entgegengesetzten Bewegungen der Knöchel Ihrer Fäuste die Wirbelsäule mehrmals rauf und runter.

Rückenmassage und Zupfen
Auch hier sitzen Sie nach vorn gebeugt an einem Tisch, die Arme sind angewinkelt, und der Kopf ruht darauf. Die Helferin macht eine Faust und massiert kreisförmig den ersten Halswirbel. Dann arbeitet sie über Oberarme bis hin zur Hand mit zupfenden Bewegungen weiter. Dadurch lockern sich Schulter-, Nacken- und Armbereich.

ABSTILLEN
UND BEIKOST EINFÜHREN

Abstillen bedeutet, dass das Kind von der Brust entwöhnt wird und stattdessen andere Nahrung erhält. Je später das Abstillen einsetzt, desto besser kann das Kind mit der Beikost umgehen.

Plötzliches Abstillen

Sollte ein plötzliches Abstillen notwendig sein (Tod des Kindes, Brustverweigerung, Krankheit der Mutter), ist es wichtig, die Milchmenge zu reduzieren und darauf zu achten, dass kein Milchstau entsteht. Die Milch wird sich zurückbilden, aber nicht sofort. Folgende Maßnahmen helfen:

- Das Hochbinden der Brust mit einem Tuch unterdrückt die Milchbildung.
- Trinken Sie weniger; max. 500 ml täglich.
- Trinken Sie ein bis zwei Tassen Salbeitee innerhalb von 24 Stunden.
- Muttermilch nicht abpumpen. Wenn die Brust spannt und schmerzt, warm abduschen, damit die Milch abfließen kann, oder vorsichtig ausstreichen.
- Kühlen Sie die Brust mit Quark- oder Eiswickel.

Diese Maßnahmen helfen Ihnen abzustillen. Es gibt auch Medikamente, die das Abstillen unterstützen. Gebräuchlich ist in Deutschland das Präparat Pravidel (Bromocriptin). Es hat allerdings viele Nebenwirkungen und wurde in Amerika vom Markt genommen. Das homöopathische Präparat Phytolacca ist eher zu empfehlen.

Allmähliches Abstillen

Wenn Sie beschließen abzustillen, sollten Sie allmählich die Brustmahlzeiten durch andere Nahrung ersetzen. Wenn das Abstillen langsam vor sich geht, stellt sich die Milchbildung auf den Bedarf des Kindes ein und wird dementsprechend weniger.
In der Regel brauchen Sie dann nichts weiter tun, Medikamente sind nicht erforderlich. Die unter »Plötzliches Abstillen« beschriebenen Maßnahmen können Ihnen auch hier helfen, eventuell auftauchende Probleme zu lösen. Wenn nun vermehrt Milchstaus auftreten, kann dies in Zusammenhang mit Ihrer Ernährung stehen. Vermeiden Sie Milchfett und nehmen Sie vierzehn Tage lang täglich einen Esslöffel flüssiges Lecithin.

Kariesbakterien verabscheuen die Laktose. Karies entsteht durch Beikost. Putzen Sie dem Kind jetzt regelmäßig die Zähne.

Frühes Abstillen

Manche Mütter beginnen schon nach einigen Wochen, ihr Baby auf andere Nahrung umzustellen. Falls Sie ein Stillproblem haben oder das Gefühl, die Milch reicht nicht, aber gerne weiterstillen möchten, ist es ratsam, Kontakt zu einer Stillgruppe aufzunehmen. Wenn Sie sich dazu entschließen, vor dem fünften Monat abzustillen, sollten Sie nochmals auf eine Säuglingsanfangsnahrung umstellen.

Spätes Abstillen

Ab dem vollendeten sechsten Lebensmonat ist das Baby in der Lage, vom Löffel zu essen. Es kann Muttermilch trinken und zusätzlich feste Nahrung zu sich nehmen.
Der Übergang von der Muttermilch zum

ersten Brei ist eine sensible Phase. Achten Sie darauf, wann das Kind dazu bereit ist, und zwingen Sie es nicht. Die Umstellung muss nicht zu einem bestimmten Zeitpunkt geschehen. Manche Kinder mögen um den sechsten Monat herum feste Nahrung, andere erst später. Lassen Sie das Kind an den Familienmahlzeiten teilhaben, es wird so ganz von selbst Interesse daran bekunden, das eine oder andere Nahrungsmittel auszuprobieren.

Ein Milchbrei kann auch mit abgepumpter Muttermilch zubereitet werden. So können Sie Muttermilchvorräte aufbrauchen.

Das Kind will nicht abgestillt werden

Auch das kommt hin und wieder vor. Versuchen Sie, dem Kind klar zu machen, dass Sie mit dem Stillen aufhören möchten. Lassen Sie es bewusst nicht mehr nach Bedarf trinken. Das kann ein nervenaufreibender Machtkampf werden. Vielleicht hilft es auch, wenn Sie mal für ein Wochenende wegfahren und Ihr Partner sich in dieser Zeit um das Kind kümmert.

Die Mutter will nicht abstillen

Irgendwann ist für jedes Kind der Zeitpunkt gekommen, dass es nicht mehr an die Brust möchte. Vielleicht kommt dieser Zeitpunkt für Sie dann zu früh, zu unerwartet. Wenn das Baby über ein halbes Jahr alt ist und nicht mehr an die Brust möchte, sollten Sie die Entscheidung des Kindes akzeptieren.

Beikost – womit beginnen?

Achten Sie darauf, wann das Kind signalisiert, selbst etwas in die Hand nehmen und essen zu wollen. Das ist der Beginn der Beikost. Geben Sie dem Baby ein Stück Apfel, einen Zwieback, eine Brotkante oder eine Möhre in die Hand. Bei den ersten Essversuchen sollten Sie das Kind nicht unbeaufsichtigt lassen. Wenn sich von einem Kauobjekt ein Brocken löst, könnte sich Ihr Kind verschlucken.

Kochen Sie eine Wochenration vor und frieren Sie diese in Eiswürfelbehälter ein. So haben Sie immer genug Beikost greifbar.

Zu welcher Tageszeit mit der Beikost beginnen?

Der ideale Zeitpunkt für die erste Löffelmahlzeit ist die Vormittags- oder Mittagsmahlzeit. Falls das Baby auf ein Nahrungsmittel mit Blähungen reagiert, wird dies dann in den Nachmittagsstunden wirksam. Anfangs wird das Baby vielleicht nur ein bis zwei Löffel Brei essen. Langsam wird sich die Menge steigern.

Soll ich trotzdem noch zu den Mahlzeiten stillen?

Je nachdem wie hungrig das Kind ist, mag es sinnvoll sein, vor oder nach der Beikost noch die Brust zu geben. Das wird sich von selbst langsam abbauen. Je besser dem Kind die Beikost schmeckt, desto weniger wird es nach der Brust verlangen. Als erste und letzte Mahlzeit am Tag darf die Stillmahlzeit aber noch eine Weile stehen. Manche Babys sind so hungrig, dass sie erst einige Schlucke Muttermilch brauchen, bevor sie bereit dazu sind, vom Löffel zu essen. Andere wollen erst den Brei und dann die Muttermilch zum Durstlöschen. Versuchen Sie herauszufinden, was Ihr Kind bevorzugt.

Beginnen Sie mit Karottenmus und lassen Sie dem Baby Zeit, sich daran zu gewöhnen. Nach ein paar Tagen können Sie dann etwas Neues ausprobieren.

ZURÜCK IN DEN BERUF

Das ist kein Grund zum Abstillen. Allerdings spielt der Zeitpunkt der beabsichtigten Wiederaufnahme des Berufes eine Rolle. Je später Sie in den Beruf zurückkehren, desto einfacher wird es für Sie. Denn Sie dürfen nicht vergessen: Beruf, Haushalt und Kind stellen eine Mehrbelastung für Sie dar. Gut wäre es, wenn Sie diese Aufgaben mit Ihrem Partner teilen könnten.

Arbeitsplätze sind meist nicht auf stillende Mütter ausgerichtet. Von Seiten des Gesetzgebers bestehen folgende Regelungen:

Mutterschutzfrist

Nach einer normalen Entbindung beträgt die Mutterschutzfrist acht Wochen, nach einer Früh- oder Mehrlingsgeburt zwölf Wochen. Seit Januar 1997 verlängert sich die Frist bei Frühgeborenen nach der Entbindung um die Mutterschutzzeit, die vor der Entbindung nicht in Anspruch genommen werden konnte (maximal 6 Wochen).

Erziehungsurlaub

Der Erziehungsurlaub beträgt drei Jahre für Mutter oder Vater. Zusätzlich kann neunzehn Stunden pro Woche gearbeitet werden. Der Arbeitgeber muss in dieser Zeit den Arbeitsplatz freihalten.

Ihre Rechte als stillende Mutter am Arbeitsplatz regelt das Mutterschutzgesetz

Wichtige Auszüge daraus:
§ 6 regelt, welchen Belastungen Sie als stillende Frau am Arbeitsplatz nicht ausgesetzt sein sollen: nicht schwer heben; keinen gesundheitsgefährdenden Stoffen ausgesetzt sein; keine Akkordarbeit.
§ 7 regelt die Stillzeit:
§ 7 (1): Einer stillenden Mutter ist auf Verlangen zweimal eine Stunde, eventuell viermal eine halbe Stunde täglich frei zu geben. Bei einer zusammenhängenden Arbeitszeit von mehr als acht Stunden soll auf Verlangen zweimal eine Stillzeit von 45 Minuten oder einmal eine von 90 Minuten gewährt werden. Als zusammenhängend gilt eine Arbeitszeit, die nicht durch zwei Stunden Ruhepause unterbrochen ist. Optimal wäre es, wenn die Mutter eine Stillgelegenheit in der Nähe der Arbeitsstätte hätte.
§ 7 (2): Die Stillzeiten sind als Arbeitszeit anzurechnen. Das heißt, es darf kein Verdienstausfall entstehen, es darf nicht vor- oder nachgearbeitet werden, und die Stillzeiten dürfen nicht auf die normalen Ruhepausen angerechnet werden.
§ 7 (3): Die Aufsichtsbehörde kann nähere Bestimmungen über Zahl, Lage und Dauer der Stillzeiten treffen und sie kann die Einrichtung von Stillräumen anordnen.
§ 7 (4): Heimarbeiterinnen erhalten zusätzlich pro Werktag 75 % eines durchschnittlichen Stundenlohns für die Stillzeit angerechnet.

§ 8 regelt die Freistellung von Nachtarbeit zwischen 20.00 und 0.00 Uhr. Nacht- und Sonntagsarbeit ist nur mit Einschränkung erlaubt.

Zurück in den Beruf vor dem sechsten Monat

Sie brauchen das Baby nicht abzustillen oder an die Flasche zu gewöhnen. Wird eine Flasche erforderlich, tolerieren die meisten Kinder, dass sie von einer anderen Bezugsperson gefüttert werden. Die Flasche kann aber auch hier eine verspätete Saugverwirrung auslösen. Besser wäre eine Tagesstätte, wo Sie hingehen können, um das Baby zu stillen, oder die Betreuungsperson bringt Ihnen das Baby zum Stillen an den Arbeitsplatz.

Nehmen Sie eine Fremdbetreuung in Anspruch, sollten Sie die Milch regelmäßig abpumpen. Während Ihrer Abwesenheit kann die Betreuerin das Baby dann mit Muttermilch füttern. Das kann mit dem Becher oder mit der Flasche geschehen.

Beachten Sie dabei Folgendes:

- Bevor Sie das Haus verlassen, stillen Sie.
- Wenn Sie nach Hause kommen, legen Sie das Baby an.
- Besorgen Sie sich eine Pumpe, eine Kühltasche und ausreichend Behälter zum Sammeln der Muttermilch. An Ihrem Arbeitsplatz sollten Sie regelmäßig alle drei bis vier Stunden abpumpen.
- Das Baby kann nun Umstellungsprobleme haben – Sie fehlen ihm. Viele Babys trinken deshalb nachts öfter. Nehmen Sie das Baby zu sich ins Bett, so kann es sich bedienen, und Sie kommen zu Ihrem Schlaf.

Zurück in den Beruf nach dem sechsten Monat

Zu diesem Zeitpunkt ist es schon etwas einfacher, weil das Baby in Ihrer Abwesenheit mit dem Löffel gefüttert werden kann. Sie brauchen nun auch nicht mehr während der Arbeitszeit abzupumpen, sondern Sie legen das Baby einfach an, wenn Sie nach Hause kommen. Wenn während Ihrer Arbeitszeit die Brust spannt, massieren Sie sie etwas und drücken Sie Milch ab, bis die Spannung nachlässt. Die Milchbildung wird sich auch in diesem Fall auf den Bedarf einstellen.

Bei Fremdbetreuung sollten Sie regelmäßig Milch abpumpen.

»Als Sarah geboren wurde, dachte ich, das erste Jahr werde ich zu Hause verbringen und mich nur um sie kümmern. Nach drei Monaten fragte mein Chef bei mir an, ob ich nicht wieder zur Arbeit kommen könnte, meine Vertretung sei schwer erkrankt. Ich brauchte zwei Tage, um mir klar zu werden, was ich wollte. Dann fuhr ich mit Sarah ins Büro. Ich erklärte meinem Chef, dass ich gerne wieder meine Arbeit aufnehmen würde, wenn ich Sarah mit ins Büro bringen könnte, da ich sie stille. Erst wollte er nicht, doch dann einigten wir uns auf einen Versuch. Es hat gut geklappt. Sarah schlief im Büro, später spielte sie und als sie zu unruhig war, beschäftigten wir zeitweise eine Studentin, um sie auszufahren. Das Stillen klappte wunderbar und meine Arbeitskolleginnen staunten darüber, wie gut es ging.«

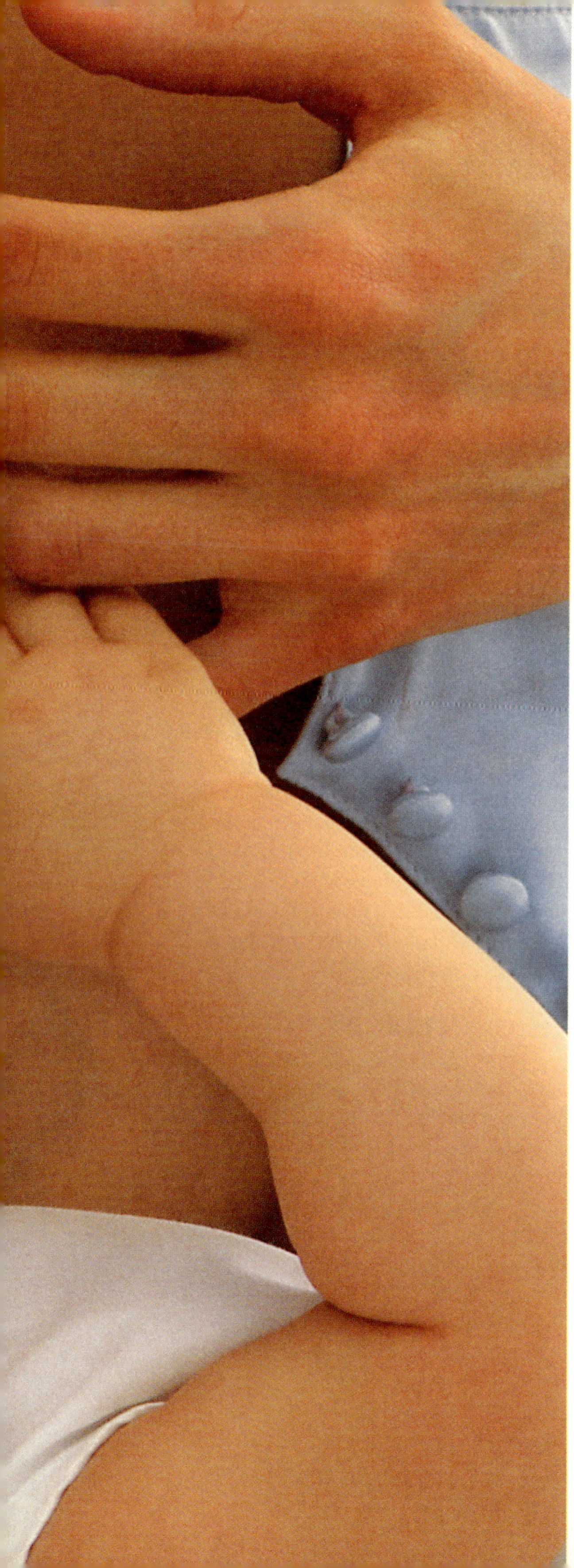

MUTTER UND KIND IN BESONDEREN SITUATIONEN

Für viele Frauen bricht eine Welt zusammen, wenn Schwangerschaft oder Geburt anders verlaufen als erhofft. Das Auseinandersetzen mit der neuen Situation, die Aneignung von Wissen und praktischen Lösungsmöglichkeiten sowie fachkundige Hilfe beim Stillbeginn helfen, Selbstvertrauen aufzubauen und schwierige Situationen zu meistern. Seien Sie nicht entmutigt – Stillen ist in fast allen Situationen möglich.

WENN EIN KAISERSCHNITT ERFORDERLICH IST

Vielleicht wissen Sie es schon im Voraus und können sich mit dem Gedanken an einen Kaiserschnitt auseinander setzen und vorweg einiges planen. Vielleicht werden Sie aber erst im Kreißsaal von der Notwendigkeit überrascht. Ein Kaiserschnitt, egal mit welcher Narkose, ist eine Operation, von der Sie sich danach erholen müssen. In den ersten Tagen nach einem Kaiserschnitt brauchen Sie Unterstützung und Zuspruch.

Die Narkose

Bei der **Vollnarkose** werden Narkosemittel über die Blutbahn gegeben und betäuben so auch das Kind mit. Der Vater kann bei einer Kaiserschnittgeburt in die »Mutterrolle« schlüpfen und das Baby in Empfang nehmen, um es Haut auf Haut an seine Brust zu legen, sofern das Baby keiner intensivmedizinischen Betreuung bedarf. Etwa vier Stunden nach einer Vollnarkose ist die Mutter in der Regel wach genug, um das Baby kennen zu lernen und es zu sich ins Bett zu nehmen. Die ersten Stillversuche klappen eventuell noch nicht, da das Baby zu müde ist, aber auch hier ist die Geborgenheit, die das Zusammensein mit der Mutter bewirkt, ein Grundbedürfnis.

In den ersten zwei Stunden ist das Baby aufgrund der Medikamente schläfrig und nicht bereit zu saugen.

Die **Periduralanästhesie (PDA)** wird in Deutschland am häufigsten durchgeführt. Hier wird das Narkosemittel über eine gelegte Kanüle in den Periduralraum zwischen den Wirbelfortsätzen und der Wirbelsäule auf Höhe der Lendenwirbel 3 und 4 gespritzt. Dadurch wird eine Schmerzunempfindlichkeit vom Bereich des Rippenbogens bis hin zum Steißbein erreicht.

Eine weitere Möglichkeit ist die **Spinalanästhesie.** Hier wird eine Kanüle direkt in den Rückenmarkskanal gelegt und das Narkosemittel eingespritzt. Nach einer Rückenmarknarkose sind Sie anfangs körperlich etwas mitgenommen und sollten einige Stunden auch nicht aufstehen. Das Baby kann nach dem Abnabeln, Absaugen und Durchchecken gleich auf den Bauch der Mutter gelegt werden.

Nach der Geburt

Nach einer Kaiserschnittgeburt wird die Mutter in der Regel die ersten Stunden bis zu einem Tag intensiver überwacht. Wenn Sie jemanden haben (Partner, Freundin, Oma), der Ihnen behilflich sein kann, dann ist Rooming-in von Anfang an für Sie und Ihr Baby ein wundervolles Erlebnis. Das Personal auf der Wochenstation unterstützt Sie sicherlich auch, aber eine Rundumbetreuung ist nicht möglich, und Sie müssen Hilfe immer erst anfordern. Dabei gibt es vielleicht gerade dann Wartezeiten, wenn Sie dringend jemanden brauchen.

Die Anwesenheit einer helfenden Person wird Ihnen Sicherheit im Umgang mit dem Baby geben und Hilfestellung, wenn erforderlich. Mit Infusionsschläuchen und der Schmerzempfindlichkeit im operierten Bereich und der damit verbundenen Unbeweglichkeit ist das Anlegen oft nicht so einfach. Vielleicht haben Sie auch Angst, das Baby zu sich ins Bett zu nehmen, da es herausfallen könnte.

Stillen

Wenn das Narkosemittel abgebaut ist, können Sie nach Bedarf anlegen. Auf alle Fälle sollten Sie zur Anregung der Milchbildung innerhalb der ersten sechs Stunden mit dem Abpumpen beginnen. Da aufgrund der Beeinflussung durch die Medikamente das Baby in den ersten Tagen oft noch schläfrig ist und nicht so viel saugt, kann nach einem Kaiserschnitt der Milcheinschuss etwas später erfolgen, da die Milchbildung nach dem Nachfrage-Angebot-Prinzip stattfindet.

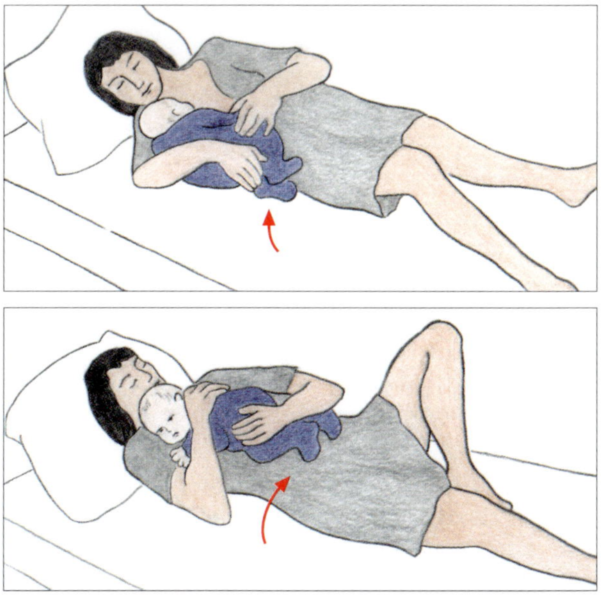

Seitenwechsel von rechts nach links bei Kaiserschnitt

Es ist wichtig, dass Sie das Baby so bald wie möglich mindestens achtmal innerhalb von 24 Stunden anlegen. Wenn das Baby in den ersten Tagen zu schwach und zu schläfrig ist, um richtig zu saugen, sollten Sie die Milchbildung durch zusätzliches Abpumpen anregen. Sie können den Milchspendereflex vor dem Anlegen auslösen, um dem müden Baby zu helfen, Nahrung zu bekommen.

Das Baby sollte so früh wie möglich häufig angelegt werden.

Wie anlegen?

Sie müssen eine für Sie bequeme Haltung herausfinden, und anfangs brauchen Sie dazu Hilfe sowie ausreichend Kissen.

- Möglicherweise können Sie den Bauch durch das Anwinkeln der Beine entlasten; ein untergeschobenes Kissen hilft dabei.
- Auch der Wundbereich ist schmerzhaft, und ein Kissen schützt Sie vor den Fußtritten des Babys.
- Wenn Sie die Seite wechseln möchten, ziehen Sie das Baby dicht an sich heran und rollen Sie sich mit ihm auf die andere Seite (siehe Abbildung).
- Als gut geeignete Positionen wurde von vielen Müttern das seitlich liegende Stillen, auf dem Rücken liegend stillen und die Brotlaibposition (aufrecht oder auf dem Rücken liegend) empfunden.

Wenn Sie aufstehen möchten, rollen Sie sich auf eine Seite und drücken mit einer Hand gegen den Wundbereich; das nimmt das Schmerzgefühl. Stehen Sie so langsam auf.

DOPPELTES GLÜCK – DOPPELTE BELASTUNG

Da die Milchbildung durch das Saugen der Babys angeregt wird, stellt sich auch hier die Milchmenge auf die Nachfrage ein, sodass Mehrlinge ohne weiteres gestillt werden können.

Das Stillen von Zwillingen

Heutzutage kann bei einer Ultraschalluntersuchung in der Schwangerschaft festgestellt werden, ob Sie Zwillinge erwarten. So haben Sie und Ihr Partner Zeit, sich darauf einzustellen und einiges vorzubereiten. Nicht jede Zwillingsschwangerschaft dauert bis zum errechneten Geburtstermin. Nur ca. 15 % dieser Kinder werden voll ausgetragen, 35 % werden zwischen der 35. und 36. Woche geboren und 32 % noch früher.

Es ist wichtig, dass Sie sich mit einer Kaiserschnittgeburt auseinander setzen. Auch die Möglichkeit von zu früh geborenen Kindern sollten Sie in Erwägung ziehen. So ist es sicherlich hilfreich, das eine oder andere Buch dazu zu lesen, Kontakt zu anderen Mehrlingseltern oder auch zu einer Stillgruppe aufzunehmen. Achten Sie bei der Wahl Ihrer Entbindungsklinik darauf, dass die Kinderklinik dabei oder in der Nähe ist. Das erleichtert Ihnen den Anfang.

Planen Sie die Zeit nach der Geburt
Die Kinder werden Sie rund um die Uhr beschäftigen. Organisieren Sie sich eine Hilfe im Haushalt. Das ist besonders wichtig, wenn größere Geschwister da sind. Stillen kann Ihnen niemand abnehmen, aber kochen, einkaufen, putzen, baden oder wickeln. Sie brauchen zwischendurch etwas Ruhe. Sie haben bei Mehrlingen auch ein Anrecht auf eine Haushaltshilfe, die von der Krankenkasse finanziert wird. Ebenfalls steht es Ihnen zu, eine Hebamme ins Haus kommen zu lassen, um Ihnen beim Stillen zu helfen und eventuelle Stillprobleme zu beheben.

Organisieren Sie sich eine Haushaltshilfe zu Ihrer Entlastung.

Im 17. Jahrhundert durften Ammen bis zu sechs Kinder gleichzeitig stillen.

Wenn die Zwillinge zu früh geboren sind

Wenn beide Kinder die erste Zeit in die Kinderklinik müssen

- Beginnen Sie innerhalb der ersten sechs Stunden nach der Entbindung mit dem Abpumpen (sechsmal pro Tag und einmal pro Nacht), um die Milchbildung in Gang zu bringen.
- Verwenden Sie ein Doppelabpumpset, damit werden beide Brüste gleichzeitig stimuliert, es wird mehr Oxytozin und Prolaktin ausgeschüttet, so als ob beide Kinder saugen würden.
- Wenn die Babys sehr klein sind und anfangs für einen längeren Zeitraum noch keine Muttermilch bekommen dürfen, können Sie die Milchbildung durch zwei- bis dreimaliges Abpumpen pro Tag aufrechterhalten. Wenn Sie dann wissen, ab wann die Babys Muttermilch bekommen dürfen, pumpen Sie häufiger ab, dann wird mehr Milch gebildet.

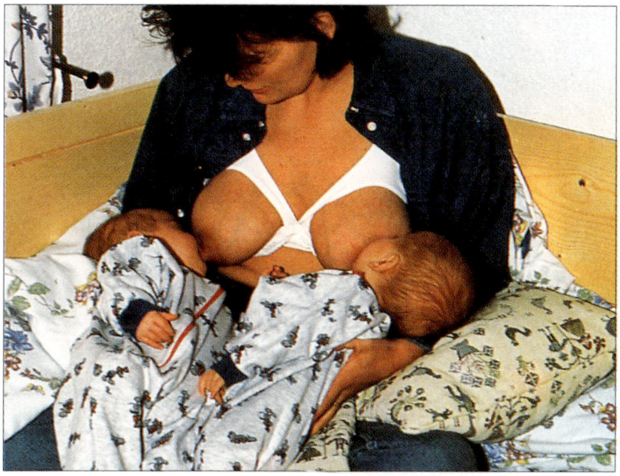

V-Position: nur bei kleineren Babys geeignet

- Manche Mütter haben Probleme, Milch über Monate hinweg abzupumpen. Sie sollten wissen, dass wenige Tropfen Muttermilch pro Abpumpvorgang ausreichen, um die Milchbildung aufrechtzuerhalten. Wenn die Babys angelegt werden können, werden sie die Milchbildung in Gang bringen.

Ein Kind zu Hause – ein Kind in der Kinderklinik

Wenn eines der Kinder länger in der Kinderklinik bleiben muss, ist dies eine besondere organisatorische Herausforderung für Sie. Für das Kind in der Kinderklinik müssen Sie die Milch noch abpumpen, während das andere schon nach Bedarf gestillt werden kann. Probieren Sie aus, welche Möglichkeit für Sie am angenehmsten ist:

- Während das eine Kind gestillt wird, pumpen Sie an der anderen Seite die Milch für das andere ab.
- Sie stillen erst das eine Kind und pumpen danach an der anderen Brust die Milch für das andere Baby ab.
- Sie stillen das Kind bei der Mahlzeit an beiden Brüsten und pumpen danach an beiden Brüsten für das andere ab.

Möglich ist auch, dass Sie nach dem Stillen an beiden Brüsten eine Stunde warten, bevor Sie beide Brüste abpumpen. Wenn Sie das Baby in der Klinik besuchen, können Sie es dort vielleicht auch direkt anlegen.

Gleichzeitig oder nacheinander stillen?

In den ersten Wochen ist es für Sie sicherlich eine Erleichterung, wenn beide Babys gleichzeitig wach werden und gleichzeitig trinken. Lassen Sie sich die Anlegemöglichkeiten zeigen.

Als stillende Mutter von Zwillingen verbrauchen Sie ca. 1 400 Kalorien mehr.

Beim Stillen nacheinander verdoppelt sich die Stillzeit, allerdings genießt jedes Baby Ihre ungeteilte Aufmerksamkeit. Einfacher ist es sicherlich für Sie, anfangs eines nach dem anderen anzulegen. Wobei es hier hilfreich ist, das eine etwas eher zu wecken, damit nicht beide gleichzeitig schreien und das eine Kind dann warten muss, bis das andere fertig ist. Allerdings trinkt ein gewecktes Kind oft nicht so gut.

Bei Zwillingen zu beachten

- Jedes Zwillingskind ist anders und hat ein anderes Temperament. Es ist auch möglich, dass Sie jedem Zwilling eine Brust zuteilen, die sich dann auf den individuellen Bedarf des einzelnen Kindes einstellt.
- Wenn eines der beiden schwächer ist und schlechter saugt, hilft es, den kräftigeren Zwilling die Brust antrinken zu lassen, bis der Milchspendereflex einsetzt. So kommt der schwächere leichter an seine Milch.

In diesem Fall ist es sinnvoll, keine feste Brust zuzuteilen, damit die Milchbildung an beiden Seiten gut angeregt wird.

• Sie können auch während einer Stillmahlzeit jedes Kind abwechselnd an jeder Brust trinken lassen. Lassen Sie die Babys zwischendurch aufstoßen und tauschen Sie dann die Seiten.

Flasche und Stillen im Wechsel?

Es ist von Anfang an möglich, beide Kinder ausschließlich zu stillen. In manchen Kliniken wird den Müttern noch geraten, nur ein Kind anzulegen und dem anderen eine Flasche zu geben. Das wird damit begründet, dass die Mutter sich dann besser erholen kann, bringt aber einige Nachteile mit sich:

• Die Milchbildung stellt sich auf den Bedarf ein. Wenn immer nur ein Kind gestillt wird, bildet sich auch nur die dementsprechend notwendige Menge.

• Die Babys erhalten nicht rundum die Vorteile der Muttermilch. Wichtig wäre in diesem Fall, dass Sie beide Kinder abwechselnd anlegen, sodass jedes in den Genuss von Muttermilch kommt.

• Babys gewöhnen sich an den Flaschensauger und saugen nicht mehr richtig an der Brust. Wenn Sie voll stillen möchten, ist es jederzeit möglich, die Milchmenge durch das Anlegen beider Kinder oder durch häufigeres Abpumpen zu steigern. Oft führt der Wechsel von Flaschenfütterung und Stillen zum frühen Abstillen.

Stillen im Liegen

Auf dem Rücken liegend

Bei kleinen Babys sind diese Positionen oft sehr bequem. Größere Kinder finden ihre eigenen Lösungen, zum Beispiel setzen sie sich in die Hocke.

• Suchen Sie eine bequeme Haltung für sich. Ein leicht erhöhter Oberkörper ist oft bequemer, als ganz flach zu liegen. Kissen unterstützen Sie dabei.

• Legen Sie die Babys quer oder längs auf Ihren Bauch. Wenn Sie einen Kaiserschnitt hatten, können Sie diesen Bereich mit einem Kissen bedecken, sodass die Babys Sie nicht treten können.

• Eine Knierolle entlastet.

• Die Stirn der Babys abstützen, sonst vergraben sich die Gesichter in die Brust.

Auf der Seite liegend, etwas nach hinten gelehnt

Sie können so dem einen Baby die untere Brust geben, Bauch an Bauch. Und wenn Sie Ihren Rückenbereich gut mit Kissen abpolstern, können Sie den anderen Zwilling seitwärts vom Rücken her zur oberen Brust legen. Wichtig ist, dass Sie den Kopf des Zwillings mit einem Kissen stützen. Gerade nachts und wenn die Babys schon größer sind, ist diese Position sehr bequem.

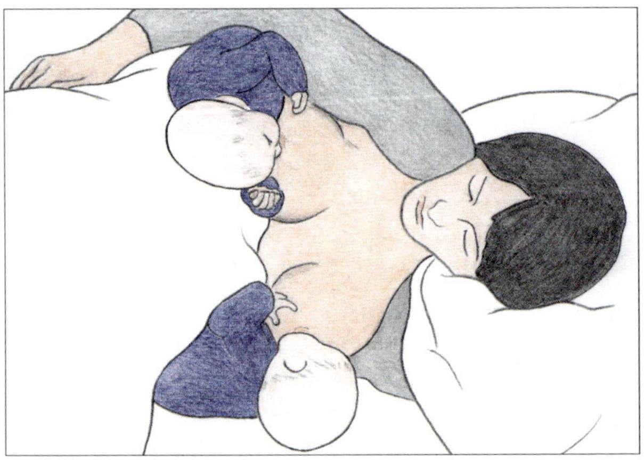

Stillen von Zwillingen im Liegen

Sitzend stillen

Parallelhaltung

In dieser Haltung liegt ein Zwilling in der Wiegehaltung und der andere in der Brotlaibposition. Sie werden so angelegt, dass die Körper in die gleiche Richtung zeigen.

Brotlaibposition

Wenn die Babys noch klein sind, kommen Sie vielleicht anfangs besser zurecht, wenn Sie die Köpfe mit der Hand stützen. Wenn Sie mit Kissen so gut abpolstern, dass Sie Ihre Hände frei haben, können Sie bei Bedarf einen Zwilling zum Aufstoßen hochnehmen, während der andere weitertrinkt.

V- oder X-Position

Diese Positionen sind oft bei sehr kleinen Babys hilfreich. V bedeutet, jedes Kind an einer Seite zu haben, die Körper stoßen aneinander, und es sieht aus wie ein V. Bei größeren Kindern wird die Brustwarze dabei einseitig zu sehr beansprucht und kann wund werden. X bedeutet, die Körper überkreuzen sich.

Parallelhaltung bei Zwillingen

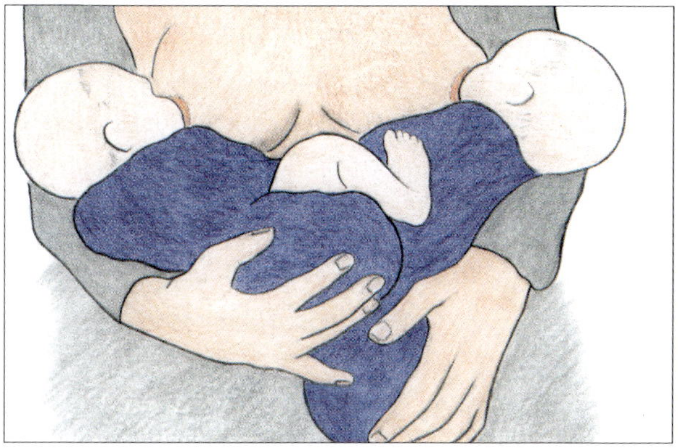

Die X-Position ist bei kleinen Babys hilfreich.

Nächtliches Stillen

Da der Alltag mit Zwillingen recht anstrengend ist, sollten Sie es sich nachts so bequem wie möglich machen. Stellen Sie die Kinderbettchen neben Ihres, wenn es groß genug ist, können Sie beide Babys in ein Bettchen legen. Manche Mütter finden es bequemer, die Babys gleich zu sich ins Bett zu nehmen, den einen rechts, den anderen links – so kann einzeln oder auch gleichzeitig ohne Aufwand angelegt werden. Wenn Sie Angst davor haben, dass einer herausfallen könnte, stellen Sie das Bett an die Wand oder einen Sessel an das Bett.
Da der Vater in der Regel berufstätig ist und auch seine Nachtruhe benötigt, bietet es sich vielleicht unter der Woche an, ein Mutter-Kinder-Zimmer einzurichten, sodass der Vater einige Stunden Schlaf bekommt. Manche Mütter haben es auch als hilfreich empfunden, zwei Matratzen auf den Boden zu legen und darauf zu schlafen. Diese Variante nimmt die Angst, dass ein Kind aus dem Bett fallen könnte.

DAS STILLEN VON FRÜHGEBORENEN

Die Schwangerschaft hat für Sie ein unerwartetes, abruptes Ende genommen. Dazu kommt, dass Sie von dem Baby getrennt sind – es liegt im Brutkasten in der Kinderklinik. Die gute medizinische Versorgung ermöglicht es heute, dass schon sehr kleine Frühgeborene (in der 24. Schwangerschaftswoche) und leichte Frühgeborene (700 g) gute Überlebenschancen haben.

In vielen Kinderkliniken hat sich bei der Betreuung der Frühgeborenen sehr viel getan. Man versucht den Babys ein kuscheliges Zuhause zu bieten – mit Kissen, Fell und bunten Decken. In den Versorgungspausen wird der Inkubator mit einem dunklen Tuch abgedeckt, um dem Baby Dämmerlicht zu geben. Hängematten vermitteln dem Baby sensorische Reize, und es wird geschaukelt wie im Mutterleib.

Bei Frühgeborenen übernimmt der Inkubator die Funktion der Gebärmutter.

Was bedeutet diese Situation für Sie?

Angst und Ohnmacht, eventuell Schuld- und Minderwertigkeitsgefühle sind in so einer Situation nicht selten. Gedanken gehen der Mutter durch den Kopf: »Wird das Baby überleben? – Es liegt in der Kinderklinik, und ich kann nichts tun! – Warum passiert das ausgerechnet mir? – Bin ich nicht mal in der Lage, ein Baby auszutragen? – Habe ich zu wenig Rücksicht auf mich genommen und dies dadurch verursacht?«

Die Trennung vom Kind

Wenn Sie einen Kaiserschnitt mit Vollnarkose bekommen haben, ist das Baby oft schon in die Kinderklinik verlegt worden, bevor Sie es überhaupt gesehen haben. Sie hatten keine Möglichkeit, Ihr Kind kennen zu lernen – es ist Ihnen fremd.
In dieser Situation ist es ganz wichtig, verständnisvolle Gesprächspartner zu haben. Eventuell kann Ihr Partner ein Foto vom Baby machen. Dies ist für Sie sicherlich eine große Hilfe, um sich mit dem Baby auseinander zu setzen und eine Beziehung aufzubauen. Es hilft auch, die Zeit zu überbrücken, bis Sie es besuchen können.

Der erste Augenblick

Ein Frühgeborenes weicht mehr oder weniger stark in seinem Aussehen vom Idealbild (Traumkind) ab, welches Mutter und Vater

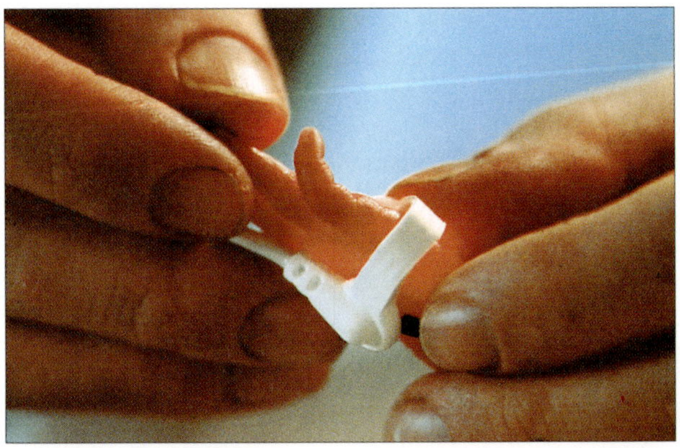

Frühgeborenes im Inkubator mit Pulsxyometer zur Blutgasmessung

sich vor der Geburt gemacht haben. Beide Eltern sind vielleicht erschrocken über das unreife, kleine Wesen und trauen sich gar nicht, das Baby zu berühren. Dazu kommen dann die Eindrücke auf der Intensivstation, die Geräusche, der Inkubator mit den nackten Babys, die meist nur eine Windel tragen und die Geschäftigkeit des Personals. Je kleiner das Baby ist, desto feiner und durchscheinender schaut es aus. Je nachdem, welche Pflege es braucht, kommen die ganzen Gerätschaften dazu: Tubus zur Beatmung, Magensonde etc. Das sieht oft erschreckend aus.

Was Ihnen helfen kann

Versuchen Sie, das Baby so anzunehmen, wie es ist. Ihre Angst wird erleichtert, wenn die betreuende Schwester beim ersten Besuch Zeit hat, Ihnen alles zu erklären, Berührungsängste abzubauen und Mut zuzusprechen. Der Erstkontakt ist ganz wichtig, um den Eltern zu helfen, die Verantwortung für das Baby mit zu übernehmen.

Manche Eltern haben massive Schwierigkeiten, sich mit der Frühgeburt, gerade bei sehr kleinen Babys, abzufinden. Die Angst davor, eine Beziehung zu ihrem Baby aufzubauen und es dann doch noch zu verlieren, hindert sie daran, das Baby zu besuchen und es anzunehmen. Das ist für das Pflegepersonal, das alle Mühe aufwendet, dem Baby das Leben zu ermöglichen, besonders schwer.

So fördern Sie Ihr Baby

- Vielleicht ist Ihre Mithilfe bei der Versorgung des Babys schon möglich: Windeln wechseln, Fieber messen, ernähren mit der Magensonde.
- Vielleicht ist Ihr Baby schon so stabil, dass Sie es aus dem Inkubator herausnehmen können, um es Haut auf Haut auf Ihren Körper legen zu können. Der Körperkontakt fördert die Entwicklung des Babys, und er ist oft der Beginn der Stillbeziehung. Das Baby fühlt sich auf Ihrem Bauch, an Ihrer Brust wohl.
- Bunte Tücher, Felle und Abdunkeln des Lichts vermitteln dem Baby eine angenehme Atmosphäre wie in einer zweiten Gebärmutter.
- Was vielen Eltern bei der Beziehungsaufnahme zu ihrem Kind auch hilft, ist eine Kassette für das Baby zu bespielen (mit Musik oder besprochen), ein Kuscheltier mitzubringen oder ein Paar Söckchen.
- Babys erkennen den Duft ihrer Mutter. Legen Sie ein frisches Taschentuch unter Ihren Pullover. Vielleicht tropfen Sie noch ein wenig Muttermilch darauf. Es ist ein Teil von Ihnen, was Sie dem Baby in den Inkubator legen können.
- Das Abpumpen von Muttermilch vermittelt Ihnen das Gefühl, etwas für Ihr Baby tun zu können. Etwas Besonderes, was dem Baby hilft, mit der Situation besser fertig zu werden. Muttermilch ist für frühgeborene Babys ganz besonders wichtig.

Abpumpen von Muttermilch für Frühgeborene (mit Hilfsmittel oder von Hand)

Jede Frau sollte beide Möglichkeiten innerhalb der ersten Tage gezeigt bekommen, um entscheiden zu können, welche Methode für sie angenehmer ist.

- Begonnen werden sollte mit dem Abpumpen innerhalb der ersten sechs Stunden nach der Entbindung; das unterstützt den Milchspendereflex und die Milchbildung.

- Bis zum Milcheinschuss sollte mindestens sechs- bis achtmal abgepunpt werden, davon einmal nachts, danach fünf- bis sechsmal täglich und einmal nachts.
- Pumpen Sie jeweils jede Brust fünf Minuten im Wechsel ab. Wenn der Milchfluss nachlässt, die Seite wechseln. Hilfreich ist ein Doppelabpumpset.
- Wollen Sie die Milch gleich füttern, verwenden Sie am besten ein Plastikgefäß; darin bleiben keine Makrophagen hängen.

Hygieneregeln für die Milchgewinnung für Frühgeborene

Da ein Frühgeborenes sehr anfällig für Infekte ist, müssen bestimmte Regeln für die Muttermilchgewinnung und Aufbewahrung eingehalten werden. Auch normale Hautkeime der Mutter können in größerer Anzahl schädlich sein. Daher ist folgendes Vorgehen wichtig:

Wenn die Mutter eine Brustentzündung hat, sollte die Milch abgepumpt und weggeschüttet werden.

- Hände vor dem Abpumpen sorgfältig mit Wasser und Seife reinigen, Fingernägel bürsten und kurz schneiden.
- Jedes Mal ein neues steriles Pumpset und sterile Flaschen verwenden.
- Die ersten Tropfen Milch abdrücken und wegschütten.
- Warzenhof und Brustwarze mit sterilem Tupfer und abgekochtem Wasser reinigen.
- Absaughaube und Flaschenhals nicht mit den Fingern berühren.
- Kühlen bei + 4 °C, an der kühlsten Stelle im Kühlschrank, nicht in der Seitentür und auch nicht im Gemüsefach. Die Milch ist 24 Stunden haltbar.
- Tiefgefrieren der Muttermilch bei -18 °C; die Milch ist für ca. vier Wochen haltbar.
- Die Kühlkette beim Transport ins Krankenhaus unbedingt aufrechterhalten (bei -4 °C), aufgetaute Milch innerhalb von 24 Stunden verbrauchen.

Was bedeutet die frühe Geburt für das Kind?

Durch den Geburtsvorgang und die zu frühe Trennung von Mutter und Kind kommt es zu körperlichem und seelischem Stress. Die Organfunktionen sind teilweise noch unreif und das Baby bedarf medizinischer Hilfe.

Je unreifer ein Kind bei seiner Geburt ist, desto größer sind die zu erwartenden Probleme:

- Lungenunreife, unregelmäßige bis gar keine Spontanatmung (erfordert Überwachung, Sauerstoffgabe oder künstliche Beatmung)
- Kreislaufregulationsstörungen (erfordern Überwachung und Stimulation bei Bedarf, medikamentös oder sensorisch)
- Temperaturregulationsprobleme durch das fehlende Unterhautfettgewebe (erfordert Inkubator/Wärmebett)
- Nierenunreife, dadurch entstehen Ausscheidungsprobleme (erfordern medikamentöse Behandlung)
- Unreife des Magen-Darm-Trakts führt zu Transportstörungen von Nahrung, Gefahr der Nekrotisierenden Enterokolitis (Muttermilchernährung schützt)
- Unreife des zentralen Nervensystems, Gefahr von Hirnblutungen (erfordert Vitamin-K-Prophylaxe)
- Unreifes Immunsystem, Gefahr von Infektionen (Muttermilchernährung schützt)
- Probleme mit dem Saugen, die Koordination von Saugen, Schlucken und Atmen ist je nach Alter erschwert

Vorteile der Muttermilch bei Frühgeborenen
Muttermilch passt sich den Bedürfnissen des Babys an. Frühgeborenenmuttermilch ist anders zusammengesetzt als die Muttermilch für ein Reifgeborenes. Frühgeborenenmuttermilch ist in den festen Bestandteilen höher konzentriert, so erhält das Baby in kleineren Mengen, was es braucht. Bei Frühgeborenen unter 1500 g muss die Muttermilch angereichert werden, da diese Babys einen höheren Bedarf an Nährstoffen haben.

Vorteile im Vergleich zu reifer Muttermilch:
- Frühgeborenenmuttermilch ist gut verdaulich, noch leichter verwertbar und hat eine geringe Belastung für Stoffwechsel, Verdauungstrakt und Nieren zur Folge.
- Sie hat einen höheren Eiweißgehalt und dadurch mehr Immunglobuline, die für einen Infektionsschutz sorgen.
- Sie ist reich an essenziellen Aminosäuren wie Taurin, Glycin, Leucin und Cystin, die für das Frühchen besonders wichtig sind. Diese fördern die Ausreifung des Gehirns.
- Sie enthält mehr Kalorien, dadurch wirkt sie schon in kleineren Mengen sättigend.
- Der höhere Gehalt an vielfältigen Abwehrstoffen bietet Schutz vor Infektionen.
- Wachstumsfaktoren und Hormone fördern die Reifung des Verdauungstrakts und des Nervensystems.
- Der Fettgehalt entspricht dem der reifen Muttermilch, aber die Zusammensetzung des Fettes ist anders. Frühgeborenenmuttermilch hat einen höheren Anteil an essenziellen Fettsäuren und ist leichter verdaulich. Auch wird das Hirnwachstum dadurch angeregt.

- Mineralstoffe wie zum Beispiel Natrium, Magnesium und Chloride, sind höher konzentriert. Frühgeborene brauchen auch mehr Natrium. Dieser Bedarf wird über die Mundschleimhaut des Frühchens an die Brust weitervermittelt. Die Muttermilch bildet dann mehr Natrium. Dies geschieht auch beim Abpumpen mit der Hand, allerdings nicht beim Verwenden eines Hilfsmittels zum Abpumpen.

Anreicherung der Muttermilch
Bei Frühgeborenen unter 1500 g reicht die Muttermilch nicht aus, um den Bedarf an Mineralstoffen, Vitaminen und Eiweiß zu decken. Angereichert werden muss sie nach ärztlicher Verordnung oft mit:
- Kalzium und Phosphat (für das Knochenwachstum)
- Eisen-Hämoglobin (keine Reserven)
- Vitamin C, B-Komplex (wasserlöslich), A, D, E, K (fettlöslich)
- Zink (Spurenelement)

Die Fähigkeiten, die ein Baby zum Trinken braucht, sind schon früh entwickelt

- In der 11. bis 16. Schwangerschaftswoche wird der Schluckreflex ausgebildet (schluckt Fruchtwasser).
- In der 18. bis 24. Schwangerschaftswoche kommt der Saugreflex hinzu.
- Ab der 26. Schwangerschaftswoche sind die Lipasen in der Muttermilch enthalten.
- Ab der 31. Schwangerschaftswoche wird die Atmung trainiert.
- In der 32. Schwangerschaftswoche ist auch der Suchreflex vorhanden (Suchen, Saugen, Schlucken sind koordiniert).
- In der 37. Schwangerschaftswoche besteht bereits eine gute Koordination von Saugen, Schlucken, Atmen.

Wichtig:
Das Baby muss unbedingt lernen, das Saugen, Schlucken, Atmen zu koordinieren, manche Kinder brauchen länger dazu als andere. Babys müssen in der Lage sein zu saugen, zu schlucken, zu atmen und die Zunge dazu zu benutzen – mit wellenförmigen Bewegungen. Man weiß, dass Stillen wichtig ist, um die Gesichtsmuskeln zu trainieren. Das wiederum beeinflusst das Essvermögen und später die Sprachfähigkeit positiv. Die Zunge wird ebenfalls durch das Becherfüttern trainiert.

Das Kind muss lernen, Saugen, Schlucken und Atmen zu koordinieren.

Der Übergang von der Muttermilchfütterung zum Stillen
Mit der oralen Ernährung bei Frühchen sollte so früh wie möglich begonnen werden. Ein Mediziner sagte einmal dazu: »Es ist absolut unphysiologisch, dem Säugling die Nahrung über den Magen-Darm-Trakt vorzuenthalten, wie unreif er auch ist, da dies normalerweise im Mutterleib nicht passieren würde.« Auch in der Gebärmutter macht der Fetus Saug- und Schluckbewegungen und trinkt Fruchtwasser ab der frühen Schwangerschaft. Das hat eine reifende Wirkung auf den Magen-Darm-Trakt. Im dritten Schwangerschaftstrimester trinkt der Fetus davon ca. 500 ml pro Tag. Gleich nach der Geburt wird die Ausschüttung der gastrointestinalen Hormone durch die erste Nahrung stimuliert. Kinder, die keine Nahrung über den Magen-Darm-Trakt bekommen, bilden diese Hormone nicht.

Frühgeborene brauchen mit der Gewichtsentwicklung etwas länger, doch nach dem ersten Jahr holen sie die Verzögerung auf.

Tipp: Mundpflege mit Muttermilch
Bei Babys, die mit der Magensonde ernährt werden (bis ca. zur 30. Schwangerschaftswoche), kann Mundpflege mit Muttermilch durchgeführt werden. Unter der Zunge sitzen spezielle Drüsen, die die Linguallipasen bilden. Diese sind wichtig für die Fettspaltung und -verdauung. Das ist von besonderer Bedeutung, da auch die Bauchspeicheldrüse noch unreif ist. Aber auch der Aufbau der Magen-Darm-Schleimhaut, ihre Funktion und die Bildung von gastrointestinalen Hormonen (Enteroglucagon, Gastrin) werden auf diese Weise angeregt.

Beginn der Brusternährung
Lange ging man davon aus, dass ein Baby, das noch nicht aus der Flasche trinken kann, auch nicht an der Brust trinken kann. Inzwischen gibt es Untersuchungen, die genau das Gegenteil belegen. Ein Baby, das in der Lage ist, Saugen, Schlucken, Atmen zu

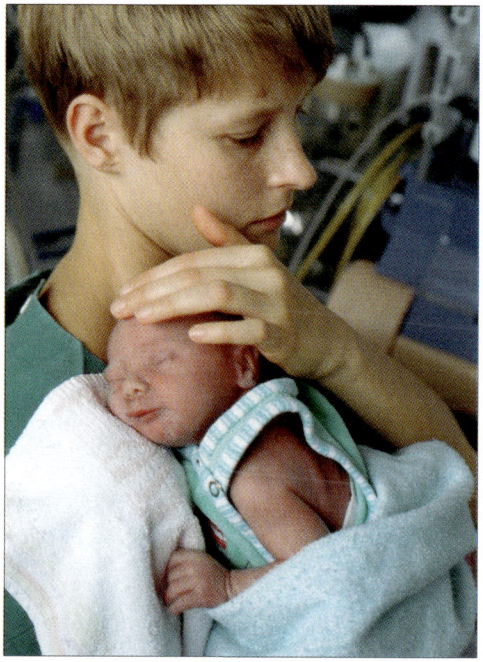

koordinieren, kann ebenfalls, wenn nicht noch besser, an der Brust trinken. Der Trinkvorgang an der Brust ist natürlich und für die Herz-Kreislauf-Funktion und die Atmung des Kindes weniger anstrengend als alle anderen Fütterungsmethoden.

Anlegen – was ist wichtig?

- Suchen Sie sich einen gemütlichen Platz und einen bequemen Sessel, damit Sie sich beim Stillen entspannt und wohl fühlen. Wichtig sind Kissen zum Abstützen.
- Vor dem Anlegen hilft Ihnen vielleicht eine Brustmassage, um den Milchspendereflex auszulösen. Wenn das Baby noch saugschwach ist, erhält es so ohne große Mühe gleich Milch.
- Sie können auch die Vordermilch abpumpen, dann bekommt das Baby gleich die kalorienreichere Hintermilch.
- Damit das Baby die Brust richtig erfassen kann, können Sie die Brustwarze stimulieren. Ein Tropfen Muttermilch auf der Brustwarze oder im Mund des Babys verstrichen, regt zum Saugen an. Schwierig wird das Erfassen der Brustwarze für das Baby, wenn sein Mund im Verhältnis zur Brustwarze noch sehr klein ist.

Hoppe-Reiter-Sitz – aufrecht stillen

Wenn Sie sich das Baby auf den Bauch legen, Gesicht auf Höhe der Brustwarze, kann das Kind die Brust gut erfassen. Sie können Kinn und Kopf zusätzlich mit dem DanCer-Griff unterstützen. Dadurch wird das Baby entlastet und benötigt weniger Energie. In dieser Position kann das Kind Atmen, Saugen, Schlucken gut koordinieren.

Brotlaibposition (Rückengriff)

Auch diese Position (siehe Seite 69) ist bei Frühgeborenen recht gut anwendbar.

DanCer-Griff

Umfassen Sie die Brust im C-Griff (siehe Seite 66). Nun schieben Sie die Hand so weit hervor, dass Daumen und Zeigefinger ein U von unten bilden. Das Kinn des Kindes wird in das U eingehängt, Daumen und Zeigefinger halten die Wangen des Babys.

Saugstimulation

Streichen Sie mit der Fingerkuppe über Wangen, Ober- und Unterlippe. Dann streichen Sie im Mund über Ober- und Unterkieferzahnleiste. Nun drehen Sie die Fingerkuppe nach oben und streichen entlang des harten Gaumens bis zum Übergang weicher Gaumen. Das Baby beginnt zu saugen.

Schluckstimulation
Wenn Sie vom Kinn beginnend nach unten entlang der Kehle streichen, wird das Baby zum Schlucken angeregt.

Zufütterung
Das frühgeborene Baby soll durchschnittlich 20–30 g pro Tag zunehmen, also ca. 150 g pro Woche. Da das ausschließliche Stillen die Mitaufnahme der Mutter in die Kinderklinik bedeuten würde (was leider in Deutschland noch nicht üblich ist), werden die frühgeborenen Babys in der Regel teilgestillt, und es wird mit Muttermilch oder anderen Nahrungsmitteln zugefüttert.

Becherfütterung bei Frühgeborenen
Ab der 29.–30. Schwangerschaftswoche fangen Frühgeborene an zu zeigen, dass sie den Mund gebrauchen wollen. Bei Müttern, die mit ihrem Baby Hautkontakt hatten, wurde beobachtet, dass das Baby die Zunge herausstreckt und zu lecken beginnt, wenn etwas Muttermilch auf der Brustwarze war.

Die Becherfütterung kann ab der 29. Woche beginnen, neben der Sondenernährung.

Ab der 30. Woche werden die Babys noch saugbedürftiger. Jahrelang ging man davon aus, dass dem Kind jetzt unbedingt etwas zum Saugen gegeben werden muss, um es zu befriedigen. Meist war das der Schnuller. Aber viele Babys lassen sich damit nicht beruhigen, sondern spucken den Schnuller wieder aus. Die Becherfütterung nimmt hier eine besondere Rolle ein. Sie ist sowohl ein Kommunikationsmittel wie auch ein Stimulans. Es ist beobachtet worden, dass das Baby sich hervorragend beruhigen lässt, wenn man es kurz hochnimmt und ihm Muttermilch aus dem Becher anbietet.

Hier noch einmal die Vorteile zusammengefasst:
- Das Baby benötigt weniger Energie, die Atmung ist konstanter
- Stimulation von Zungen- und Kieferbewegung
- Stimulation von Geruchs- und Geschmackssinn
- Anregung von Speichel und Lingualipasen
- Blickkontakt (Bonding)
- Das Baby bestimmt die Aufnahmemenge selbst – weniger Essstörungen (siehe Seite 92)

Das frühgeborene Baby kommt nach Hause
Viele Frühgeborene brauchen einige Zeit, um die Erlebnisse ihrer Geburt und die Zeit im Krankenhaus zu verarbeiten. Sie weinen oft, sind gereizt und leicht erschreckbar. Sie suchen viel Körperkontakt und Wärme. Ein Tragetuch oder -beutel kann hier gute Dienste erweisen. Hilfreich ist es auch, ein Kuschelnest mit Lammfell für das Baby einzurichten. Wenn Sie dem Baby ein Mützchen aus Wolle oder Seide anziehen, verliert es nicht so viel Wärme über den Kopf.

Beunruhigen Sie sich nicht, wenn Ihr Baby etwas später krabbelt, plappert oder läuft als reifgeborene Kinder.

Wenn das Baby stirbt
Sie werden viel Zeit brauchen, um dies zu verarbeiten. Das Gespräch mit anderen Eltern, die Ähnliches erlebt haben, hilft Ihnen. Wichtig ist auch, dass sie in Ruhe Abschied von Ihrem Kind nehmen können. Ein letztes Foto oder ein Fuß- oder Handabdruck hilft bei der Bewältigung der Trauer. Schon in der frühen Schwangerschaft kann

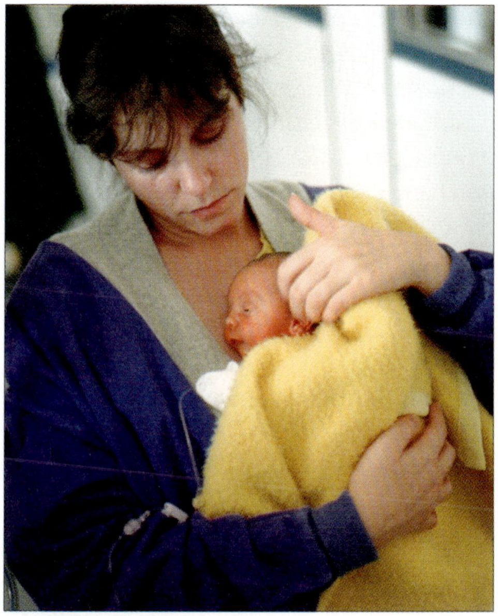

beim Verlust des Kindes die Milchbildung einsetzen. Durch den Schock kann es passieren, dass Ihre Milchbildung von heute auf morgen versiegt. Sie sollten auf alle Fälle mit der Hebamme, dem Arzt oder der Stillberaterin über mögliche Maßnahmen zum Abstillen sprechen. Oft helfen die konservativen Maßnahmen (siehe Seite 104).

Die Känguru-Methode
Die Idee stammt aus Bogota (Kolumbien) und war eigentlich ein Notbehelf. Mangels Inkubatoren mussten mehrere Kinder in einem Inkubator betreut werden, was wiederum zu häufigen Infektionen und einer hohen Sterblichkeit führte. Die Kinderärzte Rey und Martinez versuchten diese Situation in den Griff zu bekommen, indem sie die Körperwärme der Mütter zu nutzen versuchten und anregten, die Kinder Tag und Nacht unter die Kleidung zu nehmen – Haut auf Haut. Voraussetzung war ein stabiler Allgemeinzustand der Babys. Die Mütter wurden mit den Frühchen entlassen und ambulant betreut.
Die Überlebensrate stieg bei Kindern mit einem Gewicht von 500 g–1 000 g von 0 % auf 72 %, bei Kindern mit einem Gewicht von 1 000 g–1 500 g von 27 % auf 89 %.

Vorteile der Känguru-Methode
- Babys werden ruhiger. Dadurch verbessern sich Sauerstoffversorgung, Atmung und Herzfrequenz.
- Mütter fühlen sich entspannt und entwickeln eine liebevolle Beziehung.
- Babys gedeihen und entwickeln sich besser, werden wacher und aufmerksam; der Stillbeginn ist leichter.
- Es bedeutet weniger Stress für beide.

(International Journal of Gynaecology obstetric, 1990, 31: 331–339)

Ein Blick über die Grenzen nach Tallin

Dr. Adik Levin, Direktor der Neugeborenen- und Frühgeborenen-Abteilung der Kinderklinik Tallin (Estland) geht seit achtzehn Jahren neue Wege in der Betreuung von frühgeborenen und kranken Kindern.
In der Regel wurden in Estland (wie auch in Deutschland) frühgeborene oder kranke Kinder direkt nach der Geburt in die Kinderklinik verlegt, und die Mutter blieb bis zur Entlassung des Kindes auf der Entbindungsstation. Sobald sie gehen konnte, durfte sie das Baby in der Kinderklinik besuchen, meist nur tagsüber. In den meisten Kinderkliniken wurden die Babys mit dem häufigen Wechsel der Bezugspersonen und dem Einsatz von Hightech konfrontiert. Sie hatten wenig Kontakt zu den Eltern.

Die Kinderklinik Tallin hat 1979 eine neue Methode eingeführt, die sich seitdem als sehr erfolgreich erweist.

Es wurde anhand von Datenerhebungen festgestellt, dass frühgeborene und kranke Babys, die nicht von ihren Müttern getrennt, sondern rund um die Uhr von ihnen versorgt wurden, mehr an Gewicht zunahmen, weniger Infektionen hatten und sich im psychischen und motorischen Bereich besser entwickelten. Die Mütter wiederum erholten sich schneller von der Geburt, bauten eine intensive Beziehung zu ihrem Baby auf, wurden sicher im Umgang mit ihnen, und das Stillen klappte viel besser.

Technik (Inkubator, Beatmungsgerät) wird in Tallin eingesetzt, wenn es erforderlich ist, um das Leben des Babys zu retten.

Es wurde eine spezielle Abteilung zur Betreuung von frühgeborenen Kindern sowie von kranken reifgeborenen Babys eingerichtet. Auf dieser Station gibt es 35 Betten für Frühgeborene (< 37 Wochen) und 35 Betten für kranke Neugeborene. Anfangs wurden die Mütter aus Personalmangel voll in die Pflege ihrer Babys integriert und blieben bis zur Entlassung ihrer Kinder Tag und Nacht in der Kinderklinik. Es gab also:

- 24-Stunden-Rooming-in und Versorgung durch die Mutter unter Anleitung des Pflegepersonals
- Stillen nach Bedarf
- minimalen Einsatz von Technik
- wenig Kontakt der Babys zum Pflegepersonal, da die Mutter rund um die Uhr die Betreuungsperson ist

In Estland werden jährlich über 700 Babys in die Kinderklinik Tallin überwiesen. Über 95 % der Mütter kommen mit ihren Kindern direkt aus den Entbindungsstationen. Mütter, die eine Kaiserschnittgeburt oder Komplikationen hatten, werden in der Entbindungsstation so kurz wie möglich versorgt und dann so schnell wie möglich zu ihren Babys verlegt. Die Mutter-Kind-Einheit ist Teil einer komplexen Kinderklinik. Entbindungsstationen schicken kranke und frühgeborene Kinder im Schnitt um den dritten und siebten Tag nach der Geburt. Die meisten frühgeborenen Kinder wogen mehr als 1500 g. Sie blieben in der Mutter-Kind-Einheit, bis sie mindestens 2 000 g wogen,

In der Kinderklinik in Tallin haben Mutter und Kind ein Bett.

gut tranken, stabil waren und die Mütter sie sicher versorgen konnten.

Immer zwei Mütter und zwei Kinder teilen sich ein Zimmer. Die Mütter essen auch in dem Zimmer, haben aber die Möglichkeit, einen Aufenthaltsraum zu benutzen. Sie dürfen private Dinge zum Gestalten des Raumes mitbringen, damit sie sich wohl fühlen. Dr. Adik Levin plant, dass auch Väter in dieser Zeit hier wohnen können, um bei ihren Frauen und ihren Babys in dieser belastenden Zeit zu sein und tagsüber von hier aus zur Arbeit gehen können. Auch wenn Geschwisterkinder da waren, haben es die meisten Mütter ermöglichen können, die erste Zeit ganz bei ihrem Baby zu sein.

Für die Betreuung von siebzig Mutter-Kind-Paaren stehen vier Schwestern pro Schicht auf der Station zur Verfügung. »Känguru«-Pflege wird gewünscht. Mutter und Baby haben ein Bett, denn das Kinderbett ist so konstruiert, dass es auf der Seite zum Bett der Mutter hin offen ist. Bei regelmäßigen Elterntreffen unterrichtet das Pflegepersonal die Eltern im Umgang mit den Babys: Babypflege, Stillen, Entspannungsübungen, Massage. Psychologen betreuen Eltern und Kinder.

Alle Mütter stillen nach Bedarf. Wenn stillen noch nicht möglich ist, pumpen sie die Muttermilch ab und verabreichen sie durch die Magensonde. Wenn es möglich ist, wird das Baby dabei angelegt. Es darf an der Brust lecken, nuckeln und erhält gleichzeitig die Nahrung durch die Sonde.
(Estonia: A truly Babyfriendly Unit, Birth 21: 1 March 1994)

Blick nach Wien

Auch Dr. Marina Marcovich vom Mautner Markhoff'schen Kinderspital, Wien, ist eine Pionierin in der Frühgeborenenmedizin. Sie sammelte jahrelange Erfahrungen mit Frühgeborenen unter 1 500 g. Sie stellte dabei fest, dass gerade mit diesen Kindern sehr schonend umgegangen werden muss. Mit dem Einsatz von Technik war auch sie sehr behutsam, ebenso mit der Kalorien- und Flüssigkeitszufuhr in der ersten kritischen Lebensphase. Sehr bald nach der Geburt wurden die Säuglinge herumgetragen, gebadet und gefüttert wie »normale« Babys.

Allen Frühgeborenen, auch Kindern unter 1 000 g, wurde bereits kurz nach der Geburt die Nahrung oral angeboten, und zwar sobald die Babys Saug- und Schmatzbewegungen zeigten. Von Beginn an werden die Kinder ihren Vätern oder Müttern auf die nackte Haut gelegt. Die Nähe, Innigkeit und Geborgenheit hilft den Säuglingen, ihre Entwicklung aufzuholen.

Selbst die kleinsten Babys zeigten Saugreaktionen. Das kleinste Frühgeborene wog 460 g, als es das erste Mal an der Brust seiner Mutter saugte. Für die Mütter ist dieses Erlebnis von entscheidender Bedeutung. Es stimuliert nicht nur den Milchfluss, sondern gibt ihnen auch das Gefühl, ein normales, wenn auch kleines Kind zu haben. Dies ist sehr wichtig, da gerade Mütter von Frühgeborenen sehr häufig mit Schuldgefühlen behaftet sind, ihr Kind nicht voll ausgetragen zu haben. Der Hautkontakt mit dem Kind und das Anlegen des Kindes vermitteln beiden – Mutter und Kind – Ruhe und Sicherheit.

KRANKE ODER BEHINDERTE KINDER STILLEN

Die Geburt eines behinderten Kindes versetzt Vater und Mutter oft einen Schock. In dieser Situation ist es besonders wichtig, dass sie das Kind nach der Geburt kennen lernen können. Ablehnung, ein schlechtes Gewissen, Ekelgefühle, Verzweiflung – mit all dem müssen sie fertig werden. Das Baby wiederum sucht Nähe und Geborgenheit – und es braucht Muttermilch.

Gerade ein behindertes oder krankes Kind erhält durch das Stillen die besten Startbedingungen. Allerdings ist es in dieser Situation nicht einfach, und Sie brauchen Mut, Kraft, Selbstvertrauen und Unterstützung. Denn auf der einen Seite möchten Sie die Milchbildung anregen und abpumpen, was am besten klappt, wenn Sie sich wohl fühlen, auf der anderen Seite setzt Sie diese unerwartete Situation erstmals unter Stress. Angst, Schmerz und Trauer bringen die Tränen zum Fließen und blockieren die Milchbildung. Nicht bei jeder Behinderung ist eine Verlegung in die Kinderklinik erforderlich. Es gibt Entbindungsstationen, die Babys mit einer Lippen-Kiefer-Gaumenspalte nicht mehr verlegen, sondern es Mutter und Kind ermöglichen, sich nach

der Entbindung kennen zu lernen, und zusammenzubleiben. Untersuchungen zeigen, dass das der Mutter hilft, eine liebevolle Beziehung zum Kind aufzubauen, und das Kind wiederum entwickelt sich besser.

Muss das Kind in die Kinderklinik verlegt werden, ist dies für Sie besonders hart, da das erste Kennenlernen nach der Geburt meist nicht möglich ist, und Sie haben das Kind gar nicht gesehen. Viele Mütter empfinden in dieser Situation die ersten Stunden und Tage besonders belastend, da für sie oft nicht klar ist, was das Kind hat und ob es eine Überlebenschance hat.

Versuchen Sie, mit Ihrem Partner zusammen sobald wie möglich das Baby zu besuchen. In manchen Kinderkliniken ist es auch möglich, dass Sie oder Ihr Partner mit aufgenommen werden können. Auch wenn Sie anfangs Gefühle haben mögen wie »Oh Gott, warum mein Kind? – Ich kann gar nichts tun; das Wesen an diesen vielen Schläuchen und Geräten soll mein Baby sein? – Warum hat es diese Behinderung? Es sieht schrecklich aus!« – das Baby braucht Sie. Verschiedentliche Untersuchungen haben belegt, dass sich kranke, frühgeborene und behinderte Kinder besser entwickeln und weniger Infektionen erleiden, wenn sie Kontakt zur Mutter haben. Da diese Babys besonders infektanfällig sind, ist für sie jeder Tropfen Muttermilch wertvoll, denn die Schutz- und Abwehrstoffe sind in keiner künstlichen Nahrung enthalten.

Das Baby hat sich seine Ankunft auf der Welt sicherlich auch anders vorgestellt. Es kennt Ihren Herzschlag, Ihre Stimme, Ihr Wesen aus der Zeit im Mutterleib und auch wenn Sie es anfangs »nur« streicheln können, die Hand halten können, Ihre Hand auf seinen Kopf legen können, spürt das Baby Ihre Nähe. Sie werden beobachten, dass es ruhiger wird. Bei Kindern mit Atemschwierigkeiten wurde beobachtet, dass sie ruhiger und koordinierter atmeten. Es hilft Ihnen auch, die Situation besser zu verarbeiten und eine bejahende Einstellung zu bekommen. Frauen berichten davon, dass das Abpumpen von Muttermilch besser klappte, sobald es möglich war, direkten Kontakt mit dem Baby zu haben. Wenn es dem Baby besser geht, können Sie es aus dem Bettchen nehmen und unter den Schutzkittel auf die Haut legen. Es gibt Behinderungen, bei denen dies von Anfang an möglich ist.

Sie werden mit vielen Problemen konfrontiert

Bei einer akuten Erkrankung oder einer Behinderung werden Sie vom Kind getrennt

Wenn das Kind in die Kinderklinik verlegt wird, besuchen Sie es so bald und so oft wie möglich oder versuchen Sie, eine Mitaufnahme zu erwirken. Versuchen Sie, sich zu entspannen und die Situation zu bejahen. Beginnen Sie baldmöglichst mit dem Abpumpen, um die Milchbildung anzuregen (anfangs mindestens achtmal innerhalb von 24 Stunden).

Wenn das Baby gut saugen kann und allgemein stabil ist

Legen Sie das Baby sofern möglich nach Bedarf an. Falls dies durch die Trennung von Ihnen nicht möglich ist, versuchen Sie, das

Baby zu einigen Stillmahlzeiten zu besuchen und pumpen Sie die restlichen Mahlzeiten ab, damit das Baby Muttermilch per Sonde oder Becher erhalten kann. Bei manchen Erkrankungen hat das Baby nur wenig Appetit, wird schnell müde. Hier kann es hilfreich sein, das Baby anzulegen und zusätzlich Muttermilch zu sondieren, oder auch die Zeitabstände zwischen den Mahlzeiten zu verringern, zum Beispiel alle zwei Stunden anzulegen oder zu sondieren.

Auch bei einer späteren Erkrankung wie zum Beispiel bei Durchfall ist Muttermilch und Stillen die beste Ernährungsart, um die Krankheit zu bekämpfen. Viele Kinder wissen das intuitiv, lehnen dann jegliche andere Nahrung ab und wollen wieder häufiger an die Brust. Das kann eine Mutter dazu bringen, ein fast abgestilltes Baby wieder ausschließlich zu stillen. Muttermilch ist die beste Heilnahrung (siehe Seite 39).

Wenn das Baby durch die Erkankung schlechter saugt als zuvor
Hier hilft häufiger kürzer anlegen und verabreichen von zusätzlicher Muttermilch durch Magensonde oder Becher.

Wenn das Baby nicht saugen kann, trinkschwach ist oder streikt
Eventuell wird das Baby dann über Infusionen ernährt oder es hat eine Magensonde zur Dauerernährung gelegt bekommen. Pumpen Sie dann regelmäßig ab. Legen Sie das Baby so oft wie möglich an und ermöglichen Sie ihm den Kontakt zur Brust mit lecken, nuckeln, saugen, während Sie die Nahrung sondieren. Auch ein komplett intravenös ernährtes Kind fühlt sich an der Brust wohl.

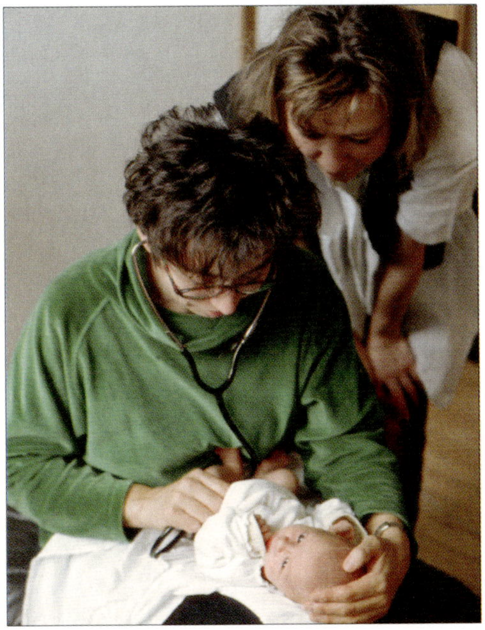

Wenn dem Baby keine Nahrung gegeben werden kann
Pumpen Sie die Muttermilch regelmäßig ab, damit die Milchbildung aufgebaut wird und erhalten bleibt, und legen Sie einen Muttermilchvorrat an. Die Känguru-Methode ist hier oft der erste Schritt auf dem Weg zur Besserung. Wenn das Baby noch keine Nahrung aufnehmen darf, legen Sie das Baby nach dem Abpumpen an die Brust, sodass es die Brust erforschen kann.

Was Sie prinzipiell beim Anlegen beachten sollten:

- Oft neigen die Babys dazu, sich zu verschlucken. Eine aufrechte Position (aufrechte Brotlaibposition oder der Hoppe-Reiter-Sitz) hilft dem vorzubeugen.
- Wenn das Baby Probleme mit der Atmung hat oder zu schwach ist, um die Brust nach dem Erfassen zu halten, hilft es, das

Baby mit dem DanCer-Griff zu unterstützen, sowie eine aufrechte und für beide bequeme Position zu wählen.

Wenn das Baby operiert werden muss
Manche Babys müssen operiert werden. Sie können Ihr Kind vier Stunden vor der Operation das letzte Mal stillen. Nach der Operation sollten Sie es so bald wie möglich wieder anlegen. Um die Milchbildung aufrechtzuerhalten, sollten Sie in der Zwischenzeit abpumpen. Nehmen Sie Kontakt zu einer Selbsthilfegruppe auf (siehe Seite 188), dort erhalten Sie Hilfe und Unterstützung.

Downsyndrom (Trisomie 21)

Bei dieser Krankheit kommt das Chromosom 21 dreifach vor. Für viele Eltern ist die Geburt eines Babys mit Downsyndrom erst einmal ein Schock. Oft wird das Baby zunächst abgelehnt.
Die Möglichkeit des ausführlichen ersten Kennenlernens im Kreißsaal kann helfen, um das erste Band der Beziehung zwischen Eltern und Kind zu knüpfen. Manchmal werden diese Kinder aber auch gleich in die Kinderklinik verlegt, weil vielleicht zusätzlich zur Behinderung noch andere Auffälligkeiten vorliegen. Gerade für diese Babys ist Muttermilch ganz wichtig, da sie ohnehin infektanfällig sind.

Gerade für Babys mit Downsyndrom ist Muttermilch sehr wichtig.

Was Sie tun können:
- Beginnen Sie innerhalb der ersten sechs Stunden nach der Geburt mit dem Abpumpen, um die Milchbildung in Gang zu bekommen.
- Anfangs erhält das Baby die Nahrung über die Magensonde. Erst langsam können Sie mit dem Anlegen beginnen.
- Mund-, Kiefer- und Zungenmuskulatur werden durch das Stillen trainiert, und dies fördert später die Sprachentwicklung. Falls das Stillen nicht gleich klappt, können Babys mit Downsyndrom mit dem Becher oder mit dem Brusternährungsset gefüttert werden.
- Da die Muskeln oft schlaff sind, hilft es dem Baby, wenn Sie es in einer aufrechten Position (zum Beispiel Hoppe-Reiter-Sitz) stillen und den Kopf mit dem DanCer-Griff stützen. Das Saugen selbst bereitet meist keine Probleme.
- Helfen kann man dem Baby beim Trinken, wenn man mit leichtem, dem Saugrhythmus angepasstem Druck oder leichtem Streichen unter dem Kinn die Zungenhebung beim Saugen unterstützt.
- Auch das Anregen zum Saugen durch Einführen des Fingers in den Mund und Stimulation des Saugreflexpunkts am Übergang des harten zum weichen Gaumen kann helfen, dass das Baby die Brust besser erfasst.
- Stimulation der Brustwarze, bis sie sich aufrichtet und Anpumpen, bis der Milchspendereflex einsetzt, helfen ebenfalls, dass das Baby die Brust besser erfassen kann.
- Wenn das Baby schläfrig ist, sollten Sie es wecken. Es braucht in den ersten Wochen wie jedes andere Neugeborene acht Mahlzeiten innerhalb von 24 Stunden.

Wichtig: Nach der Geburt eines Kindes mit Downsyndrom haben Sie Anspruch auf verlängerte Hebammenhilfe.

STILLSTREIK – BRUSTVERWEIGERUNG

Meist beginnt es recht unvermittelt. Von einer Mahlzeit zur anderen lehnt das Baby plötzlich die Brust ab. Bei einem älteren Kind (ab sechs Monate) kann es ein Hinweis darauf sein, dass es andere Nahrung möchte. Bei einem jüngeren ist es wichtig, dass Sie sich an eine Stillgruppe oder an Ihre Hebamme wenden und gemeinsam auf die Suche nach der Ursache gehen. Wichtig ist, dass Sie Ruhe bewahren.

Die Brustverweigerung kann sich in verschiedenen Formen zeigen:

- Das Baby erfasst die Brust, saugt aber nur schwach oder gar nicht.
- Das Baby lässt sich nicht anlegen. Es schreit und kreischt und kämpft regelrecht gegen Sie an.
- Das Baby saugt eine oder mehrere Minuten, lässt dann aber die Brust los. Entweder schreiend oder auch lachend und das mehrmals während einer Mahlzeit.
- Das Baby nimmt nur eine Brust und lehnt die andere ab.

Ursachen und Lösungen

Schmerzen

Bei einer Saugglockengeburt zum Beispiel entstehen Blutergüsse. Wenn Sie nun den Kopf des Kindes in diesem Bereich beim Anlegen stützen, hat es Schmerzen. Legen Sie es in einer anderen Position an, in der Sie nicht den Kopf berühren müssen.
Eine Zangengeburt kann eine vorübergehende halbseitige Gesichtsmuskellähmung mit sich bringen. Legen Sie das Kind so an, dass die gelähmte Gesichtshälfte oben liegt, damit die Milch abfließen kann.
Auch Zahnen kann eine Ursache der Brustverweigerung sein. Kühlen Sie vor dem Anlegen die Zahnleiste mit einem kalten Beißring.

Krankheit

Vielleicht ist die Nase des Kindes verstopft, und es kann nicht richtig atmen. Träufeln Sie etwas Muttermilch in die Nase, das macht sie wieder frei.
Unter Umständen kann auch eine Hals-, Ohren- oder Pilzinfektion die Ursache des Stillstreiks sein. Lassen Sie dies durch den Kinderarzt abklären.

Medikamente

Schmerzmedikamente, die der Mutter bei der Entbindung verabreicht wurden, wirken noch tagelang im Baby nach und machen es schläfrig. Falls Sie Dauermedikamente einnehmen müssen, besprechen Sie mit Ihrem Arzt, ob diese eventuell das Verhalten Ihres Kindes beeinflussen.

Falsche Stilltechnik

Auch das kann eine mögliche Ursache der Brustverweigerung sein. Saugflaschen, Schnuller und Stillhütchen verlangen eine unterschiedliche Saugtechnik, und manche Babys reagieren darauf verwirrt. Sie öffnen den Mund nicht weit genug, erfassen nur die Brustwarze, und die Milch kann nicht richtig ausgestreift werden. Dadurch geht die Milchbildung zurück, weil der Milchspendereflex nicht einsetzt. Lassen Sie die künstlichen Sauger weg, pumpen Sie die Milch ab und überbrücken Sie diese Zeit mit Becherfütterung. Dies und viel Hautkontakt helfen dem Baby, wieder richtig saugen zu lernen.

Falsche Anlegeposition
Weitere Ursachen sind nicht korrekte Anlegepositionen oder ein Druck im Nackenbereich – früher ein klassischer Versuch des Anlegens –, der beim Baby ein Sichsträuben auslöst. Es versucht, sich dahin zu wenden, wo die Berührung herkommt.

Veränderung im Umfeld
Häufig liegt auch hier die Ursache für einen Stillstreik, meist zwischen dem dritten und zwölften Lebensmonat. Urplötzlich verweigert das Kind eine oder mehrere Mahlzeiten. Babys sind sehr sensibel, und manche reagieren umgehend auf eine Veränderung in ihrem gewohnten Umfeld.

Auf folgende Veränderungen kann das Baby reagieren:

- Sie beginnen, wieder zu arbeiten, und das Baby wird in Ihrer Abwesenheit mit der Flasche gefüttert. Eine Lösung wäre, die Mahlzeiten mit dem Becher zu geben oder einen Brei zu füttern, wenn das Baby schon fünf bis sechs Monate alt ist.
- Das Baby kommt mit unterschiedlichen Bezugspersonen nicht zurecht.
- Es gab eine Unregelmäßigkeit im Tagesablauf (viel Besuch, ein Familienfest, ein Wochenendurlaub); das Baby ist verwirrt.
- Die Milch schmeckt anders als gewohnt (bei einer Brustentzündung, wenn die Menstruation einsetzt, nach Genuss bestimmter Nahrungsmittel).

Bei einem Stillstreik gehen Sie folgendermaßen vor, um die Situation in den Griff zu bekommen:

- Nehmen Sie den Stillstreik zum Anlass, sich Zeit für das Baby zu nehmen. Tragen Sie es herum oder legen Sie sich mit ihm aufs Sofa. Sie brauchen nun eine Hilfe im Haushalt. Legen Sie das Baby auf Ihren Bauch, sodass es sich an der Brust wieder wohl fühlt. Pumpen Sie Milch ab und geben Sie dem Baby die Nahrung mit dem Becher, um die Zeit zu überbrücken, in der es das Saugen verweigert.
- Lassen Sie das Baby die Brust erforschen, lecken, nuckeln. Wenn Sie es Haut auf Haut tragen, wird es dies automatisch tun.
- Bieten Sie dem Baby immer wieder die Brust an, lösen Sie den Milchspendereflex aus, so fließt die Milch leichter.
  Sie können auch Milch direkt in den Mund des Babys abpumpen.
- Beobachten Sie das Baby gut. Ist es schläfrig oder apathisch, ziehen Sie Ihren Kinderarzt zurate.
- Wenn das Kind nicht an die Brust will, abpumpen, mit dem Becher füttern und immer wieder versuchen, das Kind anzulegen.

STILLEN BEI BESONDEREN FÄLLEN

Ab und zu kommt es vor, dass das Kind älter als ein Jahr ist und noch gestillt wird oder auch schon ein jüngeres Geschwisterchen mitgestillt wird.

Stillen während einer erneuten Schwangerschaft

Vielleicht haben Sie anfangs nicht gemerkt, dass Sie erneut schwanger sind. Eine Schwangerschaft ist kein Grund zum Abstillen und schon gar nicht abrupt. Das ungeborene Kind entwickelt sich normal, auch wenn das Geschwisterchen weiter gestillt wird. Bekommen Sie jedoch aufgrund der Oxytozinausschüttung vorzeitige Wehen, sollte Abstillen in Erwägung gezogen werden.

Tandemstillen (Stillen eines Babys und eines Kleinkindes)

Es ist kein Problem, ein Neugeborenes und ein älteres Kind zu stillen und beide damit teilweise oder sogar ausreichend zu ernähren. Ein Kleinkind über ein Jahr nimmt in der Regel nur noch wenige Stillmahlzeiten zu sich und isst auch schon feste Nahrung. Wenn Sie ein Kind in diesem Alter weiterhin anlegen, folgen Sie damit der Stillempfehlung von WHO und UNICEF: Beginn mit adäquater Beikost ab dem sechsten Lebensmonat und weiter stillen bis über das zweite Lebensjahr hinaus. In verschiedenen Kulturen wird es so gehandhabt, in Deutschland werden Sie hier mit negativen Reaktionen rechnen müssen. Wie Sie es handhaben, ist Ihre Entscheidung.

Stillen Sie so lange, wie Sie und das Baby es möchten.

Die Milchmenge stellt sich auch hier auf den Bedarf ein, wie bei Mehrlingen. Die Milch verändert sich am Ende der Schwangerschaft und stellt sich auf die Bedürfnisse des Neugeborenen ein. Untersuchungen belegen, dass nun wieder Kolostrum gebildet wird. Wenn Sie in der Klinik entbinden, gehört die Brust in den ersten Tagen dem Neugeborenen. So kann das Neugeborene die Milchbildung anregen und bekommt das notwendige Kolostrum. Natürlich ist es auch möglich, das Neugeborene nach Bedarf anzulegen und das Geschwisterchen immer dann trinken zu lassen, wenn es möchte. Oft geht es dem Kleinkind auch nur um das Nuckeln und das Sichern des Besitzanspruchs. Legen Sie nach Möglichkeit zuerst das Neugeborene an. Das Kleinkind kann dann beim Seitenwechsel an die »leerere« Brust.

Stillen über das erste Lebenshalbjahr hinaus

Es gibt einige wissenschaftliche Untersuchungen, die sich damit auseinander gesetzt haben, dass das Stillen gerade für ältere Säuglinge wichtig ist. Ab dem sechsten Monat werden beim Kind durch weiteres Teilstillen immer noch 31 % seines Nährstoffbedarfs durch die Muttermilch abgedeckt. Folgende interessante Beobachtungen wurden dazu gemacht:
Die Immunglobuline steigen an, vermutlich aufgrund der abnehmenden Milchmenge. Bei einem zwanzig Monate alten gestillten

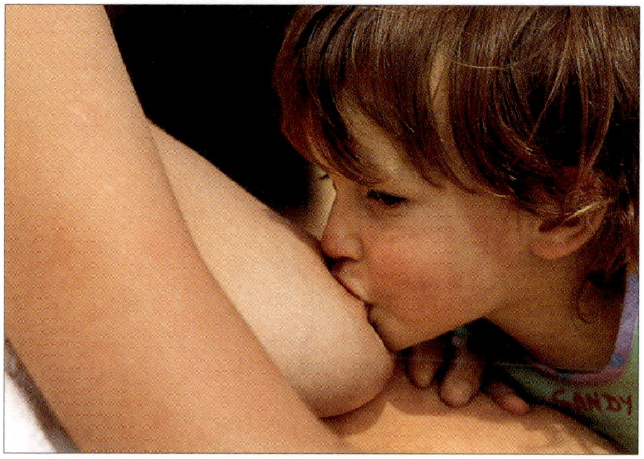

Säugling ist der Immunfaktorspiegel der Muttermilch genauso hoch wie bei einem zwei Wochen alten Baby. Lysozym, das eindringende Bakterien bekämpft, Laktoferrin, das die Ansiedlung von Bakterien verhindert, der Laktobacillus bifidus, der für das Darmmilieu verantwortlich ist, all diese wichtigen Schutz- und Abwehrstoffe steigen sogar noch deutlicher an. Das ist für das Kleinkind, das nun immer mehr Kontakt mit seiner Umwelt aufnimmt und mit viel Schmutz in Berührung kommt, ein ganz besonderer Schutz.

Stillen eines Adoptivkindes (Induzierte Laktation)

Es gibt auch die Möglichkeit, die Milchbildung bei Müttern zu aktivieren, die noch nie schwanger waren und noch nie gestillt haben. Wenn Adoptivmütter zum Beispiel ihr Adoptivkind stillen möchten.
Bei der La Leche Liga (Adresse siehe Seite 185) können Sie mit einer erfahrenen Beraterin Kontakt aufnehmen. Das Stillen eines Adoptivkindes ist nicht so einfach, und oft klappt es auch nur teilweise. Aber Sie haben die Möglichkeit, Ihr Bestes zu geben und das Kind wird die körperliche Nähe und Geborgenheit genießen. Wenn Sie sich in diesem Fall für das Stillen entscheiden, sollten Sie sich um Entlastung im Haushalt kümmern und ein »frühes Wochenbett« einrichten, sodass Sie genug Ruhe haben und sich entspannen können. Sie benötigen außer Ruhe auch ausreichend Nahrung und Flüssigkeit. Die Brustdrüse, die aufgrund der fehlenden Schwangerschaft nicht aufgebaut wurde, muss nun aufgebaut werden. Das geschieht durch regelmäßige Stimulation (Abpumpen) und kann eventuell durch Medikamente unterstützt werden. In Frage kommt der Wirkstoff Metoclopramid. Doch bezüglich der Medikamente gehen die Lehrmeinungen auseinander. Der Aufbau der Brustdrüse kann einige Tage bis Wochen oder sogar Monate dauern.

Wenn Sie ihr Adoptivkind stillen wollen, sollten Sie Ihre Erwartungen nicht zu hoch ansetzen.

Was ist zu tun?

- Suchen Sie eine erfahrene Beraterin auf.
- Beginnen Sie zwei bis drei Wochen, bevor das Baby zu Ihnen kommt, alle drei Stunden – achtmal pro 24 Stunden – abzupumpen. Die Stimulation durch den Partner ist dabei hilfreich.
- Sobald Sie das Baby haben, legen Sie es mindestens achtmal pro 24 Stunden an.
- Wenn sich die Milchbildung noch nicht aufgebaut hat, kann mithilfe des Brusternährungssets zugefüttert werden. So saugt das Baby weiterhin an der Brust und stimuliert damit die Milchbildung.
- Manche Mütter können irgendwann ausschließlich stillen, andere stillen teilweise und füttern mit dem Brusternährungsset zu.

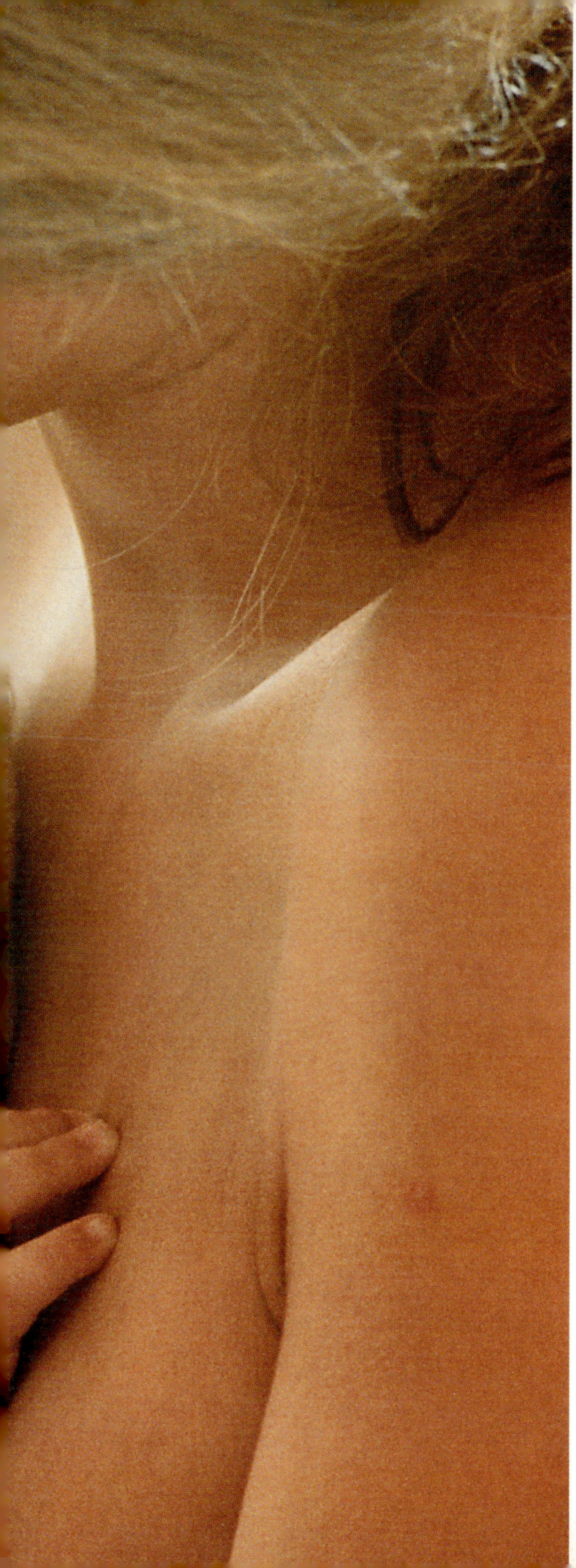

STILL-PROBLEME ERFOLGREICH LÖSEN

Stillen ist eigentlich kein Problem, aber viele Frauen werden im Verlauf der Stillzeit mit dem einen oder anderen Stillproblem konfrontiert. Abstillen und Zufüttern ist in den wenigsten Fällen erforderlich. Basiswissen hilft, das Problem zu verstehen, und praktische Tipps helfen, es zu lösen. Fachkundige Betreuung durch Stillberaterinnen, Pflegepersonal oder in der Stillgruppe kann Sie dabei unterstützen, die Schwierigkeit zu meistern.

URSACHEN FÜR PROBLEME ERKENNEN

Es ist wichtig, dass Sie die Ursache eines Problems herausfinden, denn nur dann gelingt es, Abhilfe zu schaffen. Dazu ist es erst einmal notwendig, das Baby zu beruhigen. Ein schreiendes, aufgeregtes Baby wird nicht bereit sein, zum Beispiel eine andere Stillposition auszuprobieren oder mehrfach neu angesetzt zu werden, um korrekt saugen zu lernen.

Eine Stillberaterin oder eine Hebamme kann Ihnen Mut zusprechen und helfen, die Ursache eines Problems herauszufinden. Nehmen Sie rechtzeitig Hilfe und Rat in Anspruch, denn aus manchen nicht wichtig erscheinenden Kleinigkeiten können leicht größere Probleme werden.

Auf folgende Anzeichen der Brüste und der Warzen sollten Sie achten:

- Ihre Brustwarzen sind gerötet, wund und Sie haben zu Beginn, während und nach der Stillmahlzeit Schmerzen.
- Ihre Brustwarzen sehen gequetscht, platt gedrückt, verändert aus, wenn das Baby die Brust loslässt.
- Ihre Brustwarzen bluten während und nach der Mahlzeit.
- Ihre Brustwarzen haben schmerzhafte Schürfungen oder Bläschen im Warzen- und Warzenhofbereich.
- Die Brüste sind angeschwollen.
- Die Brüste schmerzen im gesamten Bereich oder nur in bestimmten Bereichen.
- Die Brüste jucken vor, während und nach dem Stillen.
- Die Brüste schmerzen vor, nach der Stillmahlzeit.
- Die Brüste fühlen sich nach dem Stillen hart und geschwollen an.
- Die Brüste weisen eine Rötung auf.
- Sie haben deutlich fühlbare Knoten.

Die Anzeichen beim Baby:

- Es ist beim Stillen unruhig, unzufrieden.
- Es lässt die Brust während des Stillens los, ist frustriert, unzufrieden und schreit.
- Das Baby streikt und will nicht weiter an der Brust zu trinken.
- Es beendet keine Stillmahlzeit von allein, scheint »stundenlang« saugen zu wollen, wenn Sie es nicht von der Brust lösen.
- Das Baby möchte ständig saugen. Eine Mahlzeit dauert sehr lange (über eine Stunde). Es will nach dreißig Minuten schon wieder saugen (Tag und Nacht).
- Das Baby ist nach der Stillmahlzeit nicht zufrieden, sondern schreit häufig.
- Es schreit häufig, lange und hat Koliken.
- Es scheidet den grünschwarzen Stuhlgang in den ersten Lebenstagen kaum aus.
- Es hat bis zum Ende der ersten Lebenswoche noch keinen typischen Muttermilchstuhl entwickelt.
- Das Baby hat einen dünnflüssigen, grün gefärbten Stuhlgang.
- Das Baby trinkt nicht mit tiefen, ruhigen Saugbewegungen und Schlucken.
- Es nimmt nicht beständig an Gewicht zu.
- Das Baby würgt und spuckt Milch aus.

- Das Baby hat über die ersten zwei Lebenswochen hinaus Gelbsucht.

Brustgröße und -form

Die Größe der Brust wird durch das Binde- und Fettgewebe bestimmt. Die Brustdrüse ist bei allen Frauen gleich groß, das heißt, ob die Brust groß oder klein ist, spielt in Bezug auf Milchbildung und die Fähigkeit zum Stillen keine Rolle. Es können nahezu alle Mütter genug Milch bilden, um ein Kind oder Mehrlinge zu stillen.
Manche Frauen fürchten, dass Stillen die Form der Brust verändert und sie dadurch für den Partner nicht mehr so anziehend wirkt. Das ist ein Ammenmärchen. Die Brust verändert sich in dem Maße, wie sich Ihre Körperfigur verändert. Wenn Sie mehr Fettgewebe anlegen, ist davon auch das Fettgewebe der Brust betroffen. Auch hormonelle Umstellungen verändern die Brust. Wenn Sie eine Schwäche des Binde- und Stützgewebes haben, kann sich auch dies auf die Form und das Aussehen der Brust auswirken. In diesem Falle lohnt es sich, die Brust durch spezielle Gymnastik zu kräftigen.

Die Brustdrüse ist bei allen Frauen gleich groß.

Durch den Östrogen- und Progesteroneinfluss während der Schwangerschaft wird die Brustdrüse größer, und der Brustumfang nimmt zu. Nach der Stillzeit bildet sich der Drüsenapparat wieder zurück, und die Brust nimmt ihre urspüngliche Form an.

Probleme mit den Brustwarzen

Warzenhof

Der dunkel gefärbte Warzenhof wächst mit der Brust mit und wird in der Schwangerschaft auch größer. Die Größe variiert von Frau zu Frau – jede Größe ist in Ordnung.

Schmerzen in der Brust zu Beginn des Stillens

In der ersten Woche klagen viele Mütter über empfindliche Warzen. Diese Schmerzempfindlichkeit lässt aber nach. Manche Frauen verspüren Schmerzen, wenn das Baby ansaugt. Das kann durch den Unterdruck verursacht werden, der entsteht, kurz bevor die Milch die Milchgänge füllt. Hier hilft das Auslösen des Milchspendereflexes, bevor das Baby ansaugt.

Überzählige Brustwarzen – versprengtes Drüsengewebe

In der Embryonalzeit wird die Brust angelegt. Wird die Milchleiste nicht ausreichend rückresorbiert, kann es zur Anlage von mehreren Brustwarzen kommen. Diese sollten vom Gynäkologen bei der Vorsorge mit untersucht werden, ansonsten muss man hier nichts unternehmen. Es kommt auch vor, dass versprengtes Drüsengewebe eine Brustwarze mit Ausführungsgängen bildet, die so genannte dritte Brust. Oft tritt diese Erscheinung im Achselbereich auf. In den ersten Tagen nach der Geburt schwillt dieses Gewebe an, und auch hier kann Milch einschießen und auslaufen. Da die Milchbildung für die erste Mahlzeit durch das Prolaktin bestimmt wird, danach durch das Saugen des Kindes, brauchen Sie an der »dritten Brust« nichts zu tun. Sie bildet sich innerhalb von vierzehn Tagen zurück. Wenn die Schwellung zu stark wird, können Sie die »dritte Brust« bandagieren. Ausdrücken oder Ausstreichen der Milch ist nicht erforderlich. Je weniger Sie manipulieren, desto schneller bildet sie sich zurück.

Wunde Warzen

Viele Mütter klagen während der ersten Wochen über wunde Warzen. Manche bekommen sie erst zu einem späteren Zeitpunkt. Wunde Warzen sind immer ein Hinweis darauf, dass irgendetwas bei der Stilltechnik nicht in Ordnung ist, sei es, das Baby ist nicht korrekt angelegt oder es erfasst die Brust nicht richtig. In selteneren Fällen sind auch andere Ursachen auffindbar, wie zum Beispiel ein zu kurzes Zungenbändchen.

Wunde Warzen zeigen an, dass die Stilltechnik nicht stimmt.

Das Problem der wunden Warzen wird schon in Büchern des 16. und 17. Jahrhunderts beschrieben. Durch die Literatur geistert immer noch die Empfehlung, dass die Einschränkung des Stillens während der ersten Zeit – bis die Milch kommt – eine förderliche Maßnahme wäre. Dies stimmt nicht!

Wenn das Baby nur die Brustwarze erfasst oder die Brustwarze mit nur wenig Brustgewebe, kann es den natürlichen Sauger nicht richtig bilden. (Sie erinnern sich: Nur ein Drittel dieses natürlichen Saugers ist die Brustwarze, der Rest ist Brustgewebe.) Der Sauger reicht also nicht weit genug in den Mund des Kindes hinein, das Baby kann den Unterdruck nicht richtig aufbauen, und die Zunge hat Schwierigkeiten, den Sauger zu halten und mit wellenförmigen Bewegungen die Milchseen richtig auszustreichen.

Wenn das Baby saugt, rutscht der Sauger im Mund hin und her. Durch die Reibung wird die Warze gequetscht und wund. Oft rutscht auch die Warze während des Saugens aus dem Mund.

Lassen Sie das Baby an einer wunden Brust nicht einfach darauf lossaugen. Nehmen Sie das Baby lieber ab und setzen Sie es neu an, auch wenn das bedeutet, dass Sie es mehrmals ansetzen müssen. Wenn Sie nicht zurechtkommen, suchen Sie Hilfe bei einer erfahrenen Beraterin oder Hebamme.

Wenn das Baby die Brust richtig erfasst, merken Sie, dass der Schmerz nach dem Ansaugen nachlässt.

»Bei einem Besuch auf der Wochenstation, im Rahmen einer Ausbildung von Gesundheitspersonal, wurden Mütter beim Stillen beobachtet und interviewt. Sehr eindrücklich erlebte meine Ausbildungsgruppe eine Mutter, die versuchte, ihr Baby anzulegen, sich beim ersten Ansaugen total verspannte und mit schmerzverzerrtem Gesicht und Tränen in den Augen das Kleine hielt. Wir beobachteten, dass das Baby Mühe hatte, die Brust richtig zu erfassen, da sein Körper zu weit von dem der Mutter entfernt war, und dass es nur die Brustwarze im Mund hatte und schnell und aufgeregt saugte, bis es schreiend die Brust losließ. Der Warzenbereich war gequetscht, der Warzenhof an zwei Stellen sichelmondförmig gerötet. Nachdem wir der Mutter zeigten, wie sie das Baby besser anlegen kann, und ihr halfen, dass das Kind die Brust korrekt erfasste, ging von einer Minute zur anderen ein Leuchten über das Gesicht der Mutter. Sie entspannte sich, und das Baby begann, nach anfänglichem heftigen Saugen, in tiefen,

Darauf zu achten, dass das Baby die Brust richtig erfasst und korrekt angelegt wird, findet in der deutschen Literatur zum Thema Stillen noch viel zu wenig Beachtung. Dabei liegt gerade hier eine Ursache für wunde Warzen.

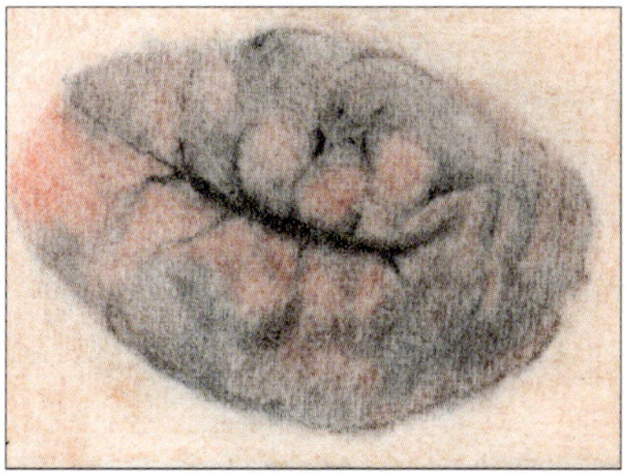

Wunde Warze mit Hautläsionen quer über die Brustwarze

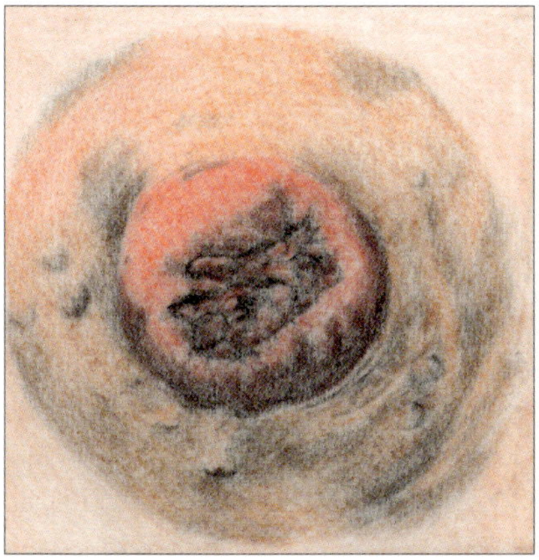

Wunde Warze mit verschiedenen offenen Stellen

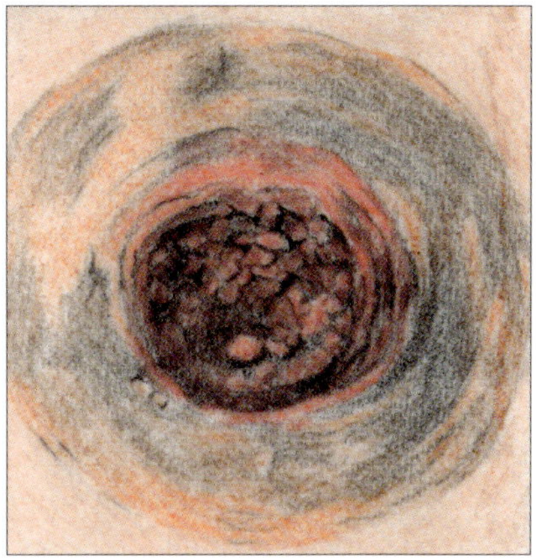

Wunde Warze mit offenen Läsionen im unteren Bereich

koordinierten und ruhigen Schlucken zu trinken. Es war das erste Mal, dass das Stillen so gut klappte. Die anderen zwei Mütter in diesem Zimmer ließen sich ebenfalls zeigen, wie das Kind richtig angelegt wird.«

Woran erkennen Sie wunde Warzen?

Die Warzen weisen eine Rötung, Risse, Blasen oder Schorf auf. Während des Saugens fühlen Sie anhaltende Schmerzen. Die Brustwarze ist nach dem Loslassen deformiert.

Was können Sie tun, um die Ursache herauszufinden?
Suchen Sie sich erfahrenes Fachpersonal oder eine Stillberaterin, die eine Stillmahlzeit von Anfang bis Ende beobachtet.

Folgende Punkte sind zu beachten:

- **Ist das Baby korrekt angelegt?**
- **Wie erfasst das Baby die Brust?**
- **Wie sehen die Wangen des Kindes aus?** Wenn das Baby die Brust richtig erfasst, hat es während des Trinkens Pustebäckchen. Sind die Wangen eingezogen, spricht dies dafür, dass das Baby wie aus einem Strohhalm zu trinken versucht oder nur an der Brustwarze nuckelt.
- **Wo liegt die Zunge?** Die Lage der Zunge können Sie überprüfen, wenn Sie vorsichtig mit dem Finger die Unterlippe wegschieben. Dann können Sie die Zunge sehen, die sich wie eine Regenrinne um den natürlichen Sauger legt.
- **Was hören Sie?** Klickende, schnalzende Geräusche weisen auf eine falsche Saugtechnik hin oder dass die Brustwarze gegen den Gaumen gedrückt wird.
- **Wie stark ist der Sog?** Wenn der Unterdruck gut ist, muss der Finger in den Mundwinkel des Babys geschoben werden, um den Sog zu lösen. Wenn das Kind den Sog nicht richtig aufbauen kann, ist das auch ein Zeichen dafür, dass es die Brust nicht richtig erfasst und

zu wenig Brustgewebe mit eingezogen hat.

- **Wie sieht Ihre Brust aus?** Ist die Brust gerötet oder wund, ist das ein Zeichen dafür, dass das Baby die Brust nicht richtig erfasst hat.

Wund im unteren Bereich der Brustwarze

Schauen Sie nach, ob die Unterlippe des Babys eingezogen ist. Das bedeutet oft, dass der Mund nicht weit genug geöffnet ist und das Kind die Brust nicht korrekt erfassen kann.

Wenn Sie den Eindruck haben, dass das Baby ausreichend Brustwarze und Brustgewebe eingesogen hat und nur die Unterlippe falsch positioniert ist, dann können Sie versuchen, die Lage der Unterlippe zu korrigieren, indem Sie die Unterlippe vorsichtig herausziehen. Ansonsten sollten Sie das Baby von der Brust lösen und nochmals neu ansetzen.

Wund im oberen Bereich der Brustwarze

Auch hier ist das Wundsein ein Hinweis, dass das Baby nicht korrekt angelegt ist und daher nicht richtig saugt. Die eingezogenen Lippen verursachen durch die Reibung Läsionen.

Wenn die Warzenspitze weiß ist

Mögliche Ursachen:

- Nicht korrekt angelegt oder falsche Saugtechnik
- Der BH ist zu eng
- Falsche Pflege der Brust
- Pilzinfektion oder Ekzem
- Das Zungenbändchen ist zu kurz

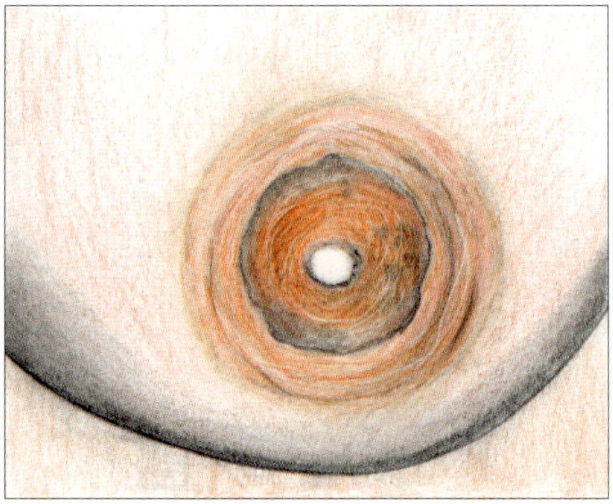

Weiße Bläschen direkt auf der Brustwarze

- Die Zähne schießen ein, das Kind beißt
- Hormonveränderungen (Menstruation, Schwangerschaft)

Was kann helfen?

- Korrektes Anlegen und richtiges Erfassen der Brust
- Der BH muss groß genug sein, nichts soll einengen
- Pflege der Brust (Abwaschen der Brust mit klarem Wasser ohne Zusätze; keine Cremes, Öle oder andere Pflegemittel verwenden; nach dem Stillen einen Tropfen Muttermilch abdrücken und auf Brustwarze und Warzenhof verteilen)
- Brust trocken halten, Luft und Sonne daran lassen; feuchte Stilleinlagen wechseln; vorteilhaft sind welche aus Baumwolle, Wolle oder Seide, da waschbar und wiederverwendbar (Einmalstilleinlagen sollen keine Plastikfolie haben, da sonst feuchte Kammern entstehen, in denen sich Bakterien ansiedeln)
- Punktmassage des Warzenhofs (siehe Seite 103)
- Häufig anlegen (wenn nur eine Seite wund ist, legen Sie das Kind erst an der

nicht wunden oder auch weniger wunden Brust an; lassen Sie das Baby, wenn es korrekt saugt, trinken bis es von allein loslässt; wenn es nur nuckelt, lösen Sie es von der Brust und setzen Sie es neu an)
- Überwindung des Schmerzes zu Beginn durch manuelles Auslösen des Milchspendereflexes
- Ein Kältereiz vor dem Anlegen (zum Beispiel Eiswürfel)
- Bei lang anhaltenden wunden Warzen sollten Sie einen Abstrich machen und auf Infektionen, zum Beispiel durch Pilze oder Bakterien, prüfen lassen

Aufgebissene Warzen

Falls die Brustwarzen total aufgebissen sind und es nicht möglich ist, das Kind anzulegen, können Sie die Milch für einige Mahlzeiten abpumpen und mit dem Becher geben.

Stillhütchen als Notlösung

Als Notlösung ist auch der kurzzeitige Einsatz eines Stillhütchens (12–24 Stunden) anzusehen.

Besser ist es aber, Sie überbrücken die Zeit mit Abpumpen und Becherfüttern, da das Stillhütchen das Baby verwirren kann und es dann immer noch nicht richtig die Brust erfasst (siehe auch Seite 99).

Rhagaden (Schrunden)

Haben Sie Schrunden im Warzenbereich, hilft es, das Kind so anzulegen, dass die Rhagade im Mundwinkelbereich ist.

Rissige, trockene Brustwarzen

Da die Hintermilch sehr fetthaltig ist, reicht in der Regel die Pflege der Brustwarze und des Warzenhofes mit Muttermilch völlig aus. Bei ganz trockenen, rissigen Brustwarzen kann eine Salbe helfen (zum Beispiel Lanolin). Tragen Sie diese nach dem Stillen dünn auf und waschen Sie vor dem erneuten Anlegen die Brust mit klarem Wasser ab, um Salbenreste zu entfernen.

Pilzinfektion der Warzen

Anzeichen einer Pilzinfektion

- Lang anhaltende oder plötzlich auftretende wunde Warzen
- Zerschundene Brustwarzen, weißer Belag
- Stechende, brennende Schmerzen während und nach der Stillmahlzeit
- Vaginaler Pilzausfluss bei der Mutter
- Das Kind hat Windelausschlag
- Es hat weißen Belag auf der Zunge und der Wangeninnenseite
- Das Kind lehnt die Brust ab
- Das Kind zeigt eine schlechte Gewichtszunahme

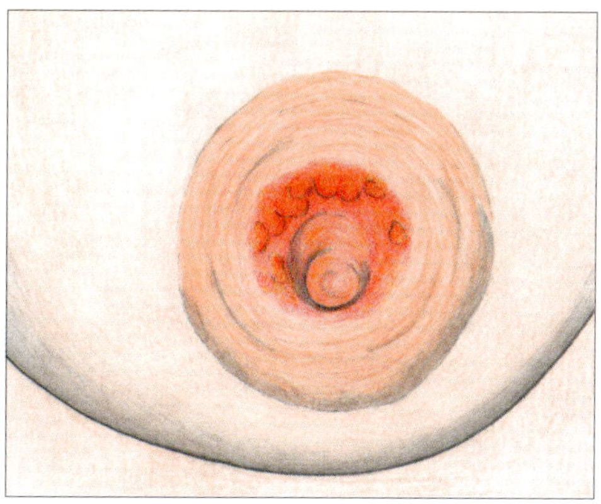

Pilzinfektion

Behandlung
Mutter und Kind erhalten vom Arzt so genannte Antimykotika, zum Beispiel Nystatin. Bitte achten Sie darauf, wie das Präparat verwendet wird. Eine Emulsion für den Mund kann nicht gleichzeitig als Creme für die Brust verwendet werden.

Wenn Sie Milch abpumpen, sollten Sie diese wegschütten, nicht einfrieren. Eine gründliche Hygiene der Hände ist erforderlich sowie häufiger Wäschewechsel, öfteres Waschen der Spielsachen und Auskochen des Schnullers. Zusätzlich hilft es, wenn Sie Ihre Ernährung umstellen und auf zuckerhaltige Nahrungsmittel verzichten.

Zu kurzes Zungenbändchen

Typisch beim zu kurzen Zungenbändchen ist eine herzförmige Zunge, wenn das Baby versucht, die Zunge herauszustrecken. Das kann mehr oder weniger ausgeprägt sein. Manche Babys können trotz zu kurzem Zungenbändchen bei richtiger Anleitung korrekt saugen. Andere können die Zunge nicht über die untere Zahnleiste schieben und schaffen es einfach nicht, die Brustwarze und einen Mund voll Brust einzusaugen.

Anzeichen
- Schmerzende und wunde Warzen
- Zu häufiges Stillen und ein unzufriedenes Kind
- Das Baby nimmt nur schlecht zu, da kein effizientes Saugen möglich ist

Behandlung
Gehen Sie auf jeden Fall zu Ihrem Kinderarzt. Falls er das Zungenbändchen durch-

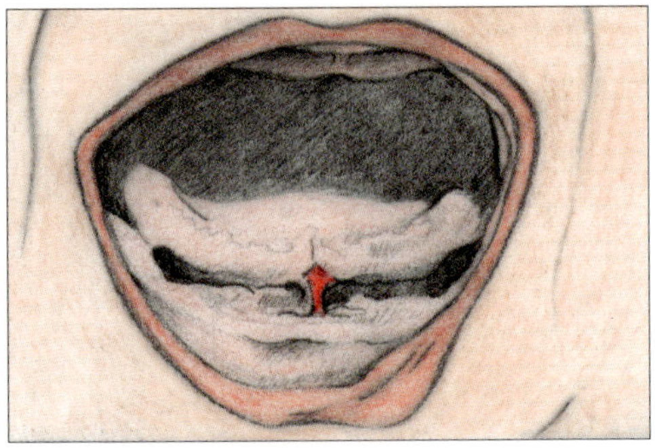

Zu kurzes Zungenbändchen

trennt, legen Sie das Baby gleich danach an. Das stoppt den Schmerz und die Blutung und tut Ihrem Baby gut.

Ekzem

Ein Ekzem kann eine allergische Reaktion auf BH, Seife oder Waschmittel sein.

Die Mutter klagt über:
- Trockene, schuppige Haut
- Juckreiz

Behandlung
Versuchen Sie, das auslösende Allergen festzustellen und dann wegzulassen. Unter Umständen sollten Sie einen Facharzt hinzuziehen. Vielleicht ist eine Behandlung mit Hydrocorticoiden oder Corticostereoiden das Einzige, was Erleichterung verschafft.

Beißen

Die ersten Zähne sind kein Grund zum Abstillen. Bieten Sie dem Baby zum Beispiel einen Beißring an. Es gibt Beißringe, die auch gekühlt werden können. Wenn das Baby die Brust richtig erfasst, beißt es während des Stillens nicht zu. Meist beißt das Kind zu Beginn oder am Ende der Stillmahlzeit, aber auf alle Fälle unvermittelt.

Was tun?
In der Regel sind die Babys einige Monate alt, wenn die ersten Zähne kommen, und sie verstehen zu diesem Zeitpunkt schon, dass Sie das Beißen nicht mögen.

Folgendes kann helfen:
- Nehmen Sie das Kind energisch von der Brust ab und betonen, dass Sie das nicht mögen.
- Ziehen Sie das Kind so nah wie möglich an sich heran, sodass die Nase in der Brust versinkt. Das Baby muss nun den Mund öffnen, um Luft zu holen.
- Lösen Sie es von der Brust durch Einschieben des Fingers in den Mundwinkel.
- Halten Sie dem Baby kurz die Nase zu, damit es den Mund öffnet.

Bläschen und wunde Stellen

Sie sind in der Regel sehr schmerzhaft. Da es sich hier um eine offene Wunde handelt, können sich Bakterien ansiedeln und eine Brustentzündung verursachen.
Weiße oder klar gefüllte Bläschen können aufgrund eines verstopften Milchgangs (eingedickte Milch) oder Milchausführungsgangs entstehen.

Behandlung
Eine warme Kompresse zum Aufweichen auflegen. Dann das Baby korrekt anlegen. Das Bläschen öffnet sich, und die Milch fließt wieder. Eingedickte Milch (weiße Bläschen) stehen auch in Verbindung mit einem Mangel an essenziellen Fettsäuren. Nachtkerzenölkapseln können hier helfen.

Herpesbläschen – klar gefüllt

Herpesbläschen kommen nicht häufig vor, können aber auf der Brust oder auf dem Warzenhof entstehen. Wenn Sie als Eltern Herpesbläschen am Mund oder im Genitalbereich haben, sollten Sie daran denken, dass das Herpesvirus bei Neugeborenen zu lebensbedrohlichen Infektionen führen kann.
Daher ist hier Vorsicht geboten. Das Bläschen sollte keinen direkten Kontakt zum Kind haben. Ist es im Warzenhofbereich, kann bis zur Abheilung an dieser Seite nicht gestillt werden. Ein Bläschen im Brustbereich können Sie abdecken, dann ist Stillen möglich.

Flach- und Schlupfwarzen

Viele Mütter sind besorgt über ihre Warzenform. Es ist schon wichtig zu wissen, ob Sie eine Flach- oder Schlupfwarze haben, denn Sie benötigen dann etwas mehr Unterstützung beim korrekten Anlegen. Wichtig ist, dass das Baby Brustwarze und einen

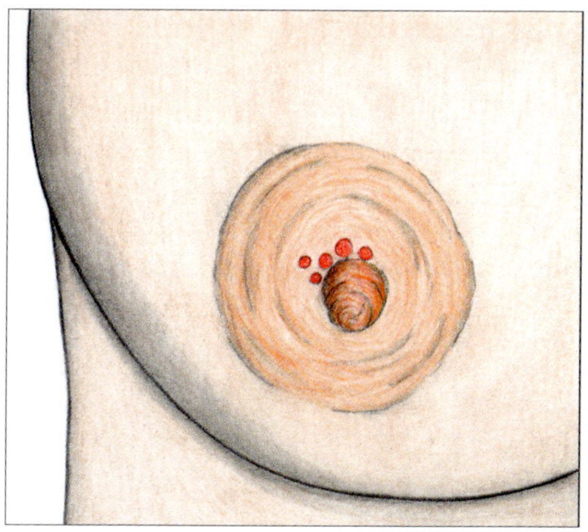

Herpesbläschen

Mund voll Brust gut erfasst, denn ein Drittel Brustwarze und zwei Drittel Gewebe formen den natürlichen Sauger.

Anfangs mag es für das Baby schwierig sein, die Brust richtig zu erfassen, aber wenn es ein- oder zweimal gut getrunken hat, klappt es auch weiterhin. Viele Babys haben überhaupt keine Probleme mit den Warzenformen, wenn sie innerhalb der ersten zwei Stunden nach der Entbindung angelegt werden. Auf alle Fälle sollte die Verwendung eines künstlichen Saugers vermieden werden, da dies das Baby total irritiert.

Was hilft?

- Die Stimulation der Brustwarze vor dem Anlegen löst den Warzenaufrichtungsreflex aus. Nehmen Sie die Brustwarze sanft zwischen Zeigefinger und Daumen und rollen oder drehen Sie sie.
- Eine sanfte Partnerstimulation hilft ebenfalls.
- Durch einen Kältereiz (Eiswürfel) richtet sich die Brustwarze auch auf.
- Ist die Brust hart und geschwollen (Milcheinschuss), hilft es, wenn Sie vor dem Anlegen etwas Milch abdrücken. Die Brust wird weicher, und die Brustwarze lässt sich besser stimulieren.
- Schneiden Sie ein Loch in den BH, durch den Druck des BHs auf die Brust tritt die Brustwarze hervor.
- Etwa eine halbe Stunde vor dem Anlegen Brustschilder tragen.

Am effektvollsten ist die Stimulation direkt vor dem Anlegen. Manchmal lässt sich auch mit einem Druck der Hand unterhalb der Brust die Richtung der Brustwarze verändern, und sie schlüpft heraus.

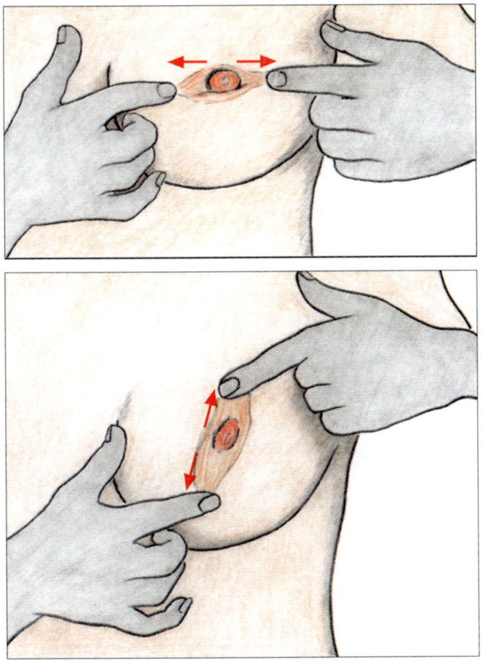

Hoffmann'sche Technik gegen Flach- oder Schlupfwarzen: Warzenhof mit den Zeigefingern auseinanderziehen, damit die Brustwarze hervortritt.

Hohlwarzen

Der Unterschied zur Flach- und Schlupfwarze liegt darin, dass die Brustwarze bei Stimulation nicht hervortritt, sondern sich noch mehr zurückzieht.
Eine ausgeprägte Hohlwarze ist selten. Wenn das Baby es schafft, die Brust richtig zu erfassen, arbeitet sich durch den Unterdruck die Brustwarze hervor. Wichtig ist es, das Selbstvertrauen der Mütter zu stärken. Es kann sein, dass das Stillen anfangs nicht klappt. Der Mutter sollte gezeigt werden, wie sie Milch abpumpen kann und dem Baby diese dann mit dem Becher oder dem Löffel füttern kann. Das nimmt vorerst den

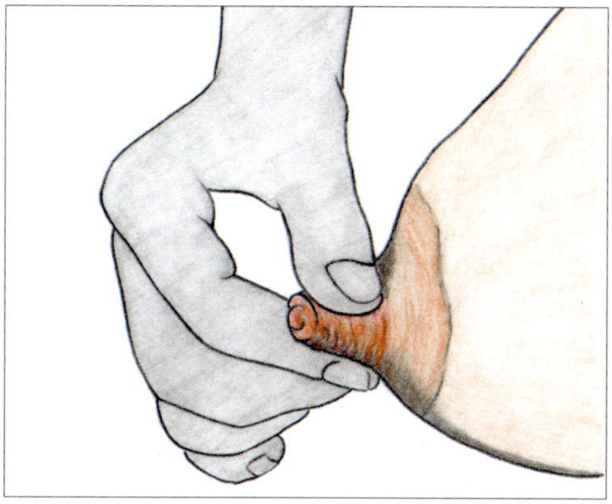

Hervorholen der Flachwarze durch Stimulation

Druck. Wichtig ist, dass Mutter und Baby zusammen sind und Hautkontakt haben können (siehe Seite 31 und 100).

Was hilft?

- Wenn Sie Daumen und Zeigefinger hinter den Warzenhof legen und die Brusthaut nach hinten drücken, tritt manchmal die Warze hervor.
- Wenn Sie die Finger unterhalb der Brust platzieren und den Daumen oberhalb und damit leichten Druck ausüben, lässt sich die Warze in ihrer Position verändern.
- Stimulation der Brustwarze mit den Fingern, mit der Pumpe, mit einer Spritze, durch den Partner.
- Die Brotlaibhaltung (Rückengriff) ist gut geeignet, da Sie eine gute Sicht haben und dadurch Kontrolle möglich ist.
- Unterstützung durch eine Helferin, die während des Ansaugvorgangs die Brust hinter der Brustwarze zurückzieht und beim Anlegen behilflich sein kann.

Wenn das Baby nicht korrekt saugt

- Regelmäßig abpumpen, wegen der Milchbildung
- Anpumpen, damit die Brust weicher wird; dann kann das Baby besser ansaugen
- Becherfütterung
- Milch direkt in den Mund des Babys ausdrücken
- Hautkontakt mit dem Kind pflegen

Aufrichten der Brustwarze mithilfe einer Spritze

Nehmen Sie eine handelsübliche 20-ml-Spritze. Entfernen Sie den Kolben, schneiden Sie den Konus ab, sodass der Kolben sich von dieser Seite aus einführen lässt. Dadurch, dass die Spritze umgedreht wird, ist die Auflagefläche nicht scharfkantig. Nun können Sie die Spritze ansetzen und mittels Unterdruck die Brustwarze herausziehen. Wenn das Baby die Brust loslässt, schlupft die Warze ganz schnell wieder zurück. Achten Sie darauf, dass Sie den Warzenbereich trocken halten, sei es durch Föhnen oder durch Einlegen eines Brustschilds, das die Warze hervortreten lässt, zumindest so lange, bis sie trocken ist. Andernfalls entzünden sich die feuchten Bereiche leicht.

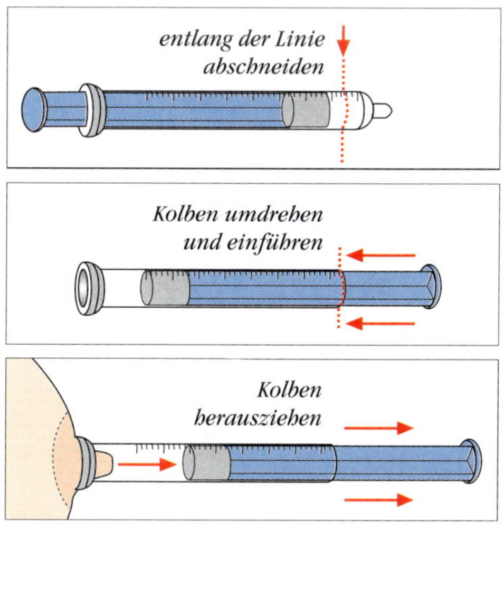

PROBLEME MIT DEM MILCHANGEBOT

Zu wenig Milch, zu viel Milch oder auslaufende Milch – Milchbildung und Milchangebot werden angeregt und aufrechterhalten durch Saugen des Babys nach Bedarf oder durch regelmäßiges Entleeren der Brust mit Pumpe oder Hand. Die Nachfrage regelt das Angebot – je häufiger das Kind saugt bzw. die Milch abgepumpt wird, desto mehr Milch wird gebildet. Wenn Sie sich wohl fühlen und darauf vertrauen, dass Sie Ihr Kind stillen können, ist das die beste Voraussetzung für ausreichende Muttermilchbildung.

Probleme mit dem Milchspendereflex

Wenn der Milchspendereflex gehemmt wird, fließt keine Milch. Alle Bemühungen des Babys, durch häufiges Saugen Milch zu bekommen, bleiben dann ohne Erfolg.

Der Milchspendereflex wird durch das Oxytozin gesteuert. Oxytozin wird gebildet, wenn das Baby an der Brust saugt. Die Oxytozinausschüttung ist durch Emotionen beeinflussbar. Oxytozin wird auch als Liebeshormon oder Glückseligkeitshormon bezeichnet. Endorphine und Prolaktin gehören zur selben Hormongruppe. Gegenspieler ist das Adrenalin.
Ursachen für eine Hemmung des Milchspendereflexes können sein:

- Stress, Schmerzen, Spannungen, Trauer, Sorgen
- Übermüdung, Anstrengung durch zu wenig Entlastung oder zu viel Besuch
- Einengende Kleidung, falsche Handhaltung beim Stillen, Abdrücken eines Milchgangs
- Keine Unterstützung Ihrer Entscheidung zum Stillen
- Es kann nicht nach Bedarf gestillt werden
- Falsches Anlegen
- Nicht effizientes Saugen

Was hilft?

- Alles, was Sie entspannt und die blockenden Stresshormone ausschaltet (eine Rückenmassage, ein Entspannungsbad, Ihre Lieblings-CD, eine Brustmassage, ein Umschlag mit warmem Wasser etc.).
- Unterstützung und Ermutigung durch Ihren Partner, Freunde.
- Unterstützung im Haushalt, Betreuung der größeren Geschwister für ein paar Stunden, sodass Sie sich ausruhen können.
- Legen Sie sich mit dem Baby ins Bett, der Hautkontakt tut Ihnen beiden gut.
- Überprüfen Sie die Anlegetechnik und wie das Baby die Brust erfasst.
- Kurzzeitig angewendete Medikamente (über 48 Stunden) wie Metoclopramide (Paspertin®) und Syntocinon Nasenspray können helfen.
- Ein Gläschen Sekt kann Wunder wirken.

Zu wenig Milch

Wir wissen, dass über 95 % der Mütter in der Lage sind, ihr Baby voll zu stillen. Oft haben sie allerdings das Gefühl, dass die Milch nicht reicht. Die Fragestellung sollte eher lauten: Trinkt das Baby genug Milch? Zu wenig Milch ist einer der am häufigsten genannten Gründe zum Abstillen.

Die Vordermilch-Hintermilch-Balance
Babys brauchen sowohl die Vordermilch als auch die Hintermilch, da beide in ihrer Zusammensetzung unterschiedlich sind. Ist die Balance nicht ausgeglichen, reagieren die Kinder oft folgendermaßen:

- Das Baby ist während und nach dem Stillen unzufrieden.
- Das Baby schreit oft.
- Das Baby will ständig an der Brust trinken (alle halbe Stunde bis eine Stunde über 24 Stunden).
- Das Baby trinkt immer über eine Stunde und ist dann doch noch unzufrieden.
- Das Baby lehnt die Brust ab.
- Das Baby hat grün gefärbten, dünnflüssigen Stuhlgang.
- Das Baby nimmt nicht ausreichend zu oder es nimmt zu, ist aber unzufrieden.

Hier handelt es sich um eine nicht ausgewogene Stillmahlzeit. Das Baby trinkt viel Vordermilch und zu wenig Hintermilch. Dadurch bekommt es zwar eine ausreichende Menge Milch, aber nicht genug Kalorien. Es wird nun schnell wieder hungrig. Ein Folgeproblem sind Koliken. Die Vordermilch enthält sehr viel Milchzucker (Laktose), der Koliken verursacht. Ein eindeutiges Zeichen ist auch der grün gefärbte Stuhlgang.

Dieses Problem kann behoben werden durch die richtige Anlegeposition, das korrekte Erfassen der Brust und das Bestim-

Gründe für zu wenig Milch

Stillfaktoren	*Psyche der Mutter*	*körperl. Ursachen*	*Babys Verfassung*
später Stillbeginn	*kein Selbstvertrauen*	*Pille (Östrogen)*	*Krankheit*
wenige Mahlzeigen	*Sorgen, Stress*	*Diuretika*	*Behinderung*
keine nächtlichen Mahlzeiten	*Abneigung gegen das Stillen*	*massive Unterernährung*	
kurze Mahlzeiten	*Müdigkeit*	*Alkohol, Rauchen*	
nicht effizientes Saugen	*Ablehnen des Babys*	*Plazentarest in der Gebärmutter*	
Flaschen, Sauger		*kein Drüsengewebe*	
Beikost, Zufütterung			

men der Stilldauer durch das Baby – so oft und so lange es möchte und an jeder Seite.

Gewichtszunahme
Innerhalb der ersten sechs Monate nimmt das Baby durchschnittlich 400–500 g pro Monat zu. Das Geburtsgewicht sollte beim termingeborenen und normalgewichtigen Neugeborenen nach zwei Wochen wieder erreicht sein, beim untergewichtigen Kind etwa nach drei Wochen.

Urinausscheidung
Ein voll gestilltes Kind soll sechs bis acht nasse Windeln in 24 Stunden haben. Bei zu geringer Urinausscheidung – weniger als zwei bis sechs Windeln pro Tag – ist der Urin dunkel gefärbt und riecht stark.

Was hilft?
Es ist ganz wichtig, die Ursache herauszufinden. Lassen Sie sich von einer erfahrenen Stillberaterin oder Hebamme helfen. Diese kann eine Stillmahlzeit beobachten und dabei feststellen, ob es am Anlegen, Saugen, der Brust, an Ihrer Erschöpfung liegen kann oder ob gar eine körperliche Ursache bei Ihnen oder beim Baby der Grund ist. Auf jeden Fall ist Folgendes hilfreich:

- Das Baby oft anlegen, Tag und Nacht.
- Das Baby anlegen, wenn es Such- und Saugbewegungen macht.
- Keinen Schnuller geben, denn manche Babys lassen dadurch Mahlzeiten aus.
- Wechseln Sie die Stillpositionen, damit verschiedene Bereiche der Brust ausmassiert werden. Gut geeignet ist die Brotlaibposition (Rückengriff).
- Keine Zeitbegrenzung vorgeben; das Baby trinkt so lange und so oft es möchte.
- Beidseitig anlegen, wenn erforderlich.
- Saugflaschen vermeiden, wenn zugefüttert werden muss; hilfreich ist hier das Brusternährungsset, da die Brust dadurch mehr stimuliert wird und die Milchbildung so angeregt wird.
- Falls das Baby saugverwirrt reagiert, sollten Sie zusätzlich erforderliche Nahrung mit dem Becher geben.

Zu viel Milch

Es gibt Mütter, die eine Unmenge Milch bilden und gleich mehrere Kinder stillen könnten. Bei manchen Frauen spritzt die Milch im Strom heraus, wenn der Milchspendereflex einsetzt, einige verspüren dann einen starken Schmerz.

Mögliche Ursachen:

- Das Kind erfasst die Brust nicht korrekt, ist nicht gut angelegt.
- Die Brust ist durch zu häufiges und zu langes Saugen überstimuliert.
- Abnehmen des Kindes von der einen und anlegen an der anderen Brust, ohne dass das Baby eine Brustmahlzeit beendet hat.

Dadurch trinkt das Baby zu viel Vordermilch, zu wenig Hintermilch und nimmt schlecht zu. Koliken, Schreien und grünlicher Stuhlgang sind Folgeerscheinungen davon. Die Mutter weiß in diesem Fall, dass sie genug Milch hat und geht folglich davon aus, dass das Kind auch genug trinkt.

Was hilft?

- Eine Brust pro Mahlzeit anbieten. Wird die zweite Brust bis zur nächsten Mahlzeit übervoll und spannt, so viel Milch ausstreichen, bis der Druck sich mindert.

- Geeignete Stillposition wählen. Bei zu viel Milch sollte eine Position gewählt werden, in der das Baby entgegengesetzt zum Milchfluss saugt, aber nicht gegen den starken Milchfluss ankämpfen muss. Herausschießende Milch soll abfließen können. Gut geeignet ist das Rücklingsstillen, seitlich liegend stillen, aufrecht sitzend stillen und der Hoppe-Reiter-Sitz. Mullwindel unterlegen, um die auslaufende Milch aufzufangen.
- Wenn das Baby innerhalb einer Stunde wieder an die Brust möchte, die gleiche Brust noch mal anbieten.
- Entspannen Sie sich, wenn der schmerzende Milchspendereflex einsetzt, durch tiefes Luftholen, bis zehn zählen und wieder tiefes Luftholen.
- Wenn die Milch beim Einsetzen des Milchspendereflexes spritzt, kann der Strom das Baby regelrecht überwältigen, und es würgt. Hier hilft es, wenn Sie den Milchspendereflex vorher auslösen und den ersten Schwall auf ein Handtuch laufen lassen und dann erst anlegen.
- Lassen Sie das Kind öfter aufstoßen.
- Die Milchmenge lässt sich durch ein bis zwei Tassen Salbeitee täglich reduzieren.
- Vermeiden von Abpumpen mit der elektrischen Pumpe, da sich hierbei das Milchangebot erhöht. Wenn Sie abpumpen müssen, unbedingt mit Ihren Händen abpumpen.

Auslaufende Milch

Dieses Phänomen tritt am häufigsten innerhalb des ersten Monats auf, wenn Nachfrage und Angebot sich noch nicht eingespielt haben. Anlegehäufigkeit und Stilldauer unterliegen noch täglichen Schwankungen.

Folgende Reize können die Milch zum Auslaufen bringen:
- Die Mutter denkt an das Baby oder hört es schreien.
- Sie sieht Kleidung oder Spielsachen vom Baby.

Bei manchen Müttern tropft die Milch nur ein wenig, bei anderen läuft sehr viel Milch aus. Es gibt Frauen, die an einer Brust stillen und währenddessen die auslaufende Milch an der anderen Seite auffangen.

Was hilft?
- Ein sanfter Druck gegen die Brustwarze der auslaufenden Seite mithilfe des Fingers oder Handrückens stoppt das Auslaufen.
- Diskret in der Öffentlichkeit: Druck mit Unterarm oder Ellbogen gegen die Brust in Verbindung mit Herumspielen am »Ohrring« oder Verschränken der Arme vor der Brust.
- Achten Sie darauf, dass die Brustwarzen trocken gehalten werden, wechseln Sie häufig die Stilleinlagen.

BRUSTPROBLEME KÖNNEN SCHMERZHAFT SEIN

Häufig auftretende und weniger gravierende Brustprobleme können das Stillen sehr schnell beeinträchtigen und für die Mutter schmerzhaft und schwierig machen.

Milcheinschuss – übervolle Brust

Das Anschwellen der Brust, wenn die Milch einschießt, ist normal. Blut- und Lymphgefäße versorgen die Brust mit viel Flüssigkeit, gleichzeitig wird die Milchbildung in Gang gesetzt. Manchmal entsteht dadurch ein Balanceproblem und im Gewebe (interstitieller Raum) sammelt sich Flüssigkeit an. Die Brüste schwellen an und werden hart und schwer. Dies ist ein vorübergehendes Problem, das sich bei richtiger Behandlung schon in der ersten Woche einspielt.

Gründe für die übervolle Brust
- Viel Milch
- Verzögerter Stillbeginn

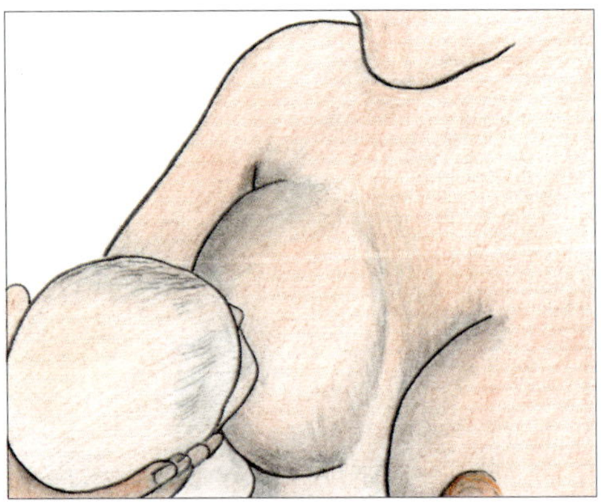

Die Brotlaibposition schafft Erleichterung bei geschwollener Brust.

- Zu seltenes Anlegen
- Nicht korrekte Anlege-/Stilltechnik, dadurch kein richtiges Entleeren der Brust
- Stillen nach der Uhr
- Eingeschränkte Stillzeit

Vorbeugung
- Erstes Anlegen, sobald das Baby saugen möchte, meist innerhalb der ersten zwei Stunden nach der Entbindung
- 24-Stunden-Rooming-in
- Anlegen nach Bedarf
- Keine Zeitbegrenzung bei der Dauer der Stillmahlzeiten

Wenn es zu einem ausgeprägten Milcheinschuss kommt, heißt es diesen zu behandeln, da ansonsten daraus ein Milchstau werden kann. Wenn die Brust hart und geschwollen ist, kann die Milch nicht richtig fließen und das Baby hat Probleme, die Brust zu erfassen.

Was tun bei übervoller Brust?

Entleeren der Brust
Wenn das Baby saugen mag, legen Sie es häufig an, mindestens achtmal in 24 Stunden, so lange es möchte, mindestens aber 15 Minuten.
Wenn das Baby nicht saugen möchte, pumpen Sie die Milch mit der Hand oder mit der elektrischen Pumpe (nur mit minimalem Druck) ab.

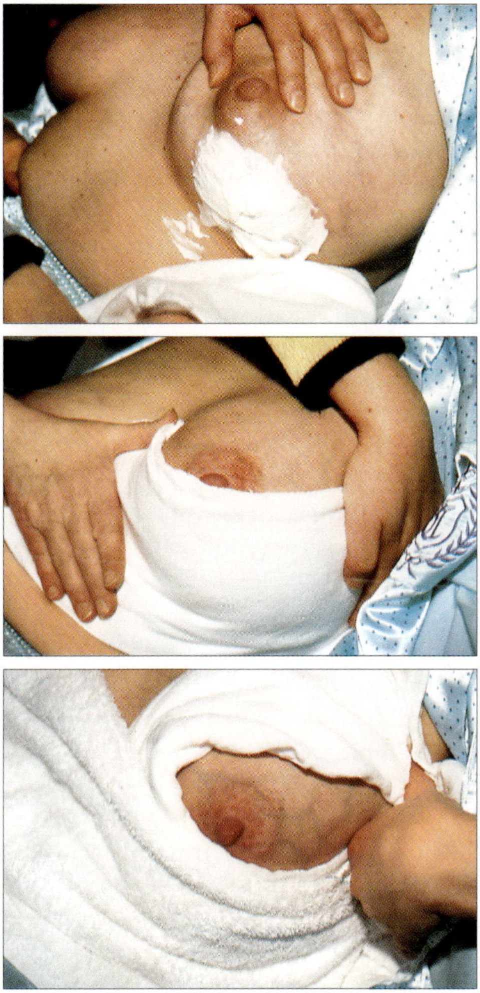

Mit einem Quarkumschlag lassen sich die Schwellung und das Spannungsgefühl lindern.

Die Milch wieder zum Fließen bringen
Vor dem Anlegen können Sie mithilfe von warmen Kompressen oder einer warmen Dusche den Milchfluss anregen.
Drücken Sie etwas Milch mit der Hand ab; auch eine Rücken- oder Brustmassage bringt die Milch zum Fließen.

Schwellung und Spannungsgefühl abbauen
Nach dem Anlegen hilft eine kühle Kompresse, zum Beispiel ein Quarkumschlag. Trinken Sie ein bis zwei Tassen Salbeitee, wenn Sie zu viel Milch haben.

Milchstau – geblockter Milchgang

Dieser entsteht, wenn die Milch nicht richtig abfließen kann und die Brust dadurch nicht richtig entleert wird. Es kommt dann zur so genannten Milchstasis – infolge eingedickter Milch zu einer Ansammlung von Milch oder abgestorbenen Zellen. Es gibt oberflächlich liegende und tiefer liegende Milchgänge, daher kann ein Milchstau sichtbar oder nur fühlbar sein. Wird die Milchstasis nicht behoben, kann es zur Entzündung des Gewebes kommen. Der Übergang zur nichtinfektiösen Brustentzündung ist oft fließend.

Anzeichen für einen geblockten Milchgang:
- Schmerz und Druckempfindlichkeit
- Überwärmung
- Mögliche Rötung in einem Bereich der Brust
- Tastbarer abgrenzbarer Knoten
- Erhöhte Temperatur (unter 38 °C) möglich, aber kein Fieber
- Manchmal ist ein verstopfter Milchgang auf der Brustwarze als weißes Bläschen sichtbar.

Gründe
- Nicht effektives Entleeren der Brust
- Mechanische Abflussbehinderung (Kleidung, einengender BH)

- Abdrücken eines Milchgangs durch falsches Halten der Brust
- Stress, Überarbeitung der Mutter
- Trauma der Brust (verletztes Gewebe)
- Wunde Brustwarzen

Was hilft?

- Bettruhe für ein bis drei Tage und Hilfe und Entlastung im Haushalt
- Häufiges Anlegen (alle zwei Stunden)
- Wenn das Baby nicht saugen kann, manuelles Abpumpen, da die Brust entleert werden muss
- Anlegeposition so wählen, dass der Unterkiefer des Kindes die Stelle ausmassieren kann
- Warme Kompresse während der Stillmahlzeit oder die Milch vor dem Anlegen unter der warmen Dusche zum Fließen bringen
- Vorsichtige Massage von der gestauten Stelle zur Brustwarze hin
- Lecithingabe

Wie unterscheidet sich die übervolle Brust vom Milchstau?

Übervolle Brust

- Ausbruch der Symptome: 2.–4. Tag (Milcheinschuss)
- Lokalisierung: beidseitig
- Schwellung: generalisiert
- Überwärmung: gelegentlich
- Schmerzen: keine bzw. selten
- Rötung: keine
- Temperatur: unter 38,0 °C
- Abtasten der Brust: generell hart

Milchstau

- Ausbruch der Symptome: 2.–10. Tag
- Lokalisierung: meist einseitig
- Schwellung: an der betroffenen Brust
- Überwärmung: generalisiert
- Schmerzen: generalisiert
- Rötung: an der betroffenen Brust
- Temperatur: über 38,4 °C
- Abtasten der Brust: Knoten fühlbar

Brustentzündung/Mastitis

Aus jedem Milchstau kann eine Brustentzündung werden, wenn er nicht richtig behandelt wird. Wunde Warzen, Fissuren und offene Stellen können eine Eintrittspforte für Bakterien sein und eine Infektion hervorrufen.

Anzeichen für Milchstau:

- Knoten, Bläschen
- Schmerzempfindlicher Bereich
- Lokalisierte Röte
- Erhöhte Temperatur (unter 38,0 °C)
- Gutes Allgemeinempfinden

Anzeichen für eine nichtinfektiöse Mastitis:

- Starke Schwellung, harter Brustbereich
- Starke Schmerzen
- Rotes Gebiet eines ganzen Drüsenlappens

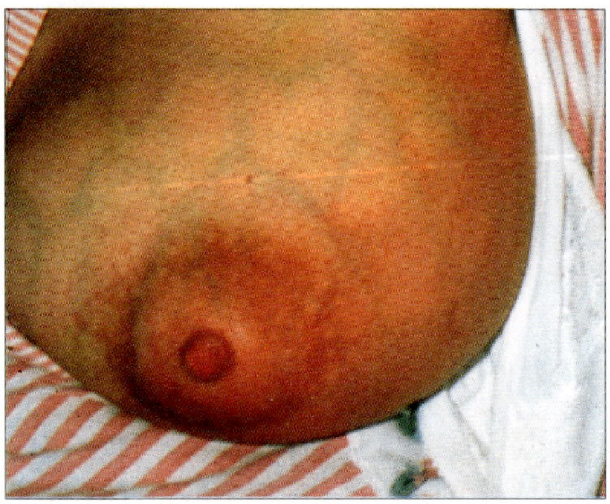

Brustentzündung

- Fieber über 38,4 °C
- Schüttelfrost
- Grippeähnliches Krankheitsgefühl

Anzeichen für eine infektiöse Mastitis:

- Infektion erfolgt durch aufsteigende Bakterien oder über den Blutweg
- Starke Schmerzen
- Drüsenlappen einer Brust betroffen, auch Infektion beider Brüste möglich
- Anhaltendes hohes Fieber, Schüttelfrost
- Grippeähnliches Krankheitsgefühl

Ursachen

Die Ursachen sind die gleichen wie beim Milchstau. Aufgrund von Fissuren und wunden Warzen können Bakterien eindringen und die Milchgänge und Milchbläschen infizieren. Wenn ein Übergreifen auf das umliegende Gewebe stattfindet, sprechen wir von einer »parenchymatösen Mastitis«. Genauso kann durch einen Milchstau/Rückstau, durch erhöhten Druck und das Austreten von Milch in den interstitiellen Raum eine Entzündung hervorgerufen werden oder eine bakterielle Infektion von der Mutter über die Blutbahn in der Brust zur Infektion führen.

Was hilft?

Rufen Sie die Hebamme an oder gehen Sie zum Gynäkologen. Milchstau und Brustentzündung sind kein Grund zum Abstillen.

Bakteriologische Untersuchung der Muttermilch

Kochen Sie ein Glas aus, damit es hygienisch einwandfrei ist. Reinigen Sie die Brust mit abgekochtem Wasser und einem sterilen Tupfer. Pumpen Sie mit der Hand etwas Milch ab, die ersten 5 ml lassen Sie auf ein Handtuch fließen, dann pumpen Sie direkt ins Glas. So kann der Arzt eine Kultur anlegen und Erreger nachweisen.

Eiternachweis

Wenn Sie etwas Muttermilch auf eine Kompresse spritzen, wird die Muttermilch komplett aufgesaugt. Eiterbeimengungen in der Muttermilch werden nicht aufgesaugt.

Was hilft?

- Bettruhe ist das oberste Gebot (Sie brauchen Hilfe im Haushalt)
- Einmaliges komplettes Entleeren der Brust; das Baby soll saugen, solange es möchte; danach die betroffene Brust leer pumpen (Das nimmt viel Zeit in Anspruch und ist wirklich unangenehm für Sie, ist aber unbedingt erforderlich)
- Weiterstillen; die Intensität, mit der das Baby saugt, kann eine Pumpe nicht nachahmen
- Häufiges Anlegen (alle zwei Stunden)
- Anlegeposition wechseln, sodass der betroffene Bereich vom Unterkiefer des Kindes gut ausmassiert werden kann
- Manchmal hilft es, an der nicht betroffenen Seite zuerst anzulegen, um den Milchspendereflex auszulösen
- Wärme vor dem Stillen
- Kühlen nach dem Stillen
- Bei hohem Fieber ist es wichtig, ausreichend zu trinken, um den Flüssigkeitsverlust auszugleichen
- Die Reduktion der Milchbildung ist mit ein bis zwei Tassen Salbeitee oder durch Hochbinden der Brust möglich

Meist beginnt eine Brustentzündung nicht infektiös. Wird sie behandelt, klingen die Symptome nach zwei bis vier Tagen ab.

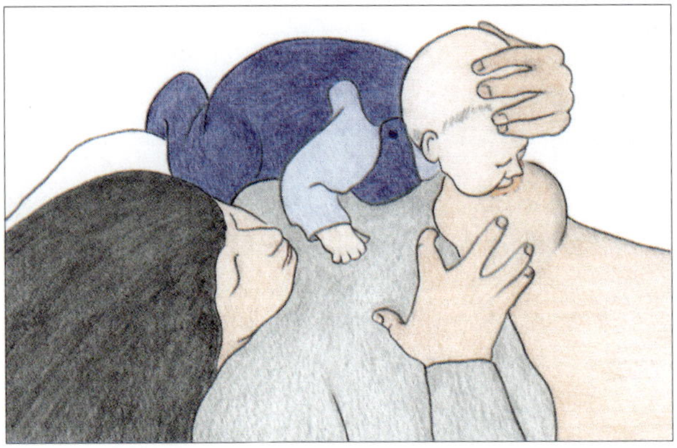

Wenn Sie unter Milchstau leiden, kann es hilfreich sein, über der Schulter liegend zu stillen.

Infektiöse Brustentzündung
Wenn Eiter in der Muttermilch nachweisbar ist oder beide Brüste eine Brustentzündung entwickeln, spricht dies für eine Infektion.

Der Übergang vom Milchstau zur Mastitis ist oft fließend; die Anzeichen lassen nicht darauf schließen, ob die Brustentzündung infektiös ist oder nicht.

Da der Erregernachweis durch das Anlegen einer Kultur zu lange dauert, muss bei begründetem Verdacht mit einer Antibiotikabehandlung begonnen werden. Das Weiterstillen bzw. die regelmäßige Entleerung der Brust sind ein Muss.

Beidseitige Brustentzündung
Hier ist eine sofortige Stillpause erforderlich, da diese Entzündung in der Regel durch Streptokokken ausgelöst wird. Diese Bakterien führen beim Säugling zu ernsthaften Erkrankungen.

Medikation, bei der weitergestillt werden kann:

- Beginn der Antibiose: Phidoxacillin, Erythromycin, Cepahlosporine für zehn bis vierzehn Tage ist zu empfehlen; gegen Penicillin und Ampicillin sind verschiedene Erreger resistent.
- Schmerzmittel und fiebersenkende Medikamente, zum Beispiel Paracetamol.
- Milchbildungshemmer: Nicht zu empfehlen sind Bromocriptine (Parlodel, Pravidel); hilfreich ist das homöopathische Präparat Phytolacca oder der Einsatz von ein bis zwei Tassen Salbei- oder Petersilientee in 24 Stunden.

Abszess

Aus etwa 5 % der infektiösen Brustentzündungen entwickelt sich ein Abszess, da mit der Behandlung zu spät oder gar nicht begonnen wurde. Ein Abszess ist eine Gewebseinschmelzung, eine weiche Stelle, die in der Regel abgekapselt ist. Es sammelt sich darin Eiter an. In der Regel sind die Milchdrüsen und Milchgänge nicht direkt betroffen, es ist also kein Eiter in der Muttermilch nachweisbar. Wenn ein Abszess allerdings nicht behandelt wird, kann er aufbrechen. Die Mutter fühlt sich schwer krank.

Was hilft?

Ins Krankenhaus gehen
Ein Abszess muss chirurgisch geöffnet und drainiert werden. In der Regel wird die Drainage so gelegt, dass der Eiter in Richtung Achselhöhle abfließen kann.

Weiterstillen?
Liegt der Abszess im Bereich der Brust, sodass Warzenhof und Brustwarze nicht betroffen sind, wird Weiterstillen empfohlen. Es ist ganz wichtig, die Brust regelmäßig zu entleeren, um einem weiteren Stau vorzubeugen und um die Milchbildung

aufrechtzuerhalten. Das heißt, falls Sie das Kind an dieser Seite für einige Tage nicht anlegen möchten, müssen Sie regelmäßig abpumpen. Wenn Eiter in der Muttermilch nachweisbar ist, wird in der Regel empfohlen, die Muttermilch abzupumpen und wegzuschütten, bis die Antibiotikabehandlung greift. Es gibt wissenschaftliche Untersuchungen, die hier eine andere Meinung vertreten. Es ist auch möglich, trotzdem weiterzustillen, da Immunstoffe in der Muttermilch gebildet werden, die das Kind schützen. Ob Sie stillen oder nicht, sollten Sie mit Ihrem behandelnden Arzt besprechen. Die Abheilung kann, je nach Lage des Abszesses und nach Ausmaß, vier Tage bis vier Wochen dauern.

Brustoperationen
Brustoperationen können die Stillfähigkeit beeinflussen, dabei kommt es auf das Operationsverfahren an. Wenn Drüsenapparat und Milchgänge unverletzt bleiben, ist Stillen kein Problem. Sind die Milchgänge durchtrennt, können Stauungen auftreten. Aber auch das Durchtrennen der Nervenfasern und Blutgefäße kann die Sensibilität der Brustwarze beeinträchtigen. Die Brustwarze richtet sich nicht mehr auf, Milchbildung und Milchspendereflex sind dadurch beeinträchtigt.

Brustvergrößerung
Mit Silikonimplantaten, die der Brustvergrößerung dienen, ist Stillen möglich, aber es ist nicht klar, inwieweit schädliche Inhaltsstoffe aus dem Implantat austreten.

Brustverkleinerung
Wenn Drüsenapparat und Milchgänge an einer Brust durchtrennt wurden, ist es durchaus möglich, das Kind an einer Seite voll zu stillen oder teilweise zu stillen und mit dem Brusternährungsset zuzufüttern. Da die Milch aber auch an der operierten Seite einschießt, muss diese Brust hochgebunden werden und bedarf besonderer Aufmerksamkeit. Die Milch bildet sich dann innerhalb von vierzehn Tagen zurück.

Brustgewebeveränderungen
In der Stillzeit verändert sich durch die Hormoneinflüsse das Brustgewebe. Es wird mal größer und mal kleiner. Wenn Sie Verhärtungen und Knoten fühlen, sollten Sie einen stillerfahrenen Arzt aufsuchen. Als diagnostische Maßnahmen ohne Stillunterbrechung sind Ultraschall, Mammographie sowie auch eine Biopsie mit örtlicher Betäubung möglich.

Fibrozyste (gutartige Geschwulst)
Weiterstillen ist möglich. Oft werden Milchstaus begünstigt. Hier kann die Gabe eines Lecithinpräparates helfen.

Galaktozele (= Milchzyste)
Weiterstillen ist möglich. Bei größeren Beschwerden ist eine Punktion notwendig, die in regelmäßigen Abständen bis zum Ende der Stillzeit wiederholt werden muss.

Brustkrebs
Bei der Diagnose Brustkrebs muss die Mutter sofort abstillen. In der Regel ist ein schnellstmöglicher operativer Eingriff erforderlich, mit eventueller anschließender Zytostatikabehandlung und Bestrahlungstherapie. Der hohe Prolaktinspiegel in der Stillzeit würde außerdem den Krankheitsverlauf ungünstig beeinflussen.

AKUTE ERKRANKUNG DER MUTTER

Der beste Weg, die Milchbildung aufrechtzuerhalten, ist das Anlegen nach Bedarf. Wenn Sie erkranken, zum Beispiel an einer Grippe, legen Sie sich am besten mit dem Baby ins Bett. Sie benötigen nun eine Hilfe, die sich um Sie kümmert, für Sie kocht und den Haushalt versorgt. Das Baby erhält durch das Stillen Infektionsschutz.

Wenn Sie ins Krankenhaus müssen
Versuchen Sie zu erreichen, dass das Baby mit Ihnen aufgenommen wird und Sie es so weiterstillen können. Falls das nicht geht, pumpen Sie Ihre Milch ab und geben Sie sie mit nach Hause zum Füttern. Falls Sie sich zu krank fühlen, um die Milch abzupumpen, bitten Sie das Pflegepersonal um Hilfe. Vielleicht kann Ihnen auch jemand das Baby zum Stillen ins Krankenhaus bringen. Falls es erforderlich ist, dass Sie eine Stillpause einlegen und die Milch dadurch zurückgeht, können Sie die Milchbildung jederzeit wieder anregen.

Wenn Sie operiert werden müssen
Wenn Sie den Zeitpunkt der Operation planen können, sollten Sie sich einen Muttermilchvorrat anlegen, mit dem dann der Zeitraum überbrückt werden kann, bis Sie das Baby wieder stillen können.
Nach der Operation sollten Sie so bald wie möglich die Milchbildung durch Abpumpen anregen und aufrechterhalten. Solange die Narkosemittel nicht abgebaut sind, müssen Sie die Milch wegschütten. Falls Sie weiterhin Medikamente einnehmen müssen, bitten Sie um Präparate, bei denen Sie unbedenklich stillen können. Kleinere Eingriffe wie eine Bauchspiegelung oder eine Ausschabung werden heute auch schon ambulant durchgeführt.

Muttermilch pasteurisieren
Bei einigen bakteriellen und virösen Infektionen kann die Muttermilch pasteurisiert werden. Die Pasteurisierung bei 62,5 °C über dreißig Minuten zerstört zum Beispiel HIV-Viren, Zytomegalieviren, Rötelnviren, Streptokokken, Staphylokokken, Herpes-simplex-Viren, Hepatitis-B-Viren.

Weiterstillen bei Erkrankungen der Mutter?

Aids
Nicht stillen. Bis heute keine greifende Therapie möglich. Pasteurisierte Muttermilch ist HIV-frei.

Alkoholismus
Sie sollten nicht stillen.

Asthma bronchiale, Ekzem, Neurodermitis, Schuppenflechte
Stillen ist möglich. Medikamente je nach Zustand (Stillverträglichkeit prüfen). Besonderer Schutz durch die Muttermilch für das Kind vor Allergien. Gehen Sie zum Hautarzt, wenn die Brust betroffen ist.

Chlamydien
Stillen ist möglich, wenn behandelt. Antibiotika. Übertragung während der Geburt kann eine eitrige Bindehautentzündung oder eine Lungenentzündung beim Kind verursachen.

Diabetes mellitus
Stillen ist möglich. Betreuung durch Arzt; Blutzuckerkontrolle; Insulingabe. Milcheinschuss kann verzögert sein; erhöhte Infektionsgefahr.

Drogenabhängigkeit (Marihuana, Heroin)
Sie sollten nicht stillen.

Durchfälle durch Salmonellen, Generalisierte Infekte durch Streptokokken, Staphylokokken, Typhus
Wenn akut: Stillpause, bis Antibiotika greifen. Aufnahme der Mutter ins Krankenhaus; Antibiotika. Kind mindestens 24–36 Stunden medikamentös mitbehandeln.

Epilepsie
Stillen ist möglich. Auf stillverträgliche Medikamente achten; Antiepileptika (zum Beispiel Phenobarbital, Carbamazpin); Kind gut überwachen – kann mit Schläfrigkeit reagieren, schlechte Gewichtszunahme.

Fieber
Weiterstillen. Bei hoher Temperatur (über 39,5 °C) und anhaltendem Fieber länger als eine Woche Arzt aufsuchen. Eventuell Antibiotika; viel trinken. Kind erhält Schutz über die Muttermilch.

Galaktosämie
Stillen ist möglich. Ärztliche Betreuung erforderlich.
Die Zusammensetzung der Muttermilch ist normal.

Geschlechtskrankheiten wie Syphilis, Gonorrhoe
Stillen ist möglich, wenn Primärinfekt behandelt und keimfrei.
Wenn akut: nicht stillen, bis Medikamente greifen.
Antibiotika länger als zehn Tage. Bei offenem Primärinfekt ist Isolierung von Mutter und Kind erforderlich.

Gestose in der Schwangerschaft
Stillen je nach Zustand der Mutter und erforderlicher Medikation möglich. Ärztliche Betreuung und Medikamente erforderlich; frühestmöglich abpumpen.

Grippe, Schnupfen, Erkältung
Stillen ist möglich. Medikamente nach Bedarf. Kind erhält Schutzstoffe über die Muttermilch; Tröpfcheninfektion.

Hepatitis A, B, C
Nicht Stillen, wenn akut.
Stillen möglich, sobald Antikörper nachweisbar.
Hepatitis B immunisieren beim Kind.
Erreger in der Muttermilch werden deaktiviert durch Schutzstoffe.

Herpes simplex (Fieberbläschen an der Lippe und im Genitalbereich)
Stillen ist möglich, wenn Mutter Antikörper gebildet hat.
Aziclovir (Zovirax®) geht in Muttermilch über (siehe Seite 183); eventuell Kind mitbehandeln. Direkter Hautkontakt mit befallenen Partien meiden, Übertragung während Schwangerschaft und Geburt möglich.

Herzkrankheiten
Stillen ist je nach Zustand der Mutter möglich. Je nach Diagnose: Digitalis, Diuretika – auf Stillverträglichkeit der Medikamente achten. Nicht Stillen nach Transplantation, da Medikamente verabreicht werden, die die Immunabwehr unterdrücken.

Krebserkrankungen
Akut: nicht stillen.
Nach abgeschlossener Therapie kann gestillt werden.Chemotherapie, Radiotherapie, Operation: nach Krebsbehandlung sollte die Mutter drei bis fünf Jahre warten, bis sie erneut schwanger wird; Rezidivgefahr erhöht bei erneuter Schwangerschaft.

Lepra
Stillen ist möglich. Medikamente für Mutter und Kind. Stillen schützt das Kind.

Listeriose (über Rohmilchprodukte)
Wenn akut, in den ersten vier Tagen nicht stillen, dann ja.
Antibiotika; Kind mitbehandeln. Gefahr: Neugeborenensepsis, Hirnhautentzündung.

Lokaler Infekt
Stillen ist möglich. Lokal eventuell Antibiotika. Vorsicht: Schmierinfektion vermeiden.

Masern
Stillen möglich, wenn Antikörper nachweisbar. Hyperimmunglobuline für das Kind. Mutter und Kind trennen, bis Antikörper bei Mutter nachweisbar (nach ca. 48 Stunden).

Morbus Crohn
Stillen ist möglich.
Bei akuter Erkrankung sind Medikamente erforderlich; Medikation mit Sulfapyridine (Anturana®) möglich. Kind beobachten, wenn die Mutter Medikamente einnimmt.

Mukoviszidose
Stillen ist möglich, abhängig vom Zustand der Mutter. Stillverträgliche Medikation möglich. Entwicklung des Kindes überwachen, da eventuell Fettgehalt der Muttermilch niedrig, Chlorid- und Salzgehalt hoch.

Multiple Sklerose
Stillen möglich, abhängig vom Zustand der Mutter. Stillen kann akuten Schub auslösen.

Mumps
Stillen ist möglich. Infektion erfolgt lange vor Krankheitsausbruch.

Nierenerkrankung
Stillen ist möglich, je nach Schwere der Erkrankung.
Nicht stillen nach Transplantation, da Medikamente verabreicht werden, die die Immunabwehr unterdrücken.

Pfeiffersches Drüsenfieber, Epstein-Barr-Virus
Nicht stillen, bis Mutter Antikörper gebildet hat. Achtung: Tröpfcheninfektion.

Phenylketonurie
Stillen ist möglich. Medikamente und Diät der Mutter unter ärztlicher Betreuung. Muttermilchzusammensetzung normal.

Psychosen
Prinzipiell kann gestillt werden. Je nach Schweregrad müssen Mutter und Kind getrennt werden. Psychopharmaka und Hormongaben: Stillverträglichkeit bei den Medikamenten beachten.

Röteln
Stillen ist möglich; Infektion erfolgt lange vor Krankheitsausbruch.
Impfung der Mutter nach der Geburt; Kind erhält Antikörper mit Muttermilch; Kontakt zu Schwangeren meiden.

Rheumaerkrankungen
Stillen ist möglich. Stillverträgliche Medikamente sind Gold oder Sulfasalazine; keine Immunsuppressiva.

Rotaviren (häufigste Erreger von Durchfällen beim Kind)
Stillen möglich. Kind kann schon vor Ausbruch der Erkrankung infiziert worden sein. Eventuell Antibiotika; beste Heilnahrung bei Durchfall ist Muttermilch.

Schilddrüsenunterfunktion/-überfunktion, Morbus Basedow
Stillen ist möglich. Schilddrüsenhormone. Medikamente wie Propylthiouracil möglich, kein Jod!
Oft wenig Muttermilch; Schilddrüsenfunktion des Kindes überwachen; Baby überwachen. Mutter oft übernervös.
Stillpause ist nötig, wenn ein Szintigramm erforderlich ist, bis Radionukleide abgebaut sind.

Shigellen, Escherichia coli
Stillen ist möglich, wenn die Stuhlkultur negativ ist.
Antibiotika. Kind mindestens 24–36 Stunden mitbehandeln.

Thrombosen
Stillen ist möglich. Heparinisierung der Mutter. Vitamin-K-Prophylaxe nach der Geburt beim Kind.
Bei Einnahme von Cumarinen (Marcumar) besteht Blutungsneigung beim Kind; dann ist Stillen fraglich.

Toxoplasmose
Stillen ist möglich. Antibiotika für Mutter und Kind. Antikörper über die Muttermilch schützen das Baby.

Tuberkulose
Stillen ist möglich, wenn behandelt.
Nicht stillen in der ersten Woche, bis Behandlung greift.
Tuberkulostatika. Kind untersuchen;
Kind eventuell auch medikamentös behandeln; Schutzimpfung nach der Geburt.
Muttermilch bildet Antikörper.

Varizellen, Windpocken, Gürtelrose
Stillen möglich, wenn Antikörper nachweisbar und der Ausbruch der Krankheit mindestens fünf Tage vor der Geburt war.
Stillen möglich, wenn die Mutter Antikörper hat. Wenn Geburt in kritischer Zeit, müssen Baby und Mutter mit Varizella Zoster Immunglobulinen behandelt werden; vier Tage vor der Geburt und acht Tage danach werden beim Krankheitsausbruch als kritisch gesehen – Trennung erforderlich, wenn Mutter Ausschlag hat.
Antikörperbildung nach 48 Stunden.
Muttermilchgabe dann möglich.

Zytomegalie
Nicht stillen bei Primärinfekt.
Stillen ist möglich, wenn Antikörper nachweisbar sind.
Medikamente nach Verordnung. Sind Viren in der Muttermilch nachweisbar, muss die abgepumpte Muttermilch pasteurisiert werden.

PROBLEME BEIM KIND

Auch wenn Ihr Baby gesundheitliche Probleme hat, kann das Stillen gut gelingen. Die häufigsten Fragen, die Mütter immer wieder stellen, werden nachfolgend beantwortet.

Anpassungsstörungen nach der Geburt

Ein Baby mit Sauerstoffmangel und niedrigen APGAR-Werten nach der Geburt bedarf spezieller Beobachtung und Behandlung und wird in die Kinderklinik verlegt.
Ein Kind, das unter Sauerstoffmangel litt, kann mindestens 48 Stunden nicht gefüttert werden. Es erhält Infusionen. Oft kann erst nach 96 Stunden mit der Nahrungszufuhr begonnen werden. Diese Kinder saugen oft schlecht und haben Probleme, das Saugen und das Schlucken miteinander zu koordinieren.

Brust oder Flasche – was ist schwieriger?

Wissenschaftliche Untersuchungen besagen, dass bei einem Baby, das aus der Brust trinkt, die Atmung und Sauerstoffsättigung stabiler sind als bei einem Kind, das aus der Flasche trinkt. Wenn Ihr Baby nun gleich nach der Geburt in die Kinderklinik verlegt wurde, können Sie sich und ihm folgendermaßen helfen:

- Beginnen Sie innerhalb der ersten sechs Stunden nach der Entbindung mit dem Abpumpen und pumpen sie sechsmal innerhalb von 24 Stunden ab, um die Milchbildung in Gang zu bekommen.
- Bringen Sie die Milch in die Kinderklinik und lassen Sie sie dort einfrieren.
- Falls es möglich ist, tragen Sie das Baby Haut auf Haut (Känguru-Methode).
- Wenn Sie abgepumpt haben, kann das Baby an der leeren Brust nuckeln, das stimuliert.
- Sobald es geht, sollten Sie das Baby anlegen. Haben Sie Geduld, bis es saugt.
- Unterstützen Sie das Kinn des Babys mit dem DanCer-Griff, da es dann weniger Energie braucht und leichter saugen kann.
- Wählen Sie eine Position (zum Beispiel Brotlaibposition), die das Saugen erleichtert. Aufrecht stillen ist hilfreich.

Hypoglykämie (Unterzuckerung) beim gesunden Neugeborenen

Während der Schwangerschaft entspricht der Blutzuckerwert des Babys dem der Mutter. Nach der Entbindung und der Durchtrennung der Nabelschnur sinken die Blutzuckerwerte, und der Körper des Babys reagiert darauf naturgemäß durch eingeschränkte Insulinfreigabe und Gewinnung von Glukose (Zucker) aus den Fettgewebsreserven. Innerhalb der ersten Stunden ist bei allen Reifgeborenen der Blutzuckergehalt am niedrigsten und steigt dann an, auch wenn keine Nahrungsaufnahme erfolgt, da der Körper Glukose selbst mobilisieren kann (ein Blutzuckerabfall wäre ein Hinweis auf eine Begleiterkrankung). Wird das Baby von Anfang an nach Bedarf angelegt, erhält es über das Kolostrum alles, was es braucht. Eine Blutzuckerkontrolle ist normalerweise nicht erforderlich.

Als Risikogruppen gelten:

- Babys von diabetischen Müttern oder schwergewichtige Babys ab 4000 g
- Babys, die für ihre Tragzeit zu klein sind
- Frühgeborene
- Babys mit Stoffwechselerkrankungen
- Babys mit Anpassungsstörungen nach der Geburt (Atemnot, Untertemperatur)
- Babys, deren Mütter während der Entbindung Schmerzmedikamente (Pethidine) verabreicht wurden; Babys werden dadurch schläfrig

Glukoseflasche – Ja oder Nein?

Das Füttern eines Glukosefläschchens bewirkt alles andere als eine Verhütung der Hypoglykämie. Durch die einmalige Gabe von zum Beispiel 10 % Glukose kommt der Stoffwechsel des Babys aus dem Gleichgewicht. Das Baby reagiert auf die hohe Glukosedosierung mit einer Ausschüttung von Insulin mit der Folge, dass die Blutzuckerwerte dann in den Keller sinken. So kann eine Hypoglykämie ausgelöst werden.
Ausnahme: Zu früh geborene und kranke Kinder. Frühgeborene Babys können Glukose nicht aus den Fettspeichern gewinnen. Meist haben sie keine Fettspeicher und die Leber ist noch ziemlich unreif. Sie brauchen daher eine niedrige Glukoseinfusion in 24 Stunden, um die Verstoffwechselung anzukurbeln.
Vorbeugung:

- Erstes Anlegen innerhalb der ersten zwei Stunden nach der Geburt, Stillen nach Bedarf (Tag und Nacht, so oft und so lange das Baby es will), Wärme
- Ein schläfriges Baby sollte gut beobachtet werden; eventuell zum Anlegen wecken
- Korrekte Stillpositionen und korrektes Saugen sind wichtig

Nekrotisierende Enterokolitis bei Frühgeborenen

Hierbei handelt es sich um eine Darmentzündung mit Bildung von Geschwüren und Auflösung der Darmschleimhaut. Diese Erkrankung betrifft 1–8 % der Frühgeborenen auf der Intensivstation. Sie beginnt mit Darmschleimhautschäden, dann erfolgt eine Infektion, die Bildung von Geschwüren, die Schleimhaut zersetzt sich und kann in die Bauchhöhle einbrechen. Diese Erkrankung ist oft lebensbedrohlich, und das Frühgeborene muss notoperiert werden. Dabei werden Teile des Darms entfernt und schlimmstenfalls muss ein künstlicher Darmausgang gelegt werden. Die ersten Anzeichen für diese Erkrankung sind oft Blässe, Teilnahmslosigkeit und ein aufgetriebener Bauch. Nach diesen ersten Symptomen folgen Erbrechen, blutiger Durchfall, Kreislaufschock und Sepsis.
Im akuten Zustand ist Stillen nicht möglich. Das Frühgeborene erhält keine Nahrung mehr, dafür Infusionen. Der Magensaft kann durch die Magensonde abfließen. Das Kind wird gut überwacht, und regelmäßig werden die Darmgeräusche abgehört.
Vorbeugung: Ausschließliche Muttermilchgabe. Das bedeutet keine andere Flüssigkeitsgabe bzw. Nahrungszufuhr über den Magen-Darm-Trakt.

Lippen-Kiefer-Gaumenspalte

Je nachdem wie stark ausgeprägt die Spaltbildung ist, versetzt diese Missbildung vielen Eltern erst einmal einen Schock. Auch hier ist es ganz wichtig, dass Sie die Möglichkeit erhalten, das Baby direkt nach der Geburt kennen zu lernen. Oft dauert es Tage, bis Sie das Baby so annehmen können, wie es ist, und bis Sie mit Ihren Schuldgefühlen und Ihrer Verzweiflung fertig werden. Lassen Sie Ihre Gefühle zu. Spaltbildungen sind operativ behebbar. Spaltkinder brauchen Muttermilch ganz besonders, denn sie sind sehr anfällig für Infektionen der Atemwege und Ohren.

Es ist ganz wichtig, dass Sie das Baby von Anfang an anlegen. Je nach Art der Spalte gibt es Hilfsmittel, die die Spalte überbrücken können. Das Kind braucht mehr Zeit beim Trinken und Sie sollten es öfter aufstoßen lassen, da es viel Luft mitschluckt.

Beim Stillen sollten Sie das Baby so positionieren, dass Nase und Speiseröhre höher liegen als die Brust. Das verhindert, dass Milch in den Nasen-Rachen-Raum fließen kann und die Atmung dadurch erschwert wird. Muttermilch ist ein altbewährtes Heilmittel, daher ist es auch nicht schlimm, wenn das Baby Muttermilch in die Nase bekommt oder vielleicht aspiriert. Es wurde festgestellt, dass ein Muttermilchtropfen in der Lunge im Gegensatz zur künstlichen Säuglingsnahrung keine Entzündung oder Abwehrreaktion hervorruft.

Lippen- oder Lippen-Kieferspalte
Diese kann eventuell mit einem Finger verschlossen werden, dann kann das Kind ohne Probleme saugen. Eine künstliche Platte ist nicht erforderlich.

Gaumenspalte
Hier wird in der Regel eine Gaumenplatte aus Kunststoff angefertigt, die den Nasen-Rachen-Raum trennt. Die bei Spaltbildung des Gaumens nach hinten verlagerte Zunge wird so nach vorne gebracht. In vielen Kliniken wird der Abdruck vom Oberkiefer so früh wie möglich gemacht, um normale anatomische Verhältnisse im Mund zu schaffen. Das ist gerade für das Saugen von Bedeutung. Das Baby schafft es nur kurzzeitig, zum Ansaugen ein Vakuum aufzubauen. Wenn dies gelingt, ist schon viel gewonnen, da sich dadurch die Brustwarze und der Mund voll Brustgewebe zum natürlichen Sauger formen lassen. Nun kann die Zunge die Milchseen ausstreichen. Entgegen früherer Veröffentlichungen weiß man, dass trotz Gaumenplatte kein Vakuum aufgebaut werden kann. Trotzdem fließt die Milch.

Babys mit einer Lippen-Kiefer-Gaumenspalte sollten von Anfang an gestillt werden.

Was tun?
- Beginnen Sie mit dem Abpumpen der Muttermilch sobald wie möglich nach der Geburt.
- Eventuell wird das Baby in den ersten Tagen mit einer Magensonde ernährt.
- Legen Sie das Baby regelmäßig an und lassen Sie es die Milchbildung anregen. Auch an der leeren Brust, nach dem Abpumpen, fühlt sich das Baby wohl.

- In den ersten Tagen benötigen Sie oft ein Hilfsmittel, um das Baby zu ernähren. Das Kind ist in der Lage, aus dem Becher zu trinken. Auch geeignet sind: Spritze mit Fingerfeeder, Brusternährungsset und Flasche mit Habermannfeeder.
- Anfangs sollten Sie aufrechte Stillpositionen auswählen. Wenn die Gaumenplatte angepasst ist, kann das Baby in jeder Position gestillt werden. Hilfreich ist es, den Kopf mit dem DanCer-Griff zu stützen.

Operation

Zwischen dem zweiten und sechsten Monat kann die Gaumenspalte operiert werden. Wichtig ist, dass Sie die Milchbildung durch Abpumpen aufrechterhalten. Sobald wie möglich sollten Sie wieder stillen.

Physiologische Neugeborenengelbsucht

Physiologisch heißt immer, es ist ein normaler Anpassungsprozess, der sich da vollzieht. Jedes Neugeborene hat in den ersten Tagen erhöhte Bilirubinwerte. Jedes zweite Neugeborene weist eine mehr oder weniger starke Gelbfärbung (Augen und Gesicht) auf, meist zwischen dem zweiten und zehnten Lebenstag. Die Werte steigen in den ersten vier bis fünf Tagen an und fallen dann langsam wieder ab.

Wie kommt das?

Im Mutterleib erfolgte die Sauerstoffversorgung über den Butkreislauf. Abfallprodukte (Bilirubin) wurden im Darm gesammelt und nach der Geburt im so genannten Kindspech ausgeschieden.
Nach der Entbindung atmet das Baby über die Lunge, und rote Blutkörperchen werden in der Menge wie vorher zur Sauerstoffversorgung nicht mehr gebraucht. Diese überschüssigen roten Blutkörperchen werden nun in der Milz gespalten. Das Eisen wird vom Körper weiterverwendet, das Bilirubin an Eiweiß gebunden und in der Leber, mithilfe eines Enzyms, umgebaut. Das nun wasserlösliche Bilirubin wird über den Gallensaft in den Darm transportiert und mit dem Stuhlgang ausgeschieden. Der umgekehrte Prozess ist auch möglich. Durch ein Enzym in der Darmwand kann Sterbolikin wieder in den Blutkreislauf gelangen. Aufgrund dessen ist es ganz wichtig, dass das bilirubinreiche Kindspech (Mekonium) schnell ausgeschieden wird.

Frühes Anlegen nach Bedarf vermindert die Ausprägung der Gelbsucht.

Was tun?

- Anlegen frühestmöglich nach der Geburt und dann nach Bedarf (mindestens achtmal in 24 Stunden). Das Kolostrum enthält abführende Stoffe, die die Ausscheidung des Kindspechs beschleunigen. Außerdem ist der Eiweißgehalt des Kolostrums um fast das Dreifache höher, was den Abtransport des an Eiweiß gebundenen Bilirubins aus der Milz zur Leber unterstützt und dort den Umbau mithilfe eines Enzyms begünstigt. Eine ausreichende kalorische Versorgung ist Grundvoraussetzung für diesen Vorgang.
- Ausschließlich stillen, keine Gabe von zusätzlicher Flüssigkeit oder Nahrung.
- Wird das Baby mit abgepumpter Muttermilch gefüttert, sollte die Menge um 20 % gesteigert werden.
- Wecken Sie ein schläfriges Baby, wenn es nicht mindestens achtmal innerhalb von 24 Stunden gestillt werden will.

- Die Beobachtung des Stuhlgangs gibt Aufschluss darüber, ob das Mekonium ausgeschieden wird, was eine Farbänderung von Schwarz-grünlich auf Gelb bewirkt.
- Lassen Sie Sonnenlicht ins Bettchen scheinen, und sorgen Sie für Wärme. Ein Wollhemd, ein Lammfell, ein Mützchen halten den Körper warm.

Ausnahmen

Eine Gelbsucht wird immer vom Kinderarzt mitbetreut, so lassen sich andere Ursachen, die in der Regel selten sind, ausschließen. Eine Gelbsucht kann auch in Verbindung mit einer Neugeboreneninfektion, Blutgruppenunverträglichkeit, Stoffwechselstörung oder Medikamentengabe auftreten.

Besondere Behandlung

Bei hohen Werten (20 mg%) wird Phototherapie verordnet. Es ist interessant: Mekoniumverschmutzte Windeln bleichen an der Sonne rasch. Die Phototherapie ist ein ähnlicher Vorgang. Weißes, blaues oder grünes Licht verändert in den obersten Hautschichten eingelagerte Bilirubinanteile, sodass diese wasserlöslich werden und unter Umgehung der Leber über die Niere ausgeschieden werden können. Bei der Phototherapie muss darauf geachtet werden, dass das Baby genug Flüssigkeit zu sich nimmt. Ein Problem bei der Phototherapie ist das Bedecken der Augen des Babys und seine dadurch verminderte Wahrnehmungsmöglichkeit. Auch müssen Mutter und Baby stundenweise getrennt werden, wenn die Bestrahlung im Inkubator erfolgen muss. Das setzt die Mutter unter Stress und löst Ängste aus, dass mit dem Kind etwas nicht stimmt. Als Langzeitfolgen wurden frühes Abstillen und Überbehütung beobachtet.

Ausschließliches Stillen nach Bedarf fördert den Bilirubinabbau.

Es gibt auch Lampen, die am Bett der Mutter angebracht werden können und eine Bestrahlung des Säuglings auf dem Bauch der Mutter erlauben.
Eine andere Möglichkeit ist eine Lichtbehandlung durch eine direkt auf der Haut des Kindes aufliegenden Decke (Bilibed). Das erfordert kein Bedecken der Augen mehr und wird als die schonendste Methode beschrieben. Wichtig ist, dass das Baby dabei gedreht wird.

Austauschtransfusionen

Eine Austauschtransfusion wird nur bei Blutgruppenunverträglichkeit oder Rhesusfaktorunverträglichkeit erforderlich.

Häufige Fragen

Wie beeinflusst Stillen die Gelbsucht?

Stillen kann die Gelbsucht zwar nicht verhindern, aber durch die abführenden Stoffe im Kolostrum wird das Kindspech schneller ausgeschieden. Es wurde beobachtet, dass Babys, die frühestmöglich nach Bedarf angelegt wurden, nicht so gelb wurden. Gestillte Babys, die nicht oft genug angelegt werden, haben aufgrund der kalorischen Unterversorgung höhere Werte als Flaschenkinder.

Beeinträchtigt die Schläfrigkeit das Stillen?

Hohe Bilirubinwerte machen das Baby müde. Das nimmt aber keinen negativen Einfluss auf das Saugverhalten. Die an der Brust getrunkene Milchmenge von Babys mit Gelbsucht und ohne ist die gleiche.

Braucht ein Neugeborenes mit Gelbsucht zusätzlich Flüssigkeit?
Da Bilirubin im Blutkreislauf nicht wasserlöslich ist und nur in der Leber umgewandelt werden kann und über den Darm ausgeschieden wird, fördert zusätzliche Flüssigkeit nicht die Ausscheidung. Dagegen nimmt sie negativen Einfluss auf die Darmtätigkeit und führt zum Ansteigen des Bilirubins. Auch die Milchbildung wird durch zusätzliche Flüssigkeit negativ beeinflusst.

Hilft Sonnenlicht bei Gelbsucht?
Wenn Sonnenlicht unbekleidete Körperteile des Babys erreicht, ist wohl eine Umwandlung des Bilirubins möglich. Allerdings verbrennen die UV-Strahlen auch leicht die empfindliche Haut des Säuglings. Das in der Klinik verwendete Blaulicht ist ein so genanntes Kaltlicht und nicht mit UV-Licht gleichzusetzen. Auch Hydrokulturlampen und Höhensonne haben ein anderes Licht und sind nicht zu empfehlen.

Späte Gelbsucht
Diese tritt meist erst nach dem siebten Tag auf und die Werte bleiben über Wochen hoch. Nimmt das Kind ausreichend zu, hat es keine Infektion, ist die Leber nicht vergrößert und findet der Kinderarzt keine Ursache, handelt es sich um eine so genannte Muttermilchgelbsucht.

Muttermilchgelbsucht

Diese Form der Gelbsucht betrifft 2–4 % der ausschließlich gestillten Babys. Das Baby entwickelt sich normal, nimmt ausreichend zu und scheidet genug aus. Die Bilirubinwerte sind oft über Wochen und Monate hoch. Vermutet wird, dass das Baby auf bestimmte Inhaltsstoffe in der Muttermilch reagiert. Interessant ist, dass eine Pasteurisierung der Muttermilch diese Faktoren außer Kraft setzt.

Was hilft?
- Ziehen Sie einen Kinderarzt hinzu.
- Lassen Sie das Kind häufig an die Sonne.
- Stillen Sie weiter.

Ist eine Stillunterbrechung sinnvoll?
Durch eine Stillunterbrechung von 24–48 Stunden lässt sich die Diagnose Muttermilchgelbsucht sichern. Das Baby wird in dieser Zeit mit künstlich hergestellter Säuglingsmilch ernährt. Sinken die Bilirubinwerte ab, ist die Diagnose Muttermilchgelbsucht gesichert und das Baby kann weitergestillt werden. Bei Werten bis zu 20 mg% wurden bei der Muttermilchgelbsucht keine Folgeschäden festgestellt.

Wenn Sie das Stillen unterbrechen, ist es notwendig zuzufüttern.

Während der Stillunterbrechung muss dem Baby zugefüttert werden, sei es mit Spendermilch, pasteurisierter abgepumpter Muttermilch oder Formula. Die Mutter muss in dieser Zeit regelmäßig abpumpen, um das Milchangebot aufrechtzuerhalten. Da die Bestätigung der Muttermilchgelbsucht keine Behandlung erforderlich macht, sondern weitergestillt werden kann, ist diese Praxis infrage zu stellen. Anstelle einer Stillpause kann bei Muttermilchgelbsucht mit hohem Bilirubinwert eine kurzzeitige Phototherapie die Werte senken.

DAS KIND IST KRANK – KANN ICH TROTZDEM STILLEN?

Es gibt verschiedene Krankheiten des Kindes, die das Stillen erschweren oder sogar ganz unmöglich machen. Die wichtigsten sind hier genannt, zusammen mit Hinweisen auf wichtige Fakten, die es zu beachten gilt. In vielen Fällen ist dann ein eingeschränktes Stillen doch noch möglich bzw. sogar hilfreich für die Genesung.

Allergien
Sechs Monate lang ausschließlich stillen. Diät der Mutter allergenarm. Hydrolysatnahrung bei zu wenig Milch.

Bronchitis/Pneumonie
Stillen ist möglich. Antibiotika. Erhobene Stillposition erleichtert Atmung.

Botulismus
Stillen ist möglich. Behandlung je nach Zustand des Kindes. Medikation; oft Intensivstation. Lähmungen erschweren Anlegen.
Wichtig: Sie sollten Kindern unter zwölf Monaten keinesfalls Honig geben, da die Botulismus-Erreger unter anderem durch Honig übertragen werden.

Diabetes mellitus
Stillen ist möglich. Insulin und Diät. Ständige Blutzuckerkontrolle.

Downsyndrom (Trisomie 21)
Stillen ist möglich. Behandlung je nach Zustand schwierig; Frühförderung sehr wichtig; braucht Stillunterstützung.

Epilepsie
Stillen ist möglich. Medikamente erforderlich. Kinder sind oft müde und schlaff.

Erbrechen, Durchfall
Stillen ist möglich. E ventuell zusätzlich Flüssigkeit und Elektrolyte.
Muttermilch ist die beste Heilnahrung.

Galaktosämie
Absolutes Stillhindernis!
Galaktose (Zweifachzucker) kann wegen Leberenzymmangel nicht umgebaut werden.
Spezialnahrung.
Nicht behandeltes Kind leidet an später Gelbsucht, Gedeihstörung, Durchfall und Erbrechen.

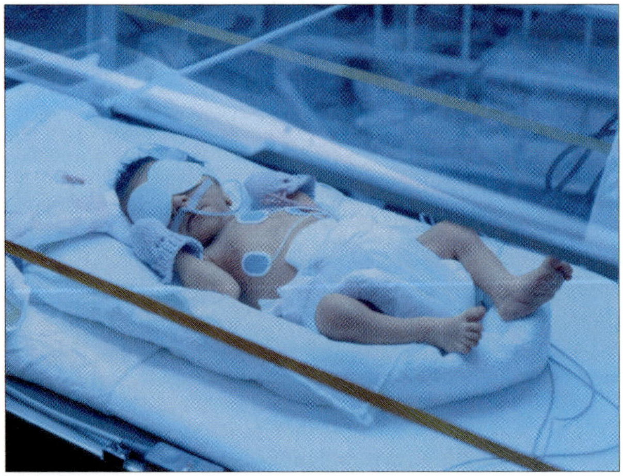

Bei einer schweren Gelbsucht wird der Säugling mit Phototherapie behandelt.

Gelbsucht
Stillen ist möglich. Je nach Schweregrad muss das Kind im Inkubator unter eine spezielle Fotolampe gelegt werden.

Hirnhautentzündung, Meningitis
Stillen ist möglich. Behandlung je nach Zustand des Kindes. Je nach Erreger Antibiotika; oft Intensivstation. Berührungsempfindlich.

Hydrocephalus (Wasserkopf)
Stillen ist möglich. Behandlung je nach Zustand, entsprechend der Krankheit und Operation. Das Kind ist oft schläfrig und schlaff.

Lippen-Kiefern-Gaumenspalte
Stillen ist möglich. Das Kind braucht jedoch etwas länger dazu. Es gibt Hilfsmittel, die die Spalte überbrücken.

Milchzuckerunverträglichkeit
Nicht stillen in akuter Phase. Spezialnahrung ist erforderlich. Muttermilch und Enzym Laktase über Brusternährungsset möglich.

Missbildungen der Atemwege und des Herzens
Stillen ist möglich, je nach Gesundheitszustand. Die Behandlung variiert. Typische Anzeichen dafür sind Appetitlosigkeit, Blaufärbung der Haut, Atemnot, schnelles Ermüden.

Missbildungen des Harnwegs
Stillen ist möglich, je nach Gesundheitszustand des Kindes. Die Behandlung variiert.

Missbildung des Magen-Darm-Trakts
Stillen ist möglich, je nach Zustand des Kindes. Die Behandlung variiert; zehn Stunden nach der Operation von Speiseröhre und Pylorus (Mageneingang) ist Stillen möglich.

Mukoviszidose
Stillen ist möglich, je nach Zustand des Kindes. Diät und Dauermedikation.
Das Stillen wird oft durch Begleiterscheinungen erschwert.

Phenylketonurie
Teilstillen ist möglich. Diät und Medikamente; abnorme Erhöhung der essenziellen Aminosäuren kann Probleme bereiten.

Schnupfen, Grippe, Halsentzündung, Mittelohrentzündung
Stillen ist möglich. Die Behandlung variiert. Erhobene Stillposition; Brotlaibposition; Muttermilch in die Nase geträufelt, macht frei.

Zöliakie (Allergie gegen Klebereiweiß von Getreide)
Mindestens sechs Monate lang ausschließlich stillen.
Lebenslang glutenfreie Ernährung: kein Weizen, Roggen, Hafer, Gerste, dafür Reis, Mais, Hirse.

WENN IHR BABY HÄUFIG SCHREIT

Ein häufig weinendes Kind haben Sie sich sicherlich nicht gewünscht. Und doch gibt es Babys, die mehr schreien als andere. Manche schreien regelmäßig in den Abendstunden. Prinzipiell kann ein Baby sich nur durch Schreien äußern, sei es, dass es hungrig ist, Schmerzen hat, getragen werden möchte, sich nicht wohl fühlt oder übermüdet ist. Sie werden schnell lernen, die unterschiedlichen Botschaften, die hinter dem Schreien stecken, zu erkennen.

Ein schreiendes Baby kann Sie zur Verzweiflung bringen, und es ist ganz wichtig, dass Sie versuchen herauszufinden, warum das Baby schreit. Auch den Kinderarzt können Sie in diese Ursachensuche mit einbeziehen. Versuchen Sie, Hilfe und Entlastung bei der Betreuung des Kindes zu bekommen, damit Sie neue Energie auftanken können. Vielleicht kann die Oma oder eine Freundin das schreiende Baby spazieren fahren, während Sie sich etwas ausruhen. Unter Umständen hilft es auch einfach, wenn Sie selbst das Baby in den Kinderwagen packen und eine Runde in die Stadt fahren. Manche Babys wollen einfach nur etwas Abwechslung und Anregung.

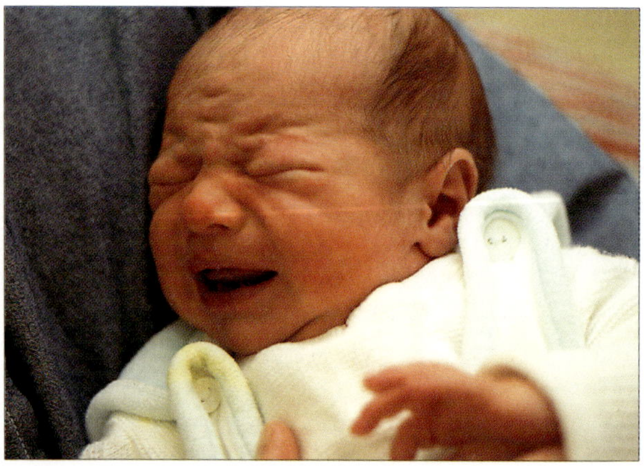

Wachstumsschub

Vielleicht hatten Sie bisher ein ruhiges Baby, und plötzlich fängt es an, ständig an die Brust zu wollen und schreit. Wenn das Baby wächst, braucht es mehr Nahrung. Es will häufiger trinken, um das Milchangebot zu erhöhen. Oft entsteht so ein Wachstumsschub um den zehnten Tag herum und dann nochmals nach sechs und zwölf Wochen.

Was tun?

- Gönnen Sie sich Ruhe und legen Sie das Baby so oft es möchte an. Nach ein paar Tagen hat sich das Milchangebot auf den Mehrbedarf eingestellt.
- Achten Sie darauf, dass Sie genug essen und nach Durst trinken.

Allergie auf Nahrungsmittel

Es ist wichtig, sich ausgewogen zu ernähren. Substanzen der Nahrung gehen in die Muttermilch über. Vielleicht reagiert Ihr Baby mit Blähungen auf bestimmte Lebensmittel. Versuchen Sie, diese herauszufinden und lassen Sie sie dann weg.

Stark blähende Nahrungsmittel wie Kohl, Zwiebeln, Knoblauch und Hülsenfrüchte sollten Sie unter Umständen besser meiden. Manche Babys reagieren allerdings auch auf Frischmilch, Mineralwasser und Nüsse. Sie entwickeln eine Allergie auf Fremdeiweiß.

Genussmittel
Wenn Sie viel Tee, Kaffee oder Cola trinken, geht das Koffein in die Muttermilch über, und die Folge ist ein schreiendes, unruhiges Baby. Die gleiche Reaktion erfolgt auf Nikotin.
Wenn Sie auf diese Genussmittel nicht verzichten können oder wollen, trinken Sie sie am besten nach der Stillmahlzeit, dann baut sich bis zur nächsten Mahlzeit ein Teil wieder ab.

Koliken
Manches Baby schreit, und wenn Sie es anlegen wollen, schreit es weiter und wendet sich ab.
Vielleicht zieht das Baby die Beinchen an, verkrampft sich, wird rot und ist aufgeregt. Sie haben den Eindruck, das Baby hat Blähungen. Oft tritt dieses Phänomen in den ersten drei Monaten auf. Man geht davon aus, dass der Magen-Darm-Trakt noch nicht ausgereift ist.
Babys reagieren auf Nahrungs- und Genussmittel, aber auch auf ihr Umfeld. Stress und Unruhe spüren sie ganz genau. Falls dies der Grund für ihr Weinen ist, versuchen Sie, dem Kind wieder zur Ruhe zu verhelfen.

Was hilft?
- Tragen im Tragetuch
- Wärme (eine Wärmflasche, ein Wollhemd, ein warmes Bad)
- Bauchmassage (Massieren Sie im Uhrzeigersinn rund um den Bauchnabelbereich mit etwas Kümmelöl oder Kümmelsalbe.)
- Ein warmes Kirschkernsäckchen
- Trinken Sie Fencheltee, Kümmeltee oder eine Mischung aus Fenchel, Anis, Kümmel, Koriander und Dill. Die Substanzen gehen in die Muttermilch über und helfen so dem Baby.
- Legen Sie das Baby in einer aufrechten Position an, damit es weniger Luft schluckt und die herausschießende Milch abfließen kann.
- Achten Sie darauf, dass das Baby die Brust richtig erfasst und effektiv saugt.

Blähungen lösen
1. Legen Sie das Baby über Ihren Unterarm und massieren Sie seinen Rücken.
2. Setzen Sie das Baby auf Ihren Schoß, sein Rücken lehnt an Ihrem Bauch und massieren Sie mit Ihren Händen den Bauch des Babys.
3. Halten Sie das Baby in aufrechter Position, sodass sein Brustkorb auf Ihrem Brustkorb liegt, oder legen Sie es über Ihre Schulter und streichen Sie über seinen Rücken.

Geborgenheit
Der Bedarf an Geborgenheit ist sehr unterschiedlich ausgeprägt. Es gibt Babys, die brauchen besonders intensiven Körperkontakt und die Wärme des Körpers ihrer Mutter. Sie sehnen sich nach der innigen Verbundenheit, wie sie im Mutterleib bestand, zurück. Nehmen Sie das Baby zu sich ins Bett, tragen Sie es in einem Tragetuch, achten Sie darauf, dass es immer die Möglichkeit hat, Augenkontakt zu Ihnen zu halten – so wird es weniger schreien.

GEWICHTSENTWICKLUNG UND GEDEIHSTÖRUNG

Die stetige Gewichtszunahme eines Säuglings ist ein wichtiges Kriterium dafür, ob es genug Milch trinkt. Ob ein Kind schnell zunimmt oder langsam, ob es schwer oder leicht ist, hängt von seiner Veranlagung, seiner Gesundheit und seiner Ernährung ab. Babys wachsen und entwickeln sich unterschiedlich schnell. Es scheint, dass Wachstumsschübe neue Entwicklungsschritte einleiten. Gewichtszunahme, Längenwachstum und motorische Entwicklung stehen in engem Zusammenhang. Die Kontrolle über die großen Muskeln erfolgt vor der Entwicklung der Feinmotorik. Das Kind kann eher mit der Hand winken, als nach einem Gegenstand greifen.

Die momentan gültigen Wachstumskurven zeigen überwiegend die Entwicklung von Flaschenkindern. Es gibt Untersuchungen darüber, dass die Wachstumskurve eines ausschließlich gestillten Kindes von dieser »Norm« abweicht, wobei diskutiert wird, ob Flaschenkinder früher nicht schlicht und ergreifend überernährt wurden.

Gestillte Kinder wachsen in den ersten Monaten gleich schnell wie Flaschenkinder, dann beginnen Flaschenkinder schneller, an Gewicht zuzulegen. Mit Zahlen belegt bedeutet dies: Ein gestilltes Kind nimmt im ersten Monat pro Tag durchschnittlich 34,5 g zu. Ein Flaschenkind 34,4 g.

Im vierten Lebensmonat liegt die Gewichtszunahme beim ausschließlich gestillten Kind bei 18,7 g pro Tag, beim flaschengefütterten Kind bei 23 g pro Tag. Das bedeutet, um den vierten Monat herum nimmt das ausschließlich gestillte Baby weniger Milch auf, wertet diese aber effizient aus.

Nimmt mein Baby genug zu?

In der ersten Woche verliert das Baby bis zu 10 % vom Geburtsgewicht. Dies sollte aber innerhalb der ersten drei Wochen wieder erreicht werden. Es ist daher sinnvoll, das Gewicht regelmäßig zu kontrollieren.
Die Gewichtszunahme sollte in den ersten vier Monaten mindestens 100 g pro Woche betragen. Laut WHO sind es sogar durchschnittlich 500 g pro Monat. Danach ist es durchaus in Ordnung, wenn das Kind 80 g pro Woche und mehr zunimmt. Das Baby kann auch mal in einer Woche weniger zunehmen und dafür in der nächsten mehr. Wenn es nach Appetit isst, kann die Zunahme nicht genormt werden. Nach fünf bis sechs Monaten hat sich das Geburtsgewicht in der Regel verdoppelt, nach zwölf Monaten verdreifacht.
In einer amerikanischen Studie wurden Wachstumskurven von flaschenernährten

Wenn das Baby nach Appetit isst, kann die Gewichtszunahme nicht genormt werden.

Säuglingen mit denen ausschließlich gestillter Kinder verglichen. Das Ergebnis war: Brustkinder nehmen erst sehr schnell zu, später langsamer als Flaschenkinder. Zwischen dem sechsten und zwölften Monat sind Brustkinder leichter als Flaschenkinder, dies wird aber bis zum achtzehnten Monat ausgeglichen. Die Aufnahme der Milchmenge ist individuell sehr unterschiedlich. Es wurde festgestellt, dass die Brust nie komplett leer getrunken wird. Eine Restmenge von ca. 15–40 % wurde ermittelt. Brustkinder bestimmen selbst, wie viel sie zu sich nehmen wollen. Vollgestillte Kinder entwickeln sich meist hervorragend.

Das Längenwachstum und die Zunahme der Kopfgröße sollten im richtigen Verhältnis zur Gewichtszunahme stehen. Bei einem Längenwachstum von ca. 2,5 cm pro Monat sollte der Kopfumfang ca. 1,2 cm pro Monat zunehmen.

Das langsam wachsende Kind
Darunter versteht man Kinder, die an der Untergrenze der Gewichtskurve liegen, aber stetig zunehmen und deren Kurve sich im gleichen Verhältnis fortführen lässt. Proportional stimmen Längenwachstum, Kopfwachstum und Gewichtsentwicklung überein. Die Entwicklung des Kindes entspricht der Norm.

Gewichtsentwicklung oder Gedeihstörung?

Kind mit langsamer Gewichtszunahme
- Gesundes munteres Aussehen
- Guter Muskeltonus
- Gute Hautspannung
- Mindestens sechs nasse Windeln pro Tag
- Heller, dünner Urin
- Stuhlgang sämig (wenn selten, dann voluminös und weich)
- Mindestens acht Stillmahlzeiten innerhalb von 24 Stunden, Dauer pro Mahlzeit ca. zwanzig Minuten
- Gut funktionierender Milchspendereflex
- Langsame, aber stetige Gewichtszunahme

Gedeihstörung
- Apathisch oder weinend
- Schlaffer Muskeltonus
- Schlechte Hautspannung
- Wenige nasse Windeln
- Urin dunkel gefärbt, riecht stark (konzentriert)
- Stuhlgang selten, spärlich
- Weniger als acht Mahlzeiten, oft von kurzer Dauer
- Milchspendereflex problematisch
- Gewichtszunahme wechselhaft

(Ruth Lawrence: Breastfeeding – a guide for the medical profession, p. 367, Mosby)

Gedeihstörung

Wenn das Baby sein Geburtsgewicht nach drei Wochen nicht wiedererreicht hat, es unterhalb der dritten Perzentile der Gewichtskurve liegt, besteht der Verdacht, dass eine Gedeihstörung vorliegt. Eine Gedeihstörung kann sich langsam, schleichend entwickeln oder akut auftreten.
Vorbeugung: In den ersten vier Wochen, bis die Milchbildung sich auf den Bedarf des Kindes eingestellt hat, sollten Sie das Baby einmal in der Woche morgens vor dem Stillen nackt wiegen. Wenn es in der einen Woche zu wenig zunimmt, kann es sein, dass es in der nächsten mehr zunimmt. Sie sollten das aber kontrollieren.

Akute Gedeihstörung
Sie tritt auf, wenn das Baby einen Infekt hat, hohes Fieber, Durchfall, Erbrechen und dadurch viel Flüssigkeit verliert. Aber auch ein schläfriges, sehr ruhiges Baby muss gut überwacht werden. Wenn ein Kind krank aussieht, schläfrig ist, erbricht, an Durchfall leidet, wenige nasse Windeln hat, ausgetrocknet aussieht, wenn die Augen tief liegen, Mund und Zunge trocken und rissig sind, die Atmung schneller als sonst, die Fontanelle eingezogen und eine deutliche Gewichtsabnahme festzustellen ist, geht es dem Kind schlecht.

Eine Gedeihstörung kann sich langsam entwickeln oder akut auftreten.

Was tun?
- Sofort den Kinderarzt aufsuchen
- Häufiger anlegen und Anlegeposition und Saugverhalten überprüfen
- Eventuell zusätzlich Elektrolyte, Flüssigkeit und Medikamente geben

Langsam schleichende Gedeihstörung
Diese Form ist besonders tückisch, denn Sie bemerken sie schlechter. Gerade die ersten vier Wochen sind besonders gefährlich. Nicht immer melden sich Kinder lautstark, wenn es ihnen nicht gut geht. Wenn Sie also ein ruhiges, schläfriges Baby haben, das nachts zwölf Stunden durchschläft, weniger als sechs Mahlzeiten zu sich nimmt, dann sollten Sie besonders aufpassen.

Manchmal liegt der Grund für das Nichtgedeihen im »Stillmanagement«. Ein Baby, das die Brust nicht richtig erfasst, saugt nicht effektiv und bekommt nicht ausreichend von der kalorienreichen Hintermilch. Auch wenn Sie das Baby an einer Seite nicht fertig trinken lassen, sondern lösen und an der anderen anlegen, kann dies zu einer Balancestörung von Vorder- und Hintermilch führen.

Mögliche Ursachen für Gedeihstörungen:

Fehler bei der Stillhandhabung
- Unterbrechen Sie die Stillmahlzeit nicht. Das Kind soll so oft und so lange es will an einer Seite trinken.
- Wenn das Kind zu warm angezogen ist und es auch noch heiß im Raum ist, saugt es schlecht und wird schläfrig. Ziehen Sie es aus, wecken Sie es auf, indem Sie die Fußsohlen massieren.
- Vielleicht ist der zeitliche Abstand zwischen den Mahlzeiten zu groß. Das Baby soll selbst bestimmen, wie oft und wie lange es trinken will. Schläft es über einen längeren Zeitraum, reguliert es dies vielleicht, indem es häufiger an die Brust will.
- Legen Sie das Baby auch nachts an. Meist schlafen Säuglinge erst nach sechs Wochen länger als vier Stunden am Stück.
- Keinen Schnuller geben. Der Schnuller verhindert, dass das Baby an der Brust saugt, er beruhigt es und zögert hinaus, dass das Kind die Brust verlangt.
- Keine Zufütterung von Flüssigkeit und zusätzlicher Nahrung, lieber häufig anlegen.

Ziehen Sie auf jeden Fall einen Arzt zurate, damit organische Ursachen ausgeschlossen werden können.

Zusätzliches Abpumpen kann Ihnen helfen, Ihr Milchangebot zu erhöhen, denn wenn das Baby zu wenig Milch an der Brust trinkt bzw. nicht richtig saugt, stellt sich der

Bedarf nicht auf die eigentlich erforderliche Milchmenge ein.

Fehler beim Saugverhalten

- Das Kind hat die Augen beim Saugen geschlossen. Wecken Sie das Baby auf, indem Sie es ausziehen, die Füße massieren oder wickeln.
- Wenn Sie das Gefühl haben, das Kind trinkt nur ein paar Schlucke, schläft dann wieder ein oder nuckelt nur noch, sollten Sie es von der Brust lösen und an der anderen Seite ansetzen oder die Anlegeposition wechseln (zum Beispiel erst Wiegehaltung, dann Brotlaibposition).
- Wenn das Baby korrekt saugt, wird es nicht so oft trinken wollen, da es ausreichend Kalorien zu sich nimmt. Will es jede Stunde an die Brust, sollten Sie überprüfen, warum es nicht richtig saugt.
- Das Baby ist nach der Mahlzeit unzufrieden. Sie können abgepumpte Muttermilch mit dem Becher nachfüttern. Aber auch das Brusternährungsset kann helfen, dass das Baby zusätzliche Nahrung bekommt, ohne saugverwirrt zu werden. Dadurch wird die Brust auch mehr stimuliert und die Milchbildung erhöht.
- Wenn das Kind nachts durchschläft, wecken Sie es und legen Sie es auch nachts alle drei bis vier Stunden an.

So wird das Kind gelegt (links) und gebündelt (rechts).

Probleme beim Kind

Folgende Erkrankungen können eine schlechte Gewichtszunahme mit sich bringen: Stoffwechselerkrankungen (Mukoviszidose), neurologische Störungen, Downsyndrom, Herzfehler, Lippen-Kiefer-Gaumenspalte (siehe auch Seite 161 f.).

Neurologische-motorische Störungen (Hypo-/Hypertonie)

Das Kind hat aufgrund des schlechten Muskeltonus Probleme, Saugen und Schlucken zu koordinieren. Eine aufrechte Stillposition und das Unterstützen mit dem DanCer-Griff können helfen. Lösen Sie den Milchspendereflex vor dem Anlegen aus, damit das Kind gleich einen Erfolg beim Trinken hat. Eine Zufütterung mithilfe von Brusternährungsset oder Becher ist aufgrund der Saugschwäche meist erforderlich.

Spastik (Hypertonie)

Ein überaktives, unruhiges oder auch verkrampftes Baby lässt sich oft besser anlegen, wenn es die Möglichkeit erhält, eine optimale Körperhaltung und Muskelspannung zu erzielen. Das kann man durch das »Bündeln« unterstützen. Verschränken Sie die Arme des Babys über dem Brustkorb, auch die Beine werden ineinander verschränkt. Dann wird das Baby in ein Tuch eingebunden.

MEDIKAMENTE EINNEHMEN IN DER STILLZEIT?

Jede Einnahme von Medikamenten in der Stillzeit sollte mit dem Arzt besprochen werden. Bei der Verordnung eines Präparates muss darauf geachtet werden, ob die Substanzen muttermilchgängig sind und ob Nebeneffekte bekannt sind. Es gibt eine ganze Anzahl von Medikamenten, bei deren Einnahme eine Mutter weiterstillen kann. Deshalb sollten Sie sich fachkundigen Rat einholen. Die Arbeitsgemeinschaft Freier Stillgruppen (Adresse siehe Seite 184) hat eine spezielle Hotline eingerichtet.

Manchmal ist es sinnvoll, ein Medikament nach dem Stillen einzunehmen. Bis zur nächsten Stillmahlzeit ist es dann abgebaut. Berücksichtigen Sie die Halbwertszeit eines Präparates.

Bei jeder Medikamenteneinnahme sollten Sie Ihr Baby gut beobachten. Folgende Anzeichen können darauf hinweisen, dass Ihr Kind auf das Medikament reagiert. Es ist im Gegensatz zu früher nervös, aufgeregt, hat Koliken oder es ist sehr schläfrig, trinkt anders, hat einen Hautausschlag, einen Windelausschlag, Magen-Darm-Beschwerden, verliert an Gewicht, nimmt schlecht zu, atmet anders, die Haut verfärbt sich oder es entwickelt sich eine Gelbsucht.

Wenn wegen der Medikamente nicht gestillt werden kann

Falls Sie einige Tage lang ein Präparat einnehmen müssen, bei dem Sie nicht weiterstillen können und bei dem es keine stillfreundliche Alternative gibt, heißt das nicht, dass Sie abstillen müssen.
Pumpen Sie dann so oft, wie das Kind sonst gestillt würde, Muttermilch ab, um die Milchproduktion aufrechtzuerhalten, und schütten Sie die Muttermilch weg. Je nach Halbwertszeit des Präparates können Sie das Kind einige Stunden bzw. Tage nach der Einnahme der letzten Medikamentendosis wieder anlegen.

Bei folgenden Medikamentengruppen dürfen Sie auf keinen Fall stillen:

- Immunsuppressiva
- Zytostatika
- Radioaktive Substanzen

Medikamente auf alle Fälle mit dem Arzt absprechen

In der nachfolgenden Medikamentenzusammenstellung wird auf die gängigsten Wirkstoffe/Präparate eingegangen. Soweit bisher Forschungsergebnisse vorliegen, sind diese mit eingearbeitet. Bisher liegt wenig deutsche Literatur vor.
Auch hier gibt es jedes Jahr neue Erkenntnisse. Daher sollten Sie auf alle Fälle die Medikation immer mit Ihrem Arzt absprechen.

Wenn Sie einmal täglich ein Präparat einnehmen müssen, kann es sinnvoll sein, dies abends vor der längsten Stillpause zu tun.

Antiinfektive (Entzündungsbekämpfung)

Antibiotika

Geht das Medikament in die Muttermilch über, kann die kindliche Darmflora zerstört werden. Daher sollte das Kind auf Nebenwirkungen hin gut beobachtet werden. Ein alternatives Präparat ist angeraten, wenn folgende Nebeneffekte auftreten:

- Zerstörung der Darmflora (Durchfall)
- Sensibilisierung (Allergie, Hautausschlag)
- Entwicklung resistenter Keime
- Verminderung der Abwehrkräfte (Pilzinfektion, Windelausschlag)

Penicillinderivate

- Stillen ist uneingeschränkt möglich
- Tritt eine allergische Reaktion auf, Alternativpräparat wählen

Präparat und Wirkstoff aufschreiben, damit das Kind künftig bei Bedarf Alternativen erhält. Folgende Wirkstoffe sind möglich:

- Wirkstoff: Amoxicillin (Augmentan®, Clamoxyl®)
- Wirkstoff: Ampicillin (Binotal®)
- Wirkstoff: Benzathine, Benzylpenicillin (Penicillin G®)
- Wirkstoff: Dicloxacillin (Dichlor Stapenor®, Stapenor®, Stapyhlex®)
- Wirkstoff: Piperacillin (Pipril®)

Cephalosporine

Gleich wie bei den Penicillinderivaten; empfohlen werden kann der Wirkstoff: Cephalosporine (Ceprexin®, Oracef®)

Erythromycine

Können in der Stillzeit eingenommen werden. Gängige Präparate sind: Erythrocin®, Erythromycin-Wolff® und Pädiathrocin®

Aminoglykosid-Antibiotika

Können in der Stillzeit eingenommen werden, erscheinen nur minimal in der Muttermilch. Folgende Wirkstoffe/Präparate können empfohlen werden:

- Wirkstoff: Gentamycin (Refobacin®)
- Wirkstoff: Tobramycin (Gernebcin®)
- Wirkstoff: Streptomycin, Amikacin (Biklin®)

Nur in Ausnahmefällen erlaubt, somit generell kontraindiziert in der Stillzeit sind:

- Wirkstoff: Tetrazycline (Vibramycin® und Doxy-Wolff®)
  Das in der Muttermilch enthaltene Kalzium deaktiviert zum Teil die Substanz. Diskutiert werden bei den Tetrazyclinen Zahnschäden, Zahnverfärbungen.

Absolut kontraindiziert und in den ersten Wochen mit dem Stillen unvereinbar sind:

- Wirkstoff: Chloramphenicol (Paraxin®, Chloramsaar®)
- Wirkstoff: Sulfonamide/Trimethoprim (Bactrim®, Co-Trimoxacol®, Eusaprim®, Bactoreduct®)
- Wirkstoff: Nalidixinsäure/Gyrase-Hemmstoffe (Nogram®, Ciprobay®, Tarivid®)
- Wirkstoff: Metronidazol (Clont®, Arilin®, Flagyl®)

Anästhetika (Narkosemittel)

Wenn eine Narkose durchgeführt werden muss, sollte die Mutter vorher einen Muttermilchvorrat durch Abpumpen anlegen, damit die Zeit, bis das Narkosemittel sich abgebaut hat, überbrückt werden kann. Folgende allgemeine Narkosemittel und Sauerstoff sind mit dem Stillen vereinbar: Äther (Äther zur Narkose®), Halothane (Fluothane®, Halothan Höchst®), Ketamine (Ketanest®), Lachgas (Stickoxydul

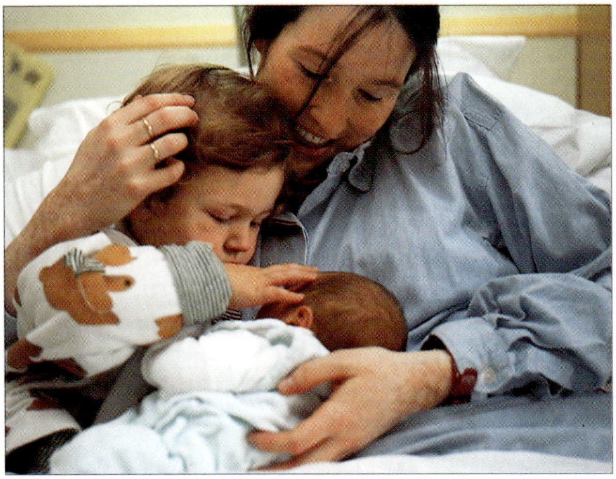

Höchst®), Thiopental (Trapanal®, Penthothal®). Thiopentale sind muttermilchgängig, haben aber eine sehr kurze Halbwertszeit und sind daher unbedenklich.

Lokalanästhetika
Bei einmaliger Anwendung können alle Präparate bis auf die den Wirkstoff Prilocain enthaltenden (zum Beispiel Xylonest®) verwendet werden.

Lidocain (Xylocain®) und Bupivacaine (Bupivacain®, Carbostesin®)
Sind nur minimal in der Muttermilch nachweisbar; können verwendet werden. Die zusätzliche Gabe von Adrenalin wirkt einem Übergang in die Muttermilch entgegen.

Präoperative Medikation
- **Atropine (Atropin®):** stillen möglich; Nebeneffekte beim Kind beobachten
- **Chloralhydrat (Chloraldurat®):** einmalige Gabe möglich; auf Kind achten wegen Schläfrigkeit
- **Diazepam (Valium®, Diazepam ratiopharm®):** einmalige Dosis in Verbindung mit Stillen möglich; Kind gut beobachten wegen möglicher Nebeneffekte
- **Morphine:** einmalige Gabe trotz Stillen möglich; Kind gut beobachten
- **Promethazine (Atosil®):** einmalige Gabe in Verbindung mit dem Stillen möglich; Kind gut beobachten.

Herz-Kreislauf-Mittel

Digitalis
Stillen ist uneingeschränkt möglich bei:
- Wirkstoff: Digitalis (Lanicor®)
- Wirkstoff: Methyldigoxin (Lanitop®)
- Wirkstoff: Acetyldigoxin (Novodigal®)

Diuretika
Werden eingesetzt zur Ausschwemmung von eingelagertem Wasser.
- Können Milchbildung negativ beeinflussen.
- Als Nebeneffekt beim Kind wurde ein Anstieg des Bilirubins beobachtet, insbesondere bei den Wirkstoffen Furosemid (Lasix®) und Thiazide.

Als gelegentliche Dosis können folgende Präparate eingesetzt werden:
- Wirkstoff: Furosemid (Lasix®)
- Wirkstoff: Hydrochlorthiazid (Esidrix®)
- Wirkstoff: Spironolacton (Aldactone®)

Kontrainidiziert ist Wirkstoff: Chlortalidon (Hygroton®)

Antihypertensiva (Blutdrucksenkende Medikamente)
Auf Nebeneffekte wie Hypoglykämie oder Kreislaufsymptome beim Kind achten.
- **Beta-Rezeptorenblocker** Mit dem Stillen zu vereinbaren sind:
- Wirkstoff: Labetalol (Trandate®)
- Wirkstoff: Oxyprenolol (Trasicor®)
- Wirkstoff: Propanolol (Dociton®)

– Wirkstoff: Metoprolol (Lopresor®, Beloc®)
– Wirkstoff: Timolol (Temserin®)
– Wirkstoff: Nadolol (Solgol®)

Kontraindiziert sind:
– Wirkstoff: Sotalol (Sotalex®)
– Wirkstoff: Atenolol (Tenormin®)
– Wirkstoff: Acebutolol (Prent®)
– Wirkstoff: Mepindolol (Corindolan®)

• **Hydralazine** Unerwünschte Nebenwirkungen wurden bisher nicht beobachtet. Allerdings liegen noch wenig Daten vor. Bei Wirkstoff Dihydralazin (Dhyzin®, Nepresol®) ist eine Einnahme in der Stillzeit möglich.

• **Alpha-Methyldopa** Negative Nebenwirkungen liegen nicht vor. Im Gegenteil, es wurde ein positiver Effekt festgestellt. Der Wirkstoff Alpha-Methyldopa (Dopergyt®, Presinol®)führt zu einer vermehrten Prolaktinausscheidung und somit zum Ansteigen der Milchproduktion.

Folgende blutdrucksenkende Mittel sollten nicht verwendet werden:
– Wirkstoff: Clonidin (Catapresan®)
– Wirkstoff: Reserpin (Reserpinsaar®)
– Wirkstoff: Prazosin (Minipress®)
– Wirkstoff: Minoxidil (Lonolox®)
– Wirkstoff: Captopril (Lopirin®)

Antiarrhythmika (gegen Herzrhythmusstörungen)
In der Stillzeit eingenommen werden können folgende Präparate:
– Wirkstoff: Verapamil (Isoptin®)
– Wirkstoff: Diltiazem (Dilzem®)
– Wirkstoff: Nifedipin (Adalat®)
– Wirkstoff: Nintrendepin (Bayotensin®)
– Wirkstoff: Lidocain (Xylocain®)
– Wirkstoff: Mexiletin (Mexitil®)
– Wirkstoff: Chinidin (Chinidin duriles®)

Nicht vereinbar mit dem Stillen und absolut kontraindiziert sind folgende Medikamente:
– Wirkstoff: Procainamid (Procainamid Duriles®)
– Wirkstoff: Disopyramid (Rythmodul®)
– Wirkstoff: Amiodaron (Cordarex®)

Blutdrucksteigernde Medikamente
Dihydroergotamine (Angionorm®, Dihydergot®) können eingenommen werden.

Durchblutungsmittel
Bisher keine Nebenwirkungen bei Einnahme in der Stillzeit bekannt. Gängig sind:
– Wirkstoff: Pentoxyfyllin (Claudicat®, Trental®)
– Wirkstoff: Naftidrofuryl (Nafti ratiopharm®, Dusodril®)

Schmerzmittel

Analgetika (Schmerzmittel), Antipyretika (fiebersenkende Mittel), nicht steroide Antirheumatika
Paracetamol (Benuron®, Treupel Mono®) kann in der Stillzeit unbedenklich eingenommen werden; es wurden bisher keine Nebeneffekte beim Kind beschrieben; die Halbwertszeit in der Muttermilch liegt bei 2,6 Stunden.

Salycylsäurederivate
Aspirin® oder ASS-Ratiopharm® können in der Stillzeit einmalig oder kurzzeitig in niedriger Dosierung eingenommen werden (1,5 g pro Tag). Nebeneffekte beim Kind können auftreten; Gerinnungsstörungen, metabolische Übersäuerung; Halbwertszeit in der Muttermilch über sieben Stunden. Präparate mit dem Wirkstoff Paracetamol sind vorzuziehen!

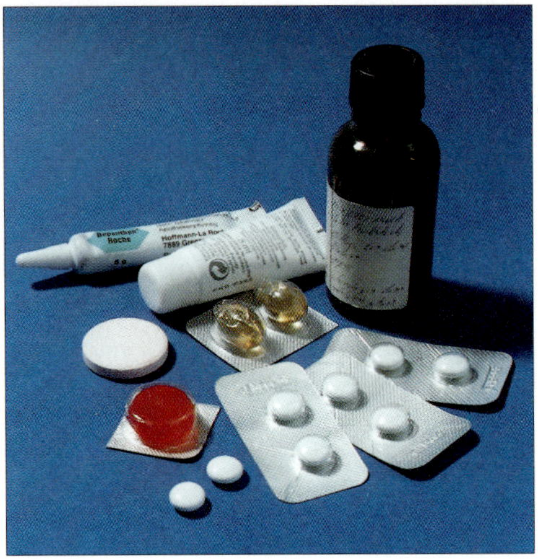

Nicht steroide Antiphlogistika (Entzündungshemmer)

– Wirkstoff: Ibuprofen (Dolgit®, Aktren®, Gynofug®, Optalidon®)
– Wirkstoff: Flurbiprofen (Froben®)

- Beide Wirkstoffe sind stillverträglich.
- Es sind keine Nebeneffekte beim Kind beobachtet worden.
- Halbwertszeit in der Muttermilch bei Ibuprofen ca. zwei Stunden, bei Flurbiprofen ca. drei Stunden.
- Nicht zu empfehlen sind in dieser Medikamentengruppe die Wirkstoffe Naproxen (Proxen®), Indometacin (Amuno®) und Piroxicam (Felden®)

Pyrazol-Derivate

Hierzu liegen wenig Erfahrungswerte vor; vorgezogen werden sollten die oben benannten Präparate Phenylbutazon (Butazolidin®). Im Ausnahmefall kurzzeitig möglich; Nebeneffekte bisher nicht beschrieben; Halbwertsszeit 30 bis 120 Stunden; andere Präparate vorziehen.
Kontraindiziert: Metamizole (Novalgin®)

Migränemittel

Der zu empfehlende Wirkstoff ist auch hier Paracetamol. Ibuprofen, Acetylsalicylsäure (Aspirin®) oder Dihydroergotamin (Dihydergot®) können beim akuten Anfall kurzzeitig auch eingesetzt werden. Ergotaminderivate sollten nach Möglichkeit gemieden werden.
Kontraindiziert sind Lisurid (Cuvalit®, Dopergin®) und Methysergid (Deseril®). Nebeneffekt hier ist die Verminderung der Milchmenge (Milchbildung).

Opiate zur Schmerzbekämpfung

– Gehen bei einmaliger Dosis in geringer Konzentration in die Muttermilch über, bei mehrmaligen Gaben kann es zu einer Anhäufung kommen.
– Nebeneffekte beim Kind: Atemnot, niedriger Puls oder Zyanose
– Erhält die Mutter während der Entbindung Opiate, kann das Kind schläfrig sein und Probleme beim ersten Anlegen haben.

Pethidine

Einzelgaben von Dolantin® sind möglich. Nebeneffekte beim Kind: Atempausen, Pulsabfall, Zyanose, Schläfrigkeit nach der Geburt, bauen sich langsam ab.

Dextropropoxyphen

Develin®, Fentanyl®, Fentanyl-Janssen® können in Einzelgaben gegeben werden.

Morphine zur Schmerzbekämpfung

Können in Einzeldosen gegeben werden, mehrfache Gabe vermeiden, auf Nebeneffekte beim Kind achten.

Codeine zur Schmerzbekämpfung

Hier gilt das Gleiche wie für Morphine.

Antiallergika, Antiasthmatika, Hustenmittel

Antihistaminika (H1-Blocker)

Diese Präparate werden zur Behandlung allergischer Erkrankungen und gegen Erbrechen eingesetzt. Nebeneffekte beim Kind wurden kaum beobachtet. Wichtig ist hier die Wahl eines Medikaments mit niedriger Halbwertszeit. Empfohlen werden können:
– Wirkstoff: Triprolidin (Pro Actidil®)
– Wirkstoff: Meclozin (Bonamine®)
Es gibt keine Daten zum Übergang in die Muttermilch; die Halbwertszeit im Blutplasma beträgt 2 bis 3 Stunden

Antiasthmatika

Diese Medikamente werden zur Behandlung von Asthma und Bronchialkrampf eingesetzt. Folgende Präparate können in der Stillzeit unbedenklich angewendet werden, da die Halbwertszeit kurz (ca. 2 bis 3 Stunden) ist und bisher keine Nebeneffekte beim Kind beobachtet wurden.
Bei Inhalation ist der Übergang in die Muttermilch noch geringer als bei oraler Einnahme: Terbutalin (Bricanyl®), Salbutamol (Sultanol®, Broncho Spray®), Fenoterol (Berotec®).
Achtung: nicht überdosieren!

Theophylline

Theophyllinpräparate (Duraphyllin®, Euphyllin®) können in der Stillzeit in Retarddosierung angewendet werden, bei Bedarf zweimal Einzeldosis pro Tag.
Bei Dosierung mit Tropfen, Zäpfchen, Injektionen, Infusionen ist aufgrund höherer Konzentration eventuell eine Stillpause erforderlich. Plasma-Halbwertszeit beim Neugeborenen 15 bis 40 Stunden!

Corticosteroide

In niedriger Dosierung bis maximal 40 mg pro Tag können die folgenden Präparate auch während der Stillzeit eingenommen werden. Ist die Tagesdosis höher, sollte eine Stillpause von vier Stunden nach der Einnahme eingehalten werden.
Prednison (Prednison Dorsch®, Decortin®), Prednisolon (Ultracorten®), Methylprednisolon (Medrate®, Urbason®)

Schleimlöser

In der Stillzeit gut verträglich sind:
– Wirkstoff: Ambroxol; (Expit®, Stas-Hustenlöser®)
– Wirkstoff: Bromhexin; (Bisolvon®, Bromhexin Ratiopharm®)
– Wirkstoff: Acetylcystein (Fluimucil®, ACC®)

Hustenstiller

Medikamente mit dem Wirkstoff Dextromethorphan (Rheila Hustenstiller®, WICK Formel 44®) und Codein (Bronchoforton Codeinsaft®, Tussipect®) sind in Einzelgaben erlaubt. Eingesetzt werden sollten diese nur bei lange anhaltendem, quälendem Husten.

Magen-Darm-Mittel

Abführmittel

Natürliche Mittel wie zum Beispiel Agar Agar, Leinsamen und Kleie sollten bevorzugt werden.
Als Nebeneffekt beim Kind kann Durchfall auftreten. Bei folgenden Präparaten/ Wirkstoffen wurden keine Nebeneffekte beobachtet, und sie können daher ab und zu in der Stillzeit eingenommen werden:
– Wirkstoff: Senna (Pursenid®, Agiolax®)

– Wirkstoff: Bisacodyl (Dulcolax®, Stadalax®)

Kontraindiziert ist Natriumpicosulfat (Laxoberal®, Rizinus®).

Antacida (gegen Magenübersäuerung, Magengeschwürtherapeutika)

In der Stillzeit sind möglich:

– Wirkstoff: Aluminiumhydroxyd (Aludrox®)
– Wirkstoff: Magnesiumcarbonat (Solugastril®, Maaloxan®)

Absolut kontraindiziert in der Stillzeit sind folgende Medikamente, bei denen sofort abgestillt werden muss, wenn es keine Alternative gibt:

– Wirkstoff: Cimetidin (Tagamet®)
– Wirkstoff: Ranitidin (Sostril®, Zantic®)
– Wirkstoff: Famotidin (Gamor®, Peptul®)
– Wirkstoff: Nizatidin (Gastrax®)

Zur Behandlung von Colitis Ulcerosa; unter Beobachtung eingesetzt, ist stillen erlaubt bei:

– Wirkstoff: Mesalazin (Asacolitin®, Salofalk®)
– Wirkstoff: Olsalazin (Dipentum®)
– Wirkstoff: Salazosulfapyridin (Colo-Pleon®, Azulfidine®)

Magen-Darm-Mittel

Bei Blähungen ist Simethicinon (Sab simplex®, Elugan®) unbedenklich.

Beim Wirkstoff: Metoclopramid (Duraclamid®, Paspertin®) sind Nebeneffekte beim Kind möglich; eventuell Beeinträchtigung der Entwicklung des zentralen Nervensystems; blockiert Dopaminrezeptoren und stimuliert dadurch über Prolaktin die Milchbildung.

Mittel gegen Erbrechen

Wirkstoff Butylscopolamin (Buscopan®) kann beim Stillen eingenommen werden. Kontraindiziert sind alle atropinhaltigen Magenpräparate.

Gegen spezielle Infektionen

Virustatika

Bei den Virustatika ist eine Beeinflussung des kindlichen Immunsystems möglich. Eine Stillpause nach Einnahme ist deshalb erforderlich. Die äußerliche Anwendung mit Salbe bei Herpes simplex mit Aziclovir (Zovirax®) ist möglich.

Tuberkulostatika

- Das Kind bezüglich Nebeneffekten gut beobachten
- Wenn Nebeneffekte, zum Beispiel Bilirubin-Anstieg, beobachtet werden, auf anderes Präparat ausweichen. Ist dies nicht möglich, ist eine Stillpause erforderlich.

Als Wirkstoff kann Streptomycin empfohlen werden. Ebenfalls möglich sind:

– Wirkstoff: Isoniazid (Isozid®)
– Wirkstoff: Pyrazinamide (Pyrafat®)
– Wirkstoff: Rifampizin (Rifa®)
– Wirkstoff: Ethambutol (Myambutol®)

Wurmmittel

Hierzu liegen nicht viele Daten vor. Hauptsächlich wirken die Präparate im Magen-Darm-Trakt der Mutter und gehen kaum in andere Systeme über.

Es kann uneingeschränkt weitergestillt werden bei folgenden Präparaten:

– Wirkstoff: Pyriviniumembonat (Molevac®); (bei Behandlung von Oxyuren)
– Wirkstoff: Mebendazol (Vermox®); (bei Behandlung anderer Wurmarten)

– Wirkstoff: Niclosamid (Yomesan®)
– Wirkstoff: Pyrantel (Helmex®)
Eingeschränkt empfehlenswert sind:
– Wirkstoff: Praziquantel (Biltricide®, Cesol® und Cysticide®)

Malariamittel
Auf Nebeneffekte beim Kind achten. Gelbsucht und Blutzellenzerfall (Hämolyse) wurden beobachtet. Einnahme von Wirkstoff Chloroquin (Resochin®) ist möglich.

Antimykotika (gegen Pilzerkrankungen)
Folgende Medikamente können in der Stillzeit unbedenklich eingenommen werden:
– Wirkstoff: Nystatin (Nystatin®, Mykundex®, Moronal®)
– Wirkstoff: Miconazole (Daktar®)

Krätze (Milben)
Die Behandlung in der Stillzeit mit Wirkstoff Benzylbenzoat (Antiscabiosum Mago®) ist möglich.

Kopfläuse
Behandlung in der Stillzeit mit Wirkstoff Pyrethrumextrakt (Goldgeist forte®) ist möglich.
Kontraindiziert ist Wirkstoff Lindan (Jacutin®)!

Gynäkologische Medikamente

Hormone
Einnahme von Wirkstoff Oxytozin (Syntocinon®) ist in der Stillzeit möglich.
Kurzzeitige Gabe von Syntocin-Nasenspray über zwei Tage unterstützt Milchspendereflex und Gebärmutterrückbildung.

Antimykotische oder antibakterielle Vaginaltabletten
Lokal angewendet stellen diese Präparate kein Problem dar.
– Wirkstoff: Bromocriptin (Pravidel®). Zum Abstillen in den ersten sechs Wochen; unterbindet Prolaktinausschüttung; wurde in Amerika aufgrund der thromboembolischen Komplikationen vom Markt genommen; nicht zu empfehlen.
– Wirkstoff: Methylergometrin (Methergin®) Sollte außer der einmaligen Gabe im Kreißsaal nicht mehr angewendet werden aufgrund der Nebeneffekte: Milchbildungsrückgang und beim Kind Unruhe, Durchfall, Erbrechen, Hautausschlag. Eine Alternative ist Oxytozin.
Kontraindiziert sind Ergotamine (Migrexan®)

Empfängnisverhütung
Niedrig dosierte Kombinationspräparate oder Gestagen-Monopräparate (Minipille) sind in der Stillzeit erlaubt. Beginn der Einnahme frühestens sechs Wochen nach der Entbindung. Nebenwirkungen können auftreten.
Einfluss auf die Milchproduktion: Bei Einnahme von Östrogenen wurde ein Rückgang der Milchproduktion um 42 % beobachtet. Der Muttermilchgeschmack verändert sich ebenfalls.
Bei mangelernährten Müttern oder auch bei Müttern mit eingeschränkter Milchbildung ist dies ein drastischer Nebeneffekt. Zu wenig Milch führt zu Gedeihstörungen beim Kind.
Bei folgenden Medikamenten wurde keine Beeinflussung der Milchmenge beobachtet:
– Wirkstoff: Norethisteron (Micronovum®)

– Wirkstoff: Levonorgestrel (Microlut®, Norgestrel®)
– Wirkstoff: Medroxyprogesteron (Clinovir®, Farlutal®)

Kontraindiziert in der Stillzeit ist Wirkstoff: Cyproteronacetat (Diane®)

Sonstige Medikamente

Thyreostatika (Schilddrüsenmedikamente)

Zur Behandlung von Schilddrüsenerkrankungen ist die Einnahme von folgenden Medikamenten mit dem Stillen vereinbar:

– Wirkstoff: L-Thyroxin (Euthyrox®)
– Wirkstoff: Propylthioracil (Propycil®, Thyreostat II®)

Kontraindiziert sind hier:

– Wirkstoff: Thiamazol (Favistan®)
– Wirkstoff: Carbimazol (Neo-Thyreostat®)

Antidiabetika (Insulin)

Gelangt nicht in die Muttermilch; wird auch nicht im Magen-Darm-Trakt aufgenommen. Von daher ist es in der Stillzeit uneingeschränkt einsetzbar. Mütter mit Diabetes mellitus können stillen. Wirkstoff Tolbutamid (Rastinon®) kann eingenommen werden, allerdings sollte man auf Nebeneffekte beim Kind achten (Gelbsucht).

Antiepileptika

Diese Mittel gehen in die Muttermilch über:

– Wirkstoff: Valproinsäure (Convulex®, Ergenyl®) Geringster Übergang in Muttermilch, aber Halbwertszeit von 40 Stunden, bisher keine Nebeneffekte beim Kind bekannt; Stillen uneingeschränkt erlaubt.
– Wirkstoff: Phenyroin (Phenhydan®) Geringer Übergang in Muttermilch; Stillen uneingeschränkt erlaubt.
– Wirkstoff: Carbamezepin (Sirtal®, Tegretal®)
– Wirkstoff: Phenobarbital, Primidon (Mylepsinum®)

Stillen ist möglich. Allerdings muss das Kind auf Nebenwirkungen hin gut beobachtet werden; möglich sind: Trinkschwäche, Erbrechen, Müdigkeit.

– Wirkstoff: Barbexaclon (Maliasin®, Clonazepam Rivotril®)
  Hierbei müssen die Serumkonzentrationen von Mutter und Kind gut überwacht werden, dann ist Stillen möglich. Nebeneffekte beim Kind: Trinkschwäche, Müdigkeit, Atempausen.

Psychopharmaka

Es sollten nur Mittel mit kurzer Halbwertszeit und geringem Übergang in die Milch verwendet werden.

Benzodiazepine

– Wirkstoff: Lormetazepam (Ergocalm®, Noctamid®) Im Plasma des Kindes nicht nachweisbar; keine Nebeneffekte beobachtet.
– Wirkstoff: Oxazepam (Azutranquil® und Adumbran®) Halbwertszeit 6 bis 25 Stunden; im Plasma des Kindes nicht nachweisbar.
– Wirkstoff: Flunitrazepam (Rohypnol®) Halbwertszeit 9 bis 25 Stunden; ca. 3 % gehen in die Muttermilch über.
– Wirkstoff: Nitrazepam (Novanox®, Mogadan®) Halbwertszeit 18 bis 34 Stunden; im Plasma des Kindes nicht nachweisbar.
– Wirkstoff: Diazepam (Valium®) Halbwertszeit 30 bis 90 Stunden; sollte nicht als Dauermedikation eingesetzt werden, kurzzeitige oder einmalige Dosierung bis 10 mg ist möglich.

Kontrainidiziert sind:
– Wirkstoff: Lorazepam (Tavor®)
– Wirkstoff: Globazam (Frisium®)
– Wirkstoff: Prazepam (Demetrin®)
– Wirkstoff: Bromazepam (Lexotanil®)
– Wirkstoff: Chlomethiazol (Distraneurin®)

Neuroleptika
Eine vorübergehende Anwendung in der Stillzeit ist möglich, wobei die Dosis sehr vorsichtig eingestellt werden muss. Nach Möglichkeit meiden. Als Nebeneffekte beim Kind können Verhaltensauffälligkeiten, Störungen im Bereich des Zentralen Nervensystems, Lethargie sowie Trinkschwäche auftreten. Alle Neuroleptika haben hohe Halbwertszeiten von 12–30 Stunden.
Unter ärztlicher Kontrolle ist die Einnahme von folgenden Medikamenten möglich:
– Wirkstoff: Chlorprothixen (Truxal®, Taractan®)
– Wirkstoff: Zuclopenthixol (Sedanxol®)
– Wirkstoff: Flupentixol (Fluanxol®)
– Wirkstoff: Haloperidol (Haldol®)
Kontraindiziert ist Wirkstoff Chlorpromazin (Megaphen®)

Antidepressiva
(Mittel gegen Depressionen)
Die Einnahme folgender Medikamente (Trizyklische Antidepressiva) ist in der Stillzeit unter ärztlicher Aufsicht möglich:
– Wirkstoff: Amitriptylin (Euplit®, Saroten®)
– Wirkstoff: Nortriptylin (Nortrilen®)
– Wirkstoff: Imipramin (Tofranil®)
– Wirkstoff: Desipramin (Pertofran®)
– Wirkstoff: Lithium (Lithium Duriles®, Quilonum®) kann nur bei ausgesprochen genauer Beobachtung und Kontrolle der Plasmawerte des Kindes während der Stillzeit eingenommen werden.

Antikoagulantien
(blutverdünnende Medikamente)
– Wirkstoff: Heparin (Calciparin®, Liquemin®, Thrombophob®)
– Wirkstoff: Streptokinase (Streptase®). Gehen nicht in die Muttermilch über; werden im Magen-Darm-Trakt nicht resorbiert; uneingeschränktes Stillen während der Einnahme ist möglich.

Cumarinderivate
Einnahme von Wirkstoff Warfarin (Coumadin®, Acenoncoumarol Sintrom®) ist in der Stillzeit möglich.
Kontraindiziert ist Wirkstoff Phenprocoumun (Marcumar®). Dieses Medikament ist zu wenig erforscht!

Röntgen in der Stillzeit
Ist ohne weiteres möglich.

Impfungen
Eine Impfung der Mutter in der Stillzeit ist möglich. Verwendet werden sollten Totvakzine. Auch vollgestillte Kinder sollten die üblichen Impfungen erhalten. Es ist keine Stillpause während der Impfungen erforderlich.
Gängige Impfungen sind: Tuberkulose, Hepatitis B, Diphtherie, Tetanus, Poliomyelitis, Masern, Mumps, Röteln, Grippeschutzimpfung, FSME – HIB, Meningokokken, Typhus, Gelbfieber, Tollwut.
Es obliegt der Entscheidung der Eltern, welche Impfungen vorgenommen werden sollen – bei der Mutter oder beim Kind.
(Kleinebrecht, Fränz, Windorfer: Arzneimittel in Schwangerschaft und Stillzeit, 4. Auflage, Wissenschaftliche Verlagsanstalt, Stuttgart 1995)

HILFREICHE ADRESSEN

Arbeitsgemeinschaft Freier Stillgruppen e. V.

Gegründet wurde die Arbeitsgemeinschaft Freier Stillgruppen (AFS) 1980. In den letzten Jahren ist die AFS zu einem mitgliederstarken und öffentlichkeitswirksamen Verein geworden. Derzeit haben sich der AFS über 2000 Mitglieder angeschlossen, die in über 850 Stillgruppen ehrenamtlich arbeiten. Die AFS bietet regionale und überregionale Stillfortbildungen an und alljährlich findet ein Stillkongress in Köln statt. Sie gibt eine monatliche Zeitschrift heraus sowie Faltblätter und Informationsschriften. Außerdem besteht die Möglichkeit eine Ausbildung zur AFS-Stillberaterin zu machen.

Über die AFS-Geschäftsstelle erhalten Sie:

- Informationen zur AFS und zur Mitgliedschaft
- Bücher, Broschüren, Informationsblätter
- Auskunft zu Stillberaterinnen und -gruppen in Ihrer Nähe
- Beratung bei Stillproblemen; Vermittlung an Fachleute
- Informationen zu aktuellen Terminen für Stillfortbildungen, regional wie auch überregional, für medizinisches Fachpersonal oder Laien
- Vermittlung von Referentinnen für Fortbildungen für das Gesundheitspersonal
- Informationen zur Ausbildung als AFS-Stillberaterin
- Vermittlung von AFS-Stillberaterinnen im deutschen Sprachraum (auch Österreich, Schweiz, Luxemburg)

AFS-Geschäftsstelle Deutschland
Gertraudgasse 4
97070 Würzburg
Tel. 09 31/57 34 93
Fax: 09 31/57 34 94

La Leche Liga e. V.

Die La Leche Liga (LLL) ist eine internationale Organisation, die seit über 40 Jahren Informationen für werdende und stillende Mütter anbietet. Die insgesamt über 8000 Stillberaterinnen arbeiten ehrenamtlich in inzwischen 64 Ländern der Welt. Die Basisarbeit aller LLL-Stillberaterinnen ist die Mutter-zu-Mutter-Stillberatung in Form von Stillgruppentreffen, telefonischer, seltener schriftlicher Beratung. Interessierte Mütter können sich zur LLL-Beraterin ausbilden lassen. Neben den Fragen zu alltäglichen Stillsituationen wird intensives Wissen auch zum Stillen in außergewöhnlichen Situationen vermittelt.

La Leche Liga Deutschland e. V.
Postfach 650096
81214 München,
Infoline/Fax: 06851/2524

La Leche Liga Schweiz
Postfach 197
CH–8053 Zürich

La Leche Liga Österreich
Postfach
A–6500 Landeck

Hebammenverbände

Jede Wöchnerin hat per Gesetz ein Anrecht auf Hebammenhilfe. Das bedeutet: Nachsorge täglich bis zum zehnten Tag, bei Bedarf bis zu acht Wochen, darüber hinaus nach ärztlicher Indikation auch länger. Die Hebammenverbände bieten auch Stillfortbildungen für alle Berufsgruppen »Rund um die Geburt« mit an. Über den »Bund Deutscher Hebammen e. V.« in Karlsruhe können Sie die Adresse der für Ihr Bundesland zuständigen Stillbeauftragten erfragen.

Bund Deutscher Hebammen e. V.
Postfach 1724
76006 Karlsruhe

Bund freiberuflicher Hebammen
Am alten Nordkanal 9
47748 Viersen

Schweizerischer Hebammenverband
Flurstraße 26
CH–3000 Bern 22

Österreichischer Hebammenverband
Postfach 584
A–1061 Wien

Laktationsberaterinnen

Bund Deutscher Laktationsberaterinnen und Verband Europäischer Laktationsberaterinnen
Delpweg 14
30457 Hannover

Verein der Still- und Laktationsberaterinnen, Österreich
Lindenstraße 20
A–2362 Biedermannsdorf

Berufsverband Schweizerische Stillberaterinnen
Postfach 139
CH–6055 Alpnach-Dorf

Initiative Stillfreundliches Krankenhaus (BFHI)

BFHI-Koordination Europa
UNICEF Genf
c/o Hind Kathib
Palais des Nations
CH–1211 Genf 10

BFHI Schweiz AG Förderung des Stillens, UNICEF
c/o Frau Lappée
Friesstraße 32
CH–8050 Zürich

BFHI Deutschland, UNICEF
Höninger Weg 104
50965 Köln

BFHI Österreich
Lindenstraße 20
A–2363 Biedermannsdorf

BFHI Luxemburg
Initiative Liewensufank
20, rue de Contern
L–5955 Itzig

Stillfreundliche Krankenhäuser in Deutschland:

Evangelisches Amalie-Sieveking-Krankenhaus
Haselkamp 3
22359 Hamburg

Universitätsfrauenklinik Triersches Institut
Ph.-Rosenthal-Straße 55
04103 Leipzig

Kreiskrankenhaus Hameln-Bad Pyrmont
Wilhelmstraße 5
31765 Hameln

Städtisches Krankenhaus
Weinberg 1
31134 Hildesheim

Frauenklinik des Nordstadt-Krankenhauses
Herrenhäuser Kirchweg
30167 Hannover

Stadtkrankenhaus Korbach
Enser Straße 19
34497 Korbach

Johanniter KKH der Altmark
Wendtstraße 31
39576 Stendal

Stillgruppen bieten Rat und Unterstützung bei allen Fragen »rund um das Baby«.

Vinzenz-Palotti-Hospital
Vinzenz-Palotti-Straße
51406 Bensberg

Weitere Adressen:

Nationale Stillkommission
Diese Kommission hat Empfehlungen zum Stillen für Gesundheitspersonal, Schwangere, Wöchnerinnen und für die Untersuchungen beim Kinderarzt entwickelt. Diese erhalten Sie über:
Robert-Koch-Institut
General-Pape-Straße 62–66
14195 Berlin

»Die stillende Mutter in der Kunst«
Teile der Sammlung kann man ausleihen. Anfragen an:
Roswitha Duffner
Erlenstraße 3
77855 Achern-Önsbach
Tel. 07841/23158

Gesellschaft für Geburtsvorbereitung e. V.
Postfach 22 01 06
40608 Düsseldorf
(Gegen einen mit 3,– DM frankierten Rückumschlag erhalten Sie die Adressen von Geburtshäusern in Deutschland und dem angrenzenden Ausland.)

Aktionsgruppe Babynahrung e. V.
Untere-Masch-Straße 21
37073 Göttingen

Deutsche Liga für das Kind in Familie und Gesellschaft (Initiative gegen frühkindliche Deprivation) e. V.
Dyroffstraße 12
53113 Bonn
(Setzt sich ein für humanitäre Erziehung und Humanisierung von Geburt und Wochenbett.)

Notmütterdienst, Familien- und Altenhilfe e. V.
Sophienstraße 28
60487 Frankfurt
(Vermittelt Ersatzmütter für die Zeit des Wochenbetts.)

Beratung allein stehender Mütter und Schwangerer e. V.
c/o Petra Marek
Pfarrgasse 17
69121 Heidelberg

Verband allein stehender Mütter und Väter e. V.
Von-Groote-Platz 20
53173 Bonn

Pro Familia Deutsche Gesellschaft für Familienplanung, Sexualpädagogik und Sexualberatung e. V.
Bundesverband
Stresemannallee 3
60596 Frankfurt

AIDS-Telefonberatung
(Vorwahl der nächstgelegenen größeren Stadt) 19411 oder
Bundeszentrale für gesundheitliche Aufklärung
Ostmerheimer Straße 220
51109 Köln
Tel. 0221/89920

CARA e. V. – Beratungsstelle zur vorgeburtlichen Diagnostik e. V.
Hamburger Straße 61
28205 Bremen

Kindernetzwerk
Hanauer Straße 15
63739 Aschaffenburg

Aktionskomitee »Kind im Krankenhaus« e. V.
Kirchstraße 34
61440 Oberursel

Arbeitsgemeinschaft Allergiekrankes Kind – Hilfen für Kinder mit Asthma, Ekzem oder Heuschnupfen e. V.
Hauptstraße 29
35745 Herborn

Allergie- und umweltkrankes Kind e. V.
Westerholter Straße 142
45892 Gelsenkirchen-Buer

Wolfgang-Rosenthal-Gesellschaft e. V.
Geschäftsstelle
Paul-Schneider-Straße 12
35625 Hüttenberg
(Selbsthilfevereinigung zur Förderung der Behandlung von Lippen-, Kiefer-, Gaumen-, Segel-Spaltträgern)

Interessengemeinschaft »Das herzkranke Kind«
c/o Krause
Siegerlandstraße 1
45665 Recklinghausen

Elterninitiative herzkranker Kinder Dortmund e. V.
– c/o Ernst Hansen
Schlossallee 2
59439 Holzwickede-Opherdicke
– c/o Angelika Witte
An der Kemna 45
44339 Dortmund

Europäische Downsyndrom-Gesellschaft, Deutsche Sektion e. V.
Hilsmannring 25
59755 Arnsberg (Neheim-Hüsten)

Bundesarbeitsgemeinschaft »Hilfe für Behinderte« e. V.
Kirchfeldstraße 149
40215 Düsseldorf

Bundesverband »Das frühgeborene Kind« e. V.
c/o Eva Vonderlin
Von-der-Tann-Straße 7
69126 Heidelberg

Förderverein »Das Frühchen e. V.« für Früh- und Risikogeborene
c/o Christa Hofmann
Dittmannswiesen 6
76646 Bruchsal

Förderverein für Früh- und Risikogeborene e. V.
c/o Dr. Friedrich Porz
Kinderklinik am Zentralklinikum Augsburg
Stenglinstraße
86156 Augsburg

Netzwerk ABC Club Mehrlingsinitiative
c/o Helga Grützner
Im Strohweg 55
64296 Darmstadt

»Zwillinge« Zeitschrift für Mehrlingseltern
Postfach 17 17
86887 Landsberg

Lonely Parents (Initiative für Eltern ohne Babys)
c/o Bärbel Kehrer-Kremer
Tannenweg 3
56729 Herresbach

Initiative Regenbogen »Glücklose Schwangerschaft e. V.«
c/o Petra Jecker
Peter-Behrens-Straße 45
40595 Düsseldorf

Initiative Regenbogen Österreich
Ulrike Kern
Zirkusgasse 28/9
A–1020 Wien

Regenbogen Schweiz
Rosengasse 14
CH–8555 Mühlheim

Kontakt- und Informationsstelle »Verwaiste Eltern in Deutschland«
Esplanade 15
20354 Hamburg

Kontakt- und Informationsstelle »Verwaiste Eltern in Österreich«
Lieselotte Steiner
Hauptstraße 144/21
A–1030 Wien

Gesellschaft zur Erforschung des Plötzlichen Säuglingstods Deutschland e. V.
Kleinbachstraße 18
76227 Karlsruhe

Arbeitsgemeinschaft Gestose Frauen e. V.
Geldener Straße 45
Postfach 1253
47661 Issum

Schatten und Licht – Krise nach der Geburt
c/o Petra Nispel
Bergstraße 12
09623 Dittersbach
Tel. 037326/9781

Arbeitsgemeinschaft Frauengesundheit
Hindenburgstraße 1a
32257 Bünde

Bezugsquellen:

Stillkissen:
Corpomed GmbH
Vierlander Straße 14
21502 Geesthacht

Babytragetücher:
Didymos
Solitudstraße 55a
71602 Ludwigsburg

Brusternährungsset, Fingerfeeder, Milchpumpen, Brustschilder, Stillhütchen
Medela Medizintechnik
Postfach 1148
85378 Eching

Wickelsysteme und Stilleinlagen:
Lotties Generalvertrieb
Postfach 40
93345 Biburg

REGISTER